北京四中语文课

红楼梦从来没有这样学

万君 —— 著

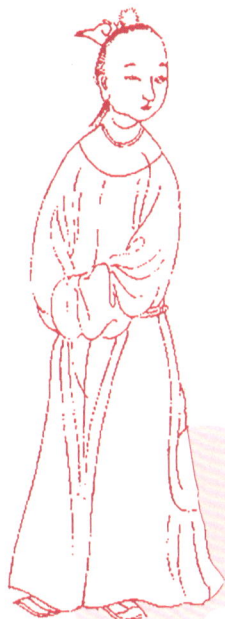

人民东方出版传媒
People's Oriental Publishing & Media

东方出版社
The Oriental Press

图书在版编目（CIP）数据

北京四中语文课.红楼梦从来没有这样学/万君著.—北京：东方出版社，2022.3
ISBN 978-7-5207-2660-3

Ⅰ.①北… Ⅱ.①万… Ⅲ.①中学语文课－高中－教学参考资料
Ⅳ.① G634.303

中国版本图书馆 CIP 数据核字（2022）第 031251 号

北京四中语文课：红楼梦从来没有这样学

（ BEIJING SIZHONG YUWENKE:HONGLOUMENG CONGLAI MEIYOU ZHEYANG XUE ）

- -

作　　者：万君
责任编辑：张旭
出　　版：东方出版社
发　　行：人民东方出版传媒有限公司
地　　址：北京市西城区北三环中路 6 号
邮政编码：100120
印　　刷：北京永诚印刷有限公司
版　　次：2022 年 3 月第 1 版
印　　次：2022 年 3 月第 1 次印刷
开　　本：710 毫米 ×1000 毫米　1/16
印　　张：20
字　　数：300 千字
书　　号：ISBN 978-7-5207-2660-3
定　　价：68.00 元
发行电话：（010）85924663　85924644　85924641

- -

中学时代是人生的大好时代，

更是阅读的黄金岁月。

正因如此，

我们尤其不能只读平易的书，

而是要在阅读上有所选择，

要对自我有所挑战和突破。

少年们，

一起来读《红楼梦》吧！

来读一本曾经的流行文学、

一本今日和未来的传世经典，

一起收获生命的丰富与青春的成长。

而这，

就是本书存在的意义。

万君

目录

序言
把《红楼梦》读明白，一共分几步？ 001

前大观园时代　宝玉 0—8 岁 005

命与运的对照：「甄」故事和「贾」故事 006

前大观园时代　宝玉 9—12 岁 017

宝黛之间的深厚感情是如何萌芽的？ 018

情节上的「一悲」：秦可卿丧事 028

王熙凤是怎么协理宁国府的？ 031

情节上的「一事」：营造大观园 048

大观园时代第一年　宝玉 13 岁 065

春和夏的故事：从宝黛情深到宝玉挨打 066

最精妙的写法：第三十七回的四样礼物 118

秋天的故事：大观园里的青春群像 123

镜像的写作手法：贾赦与薛蟠 157

反复的写作手法：贾琏挨打 167

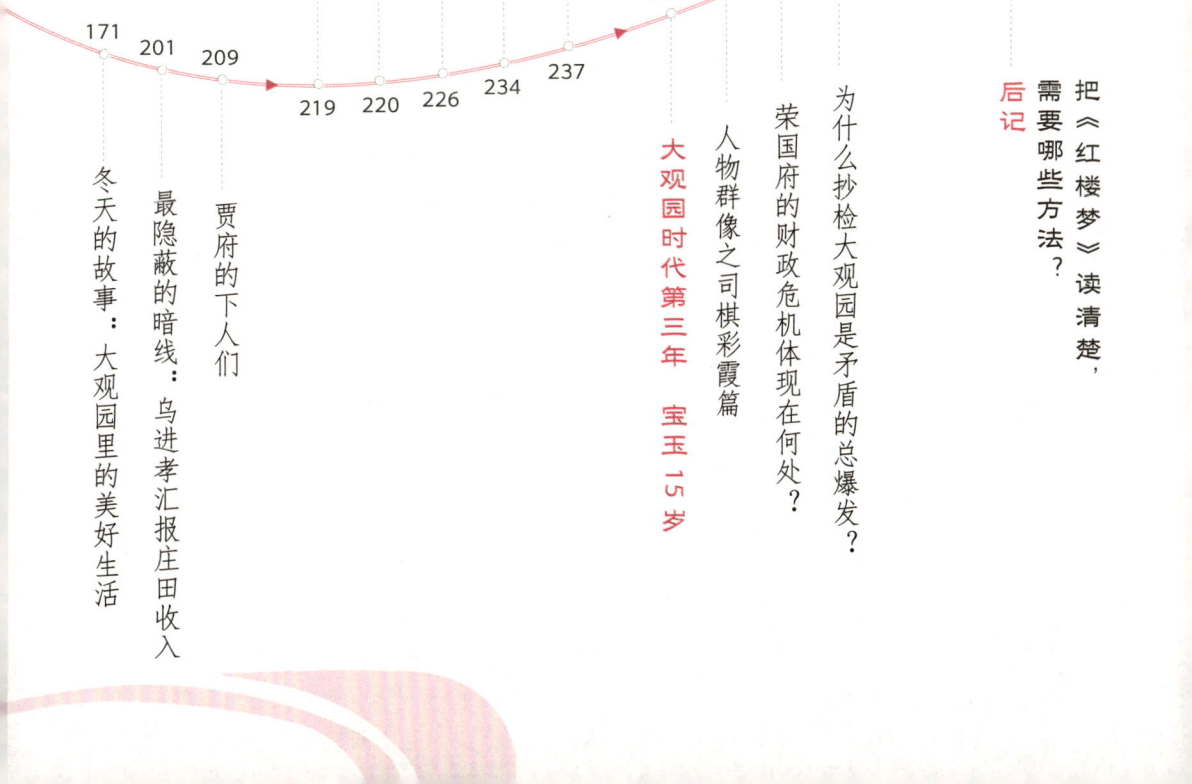

冬天的故事：大观园里的美好生活　171

最隐蔽的暗线：乌进孝汇报庄田收入　201

贾府的下人们　209

大观园时代第二年　宝玉 14 岁　219

从探春改革到贾府纷争　220

大观园中的八起纷争　226

大观园中的八起纷争　234

宁国府的第二场葬礼　237

人物群像之尤氏姐妹篇　245

人物群像之司棋彩霞篇　246

大观园时代第三年　宝玉 15 岁　251

荣国府的财政危机体现在何处？　264

为什么抄检大观园是矛盾的总爆发？　285

附表　291

后记

把《红楼梦》读清楚，需要哪些方法？

第一回都翻烂了，《红楼梦》也没能读完一遍；梗概几乎能背下来了，故事的来龙去脉却还没弄清；该刷的题也刷了，可是你既不快乐，同时也收效甚微。

《红楼梦》太难读了。于是你痛下决心，准备去看红学家的解读，但转念一想，红学家的解读浩如烟海，繁如星辰，那么多大部头的书，到底该读哪一本呢？如果你也有过这样的感受和疑惑，那么，这本《北京四中语文课：红楼梦从来没有这样学》，正是为你量身而作。

本书致力于为读者提供这样一套"两步红楼阅读法"。它既能帮助你快捷、有效地建立红楼大局观，同时，又不破坏小说原有的美妙滋味。

第一步

观其大略，把握小说情节、结构，理解作品时间、空间的设定，快捷、有效地建立红楼大局观。

"观其大略"的前提是一张依托目录而建立的、时间线明确的时间轴，这张时间轴会随书附赠。

小说是一种通过叙述故事，在情节中塑造人物的文学样式。书中的人物和真实世界中的人一样，生活在特定的时间和空间中。小说中的情节需要按照时间的流逝和空间的转化而发生、发展。因此，《红楼梦》作为一部长篇巨著，最需要我们厘清的，正是随着时间推进而发展的情节——注意，这里所说的情节不是一些零散的、混乱的事件，而是被串联在一起的、前后有序的事件。本书提供给你的，正是这样一张简明清晰的时间轴①。

有了这张时间轴，你所拥有的就不再是一颗颗明亮的珍珠，而是一长串精美的项链：你可以因此更清晰地理解红楼梦世界的时间与空间，同时对整部作品的组织结构、叙事节奏、情感变化有一个整体的认知；有了它，就像是旅行之前规划好了行程，你将会有一种耳清目明、成竹在胸的感觉：哦，原来《红楼梦》也可以这样学，原来阅读这本书，并没有想象中那么难。

这时，你也自然而然就进入到阅读《红楼梦》的第二个阶段。

第二步

究其细部，有重点地进行文本细读，体会小说本身的文学滋味。

---

① 这里提供给大家的不是一张完美的、绝对正确的时间轴，而是一张对初读者较有参考意义的时间轴。

以宝玉十三、十四岁为例。

第一个情节重点是宝黛爱情。

宝玉十三年在小说中篇幅最重、笔墨最浓。春夏秋冬，四时流转。良辰美景之中，许多美好的事都在这时发生：建诗社、吃螃蟹、赏雪景、咏梅花……宝黛之间的感情也在这样的大背景下完成了柔情暗生→小心试探→默契相爱的过程。

第二个情节重点是宝玉挨打。

日常平静的生活下，问题与危机一直在暗暗汇聚：宝玉和金钏儿的调笑、贾环心态失衡的瞬间、宝玉和蒋玉菡互换汗巾的亲密、宝玉诉肺腑的激动、袭人明白宝玉心事后的思虑……这些原本微不足道的细节，一浪赶一浪，最终掀起了"宝玉挨打"的情节高潮。

《红楼梦》诸如此类的重大事件，皆由相互独立又互有联系的小事件组成。细细品味，如入宝山。其中精彩自是满目璀璨，让人应接不暇。

因此，本书采取组合式阅读法，不拘泥于回目的限制，而是将"宝黛葬花""宝玉生日""抄检大观园"等几个重要情节的相关原文串联在一起，并据此设计了四套阅读题，以供学习者使用。有了学习任务，学习的效果也就日趋显著了。

掌握了"两步红楼阅读法"，《红楼梦》阅读的自由就可以实现了：你大可以细读某一个章节，观其细部，亦可纵览十五年兴衰。停下脚步的时候，你不会错过幽谷中坐看云卷云舒的快乐；开启行程的时候，你也会无比清晰地知道：之前是如何到达这片只属于你的秘密山谷，接下来又是如何踏上一段精彩旅途的。

中学时代是人生的大好时代，更是阅读的黄金岁月。正因如此，我们尤其不能只读平易的书，而是要在阅读上有所选择，要对自我有所挑战和突破。卡夫卡有一句十分经典的话，大意是说，好的书籍要像"一把能劈开冰河的利斧"。经典的文学作品必然会有这样的魅力，能令你看到这个世界上的冰河，并且能在你苦苦求索后，送来一把思想的利斧。《红楼梦》正是这样的一本书，一本阅读难度很大又极具阅读价值的书。

所以，少年们，一起来读《红楼梦》吧！来读一本正该在你们这个年纪读的书：一本曾经的流行文学、一本今日和未来的传世经典。

万 君

2022 年 1 月

前大观园时代

宝玉 0—8 岁

命与运的对照："甄"故事和"贾"故事

《红楼梦》的前三回讲述了两个读书人的故事。

这两个人一个叫甄费，字士隐（谐音：真事隐），一个叫贾化，字时飞，别号雨村（谐音：假语存）。前者接二连三地遭受不幸，最后沦落到社会的最底层；后者呢，则截然相反，因为偶然把握住了一个重要的机会，开始步步高升，最终实现了阶层的跃迁。

两个人中，甄士隐是第一个出场的人：

（葫芦庙）庙旁住着一家乡宦，姓甄，名费，字士隐。嫡妻封氏，情性贤淑，深明礼义。家中虽不甚富贵，然本地便也推他为望族了。因这甄士隐禀性恬淡，不以功名为念，每日只以观花修竹、酌酒吟诗为乐，倒是神仙一流人品。只是一件不足：如今年已半百，膝下无儿，只有一女，乳名唤作英莲，年方三岁。（第一回）

此时的甄士隐是姑苏城内的乡绅，德高望重，妻子贤德，生活逍遥。他是旧时代的人，到达不了"有女万事足"的新境界。但除了没有儿子，他生活中的一切都很理想，也很美满。随后出场的贾雨村呢，此时的境遇则远不如他：

> ……隔壁葫芦庙内寄居的一个穷儒——姓贾名化、字表时飞、别号雨村者走了出来。这贾雨村原系湖州人氏，也是诗书仕宦之族，因他生于末世，父母祖宗根基已尽，人口衰丧，只剩得他一身一口，在家乡无益，因进京求取功名，再整基业。自前岁来此，又淹蹇住了，暂寄庙中安身，每日卖字作文为生……（第一回）

由此可知，寄居在隔壁葫芦庙中的贾雨村是个什么样的人。他没有财富，没有家庭背景，更没有人脉。命不好也就算了，他的运气也很差。"淹蹇"的意思是"艰难窘迫，坎坷不顺"。

贾雨村在姑苏滞留了三个年头，别说求取功名，连去京城的路费都凑不出。也不必提路费了，卖字作文的收入太微薄，他甚至连一套体面的衣服都没有，穿衣打扮只能用"敝巾旧服"（第一回）来形容。

甄贾二人第一次打交道时，贾雨村正从葫芦庙踱到甄士隐的书房，准备与之叙谈。没想到小书童刚把茶奉上，主客二人才聊了没几句话，甄家就来了贵客——一位姓严的老爷。家人飞速通报之后，甄士隐慌忙起身去招待。

贾雨村则默默地从前厅出去了。虽然说二人平素关系很好，且是常常来往的邻居，这也只是一件再正常不过的小事。可这轻轻一笔，已然足够写出二人之间微妙的地位差异。

那么，本来境遇远胜贾雨村的甄士隐后来怎么就慢慢贫病交攻起来了呢？本来漂泊在外一无所有的贾雨村后来怎么就飞黄腾达了呢？接下来，我们按照以宝玉出生为纪年的标准，梳理一下甄士隐的落败简史和贾雨村的发家简史。

表 1-1

时间	对应回目	情节
宝玉元年	第 一 回 甄士隐梦幻识通灵 贾雨村风尘怀闺秀	贾雨村获得人生当中的第一笔启动资金：中秋节当天，甄士隐在二人小聚之后慷慨解囊，送给对方五十两白银作进京赶考的资费，又送了两套过冬的衣服。贾雨村春闱得胜；元宵节当天，甄士隐的女儿英莲被仆人弄丢，不知去向，夫妻二人大病一场
宝玉二年	第 一 回 甄士隐梦幻识通灵 贾雨村风尘怀闺秀	三月十五，受葫芦庙火灾牵连，甄士隐家被烧成一堆瓦砾，夫妻二人不得已，打算搬到田庄居住，却没想到，因为近几年水旱不收、盗贼四起、官兵剿捕，田庄上已经容不得他们安身了。甄士隐走投无路，只好变卖田庄，投奔岳父封肃
宝玉四年	第 一 回 甄士隐梦幻识通灵 贾雨村风尘怀闺秀	因岳父算计而自己又不善经营，甄士隐贫病交攻。看破红尘的甄士隐随跛足道人飘飘而去，留下妻子一人凄凉度日

续表

时间	对应回目	情节
宝玉六年	第二回 贾夫人仙逝扬州城 冷子兴演说荣国府	甄士隐和女儿英莲不知所踪；贾雨村成为新任知府，不久被革职，开始游览天下胜迹。到了维扬，身体不适、经济拮据的他时来运转，在两个老朋友的推荐下，成为新任盐政官林如海五岁女儿林黛玉的家庭教师
宝玉七年	第二回 贾夫人仙逝扬州城 冷子兴演说荣国府 第三回 贾雨村夤缘复旧职 林黛玉抛父进京都	甄士隐和女儿英莲依旧不知所踪；这一年，朝廷有了新政策，可以重新任用旧日的官员。林如海感谢贾雨村平素对林黛玉的教导，于是应贾雨村的邀请，欣然向贾政推荐了贾雨村
宝玉八年	第三回 贾雨村夤缘复旧职 林黛玉抛父进京都	贾雨村与林黛玉一起进入京都后，很快得到贾政的优待，任职于金陵应天府

　　简要地梳理过前三回的时间线，我们就会发现：就在宝玉过着锦衣玉食、无忧无虑的幼年生活时，甄士隐、贾雨村二人正在经历着人生的剧烈变化：

　　一个越来越落魄潦倒，一个越来越春风得意。

　　小沙弥做了门子后评价这八九年来的贾雨村"一向加官进禄"（第四回），这话说得很准确。后来，甄士隐和跛足道人四海云游，而那世俗世界中时来运转的贾雨村，果然就再没停下过高升的脚步。

　　不信？

　　有后面的情节为证："当下已是腊月，离年日近，王夫人与凤姐治办年事。王子腾升了九省都检点，贾雨村补授了大司马，协理

军机参赞朝政。"（第五十三回）

原来，贾雨村是一个特别留心经营关系的人：替薛蟠了结了冯渊的案子后，他细心地给薛蟠的舅舅王子腾、姨夫贾政写信汇报情况：

雨村断了此案，急忙作书信二封，与贾政并京营节度使王子腾，不过说"令甥之事已完，不必过虑"等语。（第四回）

虽然嘴上说"只怕晚生草率，不敢骤然入都干渎"（第三回），去贾府拜访时却恰到好处地递上了宗侄的名帖。得了贾政的赏识后，他再来拜访，更是回回不忘见一见贾宝玉①。从此之后，他和贾政、贾赦之间来往甚密。通过贾家的关系，贾雨村又得以结识并攀附上更有政治前途的王子腾，最终还被委以"协理军机参赞朝政"的重任。真可谓是平步青云，步步高升。

作者为什么要在《红楼梦》的开篇给读者讲这两个人的故事呢？

看看第一回神仙世界中人名和地名中的几个关键字吧。

渺、茫、空、虚、幻

如果说甄士隐的故事和通灵石的故事，共同表现了有和无的关系（"渺、茫、空、虚"），点明了作者反复表达的一个观念：一切繁华与美好终将逝去。那么这两个读书人的故事，则主要点明了真假之间变幻不定的辩证关系（"幻"）。贾府的故事是个长故事，

---

① 事见《红楼梦》第三十二回。

这两个人的故事是个短故事。章回体小说《红楼梦》借鉴了话本小说的传统，在宁荣二府的大故事正式开场之前，先讲了甄贾二人的小故事，给笔下五彩缤纷的故事舞台预热。两个故事一长一短、一大一小，以女性命运的变化为转折点，描绘了人生繁华和衰败的交替与无常。有人将之称为"大小荣枯"。大故事和小故事各自独立，但两个故事之间也不是全无联系，其中有两个穿针引线的人物，就是甄英莲和贾雨村。

表 1-2

重要的时间节点	重要人物	重要事件	事件特点	线索人物
中秋节——元宵节	甄贾二人	甄英莲失踪	小荣枯	甄英莲 贾雨村
元宵节——中秋节	宁荣二府	贾元春封妃	大荣枯	

可能还担心读者不能领略故事和人生的本质吧。讲这个短故事时，作者特意让读者跟着甄士隐的脚步，瞥了一眼太虚幻境的大石牌坊，看了看两边的对联：

假作真时真亦假，无为有处有还无

你看，这真与假、有和无的辩证，是不是作者一有机会就要来提醒我们？

他最常说的是：不要看眼前的繁华与热闹，其实人生的本质是衰败和寂寥；不要看现在所拥有的，其实你最终都要全部失去。有时候他借助谐音来表达，比如，贾府四姐妹名字中暗含的"原应叹息"；有时候他借助暗示来表达，比如，跛足道人的《好了歌》；有时候他借助凡人的顿悟来表达，比如，甄士隐对《好了歌》的注解；更多的时候，他借助描写凡人们某个瞬间的直觉体验，来提醒读者这一切——

表 1-3

某个瞬间的直觉体验	
第二回	故事才刚开场，贾雨村便忽然信步来到门巷倾颓的智通寺，于是一副破旧的对联在读者面前一闪而过：身后有馀忘缩手，眼前无路想回头。我们跟着雨村向寺中随意一瞥，能看见一个龙钟老僧在里面煮粥。这场景，恍然之间，竟仿佛是黄粱一梦的发端：那店主人的小米粥刚刚下了锅，而男主人公卢生的传奇人生还正在酝酿，一切都还没开始……
第二十二回	宝钗过十五岁生日，点了戏文《鲁智深醉闹五台山》。宝玉起初不喜欢，觉得太热闹，不料宝钗说："要说这一出热闹，你还算不知戏呢……只那词藻中有一支《寄生草》，填的极妙，你何曾知道。"词曰："漫揾英雄泪，相离处士家。谢慈悲剃度在莲台下。没缘法转眼分离乍。赤条条来去无牵挂。那里讨烟蓑雨笠卷单行？一任俺芒鞋破钵随缘化！"
第二十九回	端午节时，贾府一家人去清虚观过节玩耍。贾珍在神佛面前拈了戏。头一本是《白蛇记》，第二本是《满床笏》，第三本是《南柯梦》。《白蛇记》说的是兴；《满床笏》说的是盛。《南柯梦》和《黄粱梦》差不多，说的都是失去，是拥有的东西虚幻又短暂。神的暗示如此，贾母听了，沉默不语

京剧《锁麟囊》中有一段经典唱词，唱的是类似的悲凄：

一霎时把前情俱已昧尽，参透了酸辛处泪湿衣襟。我只道铁富贵一生注定，又谁知人生数顷刻分明。想当年我也曾撒娇使性，到今朝哪怕我不信前尘。这也是老天爷一番教训，他教我收余恨、免娇嗔，且自新、改性情，休恋逝水、苦海回身、早悟兰因。

《桃花扇》里也有一段唱词，表达的是同样的感伤：

俺曾见金陵玉殿莺啼晓，秦淮水榭花开早，谁知道容易冰消。眼看他起朱楼，眼看他宴宾客，眼看他楼塌了。这青苔碧瓦堆，俺曾睡风流觉，将五十年兴亡看饱。那乌衣巷不姓王，莫愁湖鬼夜哭，凤凰台栖枭鸟。残山梦最真，旧境丢难掉，不信这舆图换稿。诌一套哀江南，放悲声唱到老。

这两段经典的唱词和《红楼梦》的气质是相通的。总之，《红楼梦》中像这样字里行间的点染还有很多，这里就不一一列出了。至于写作的目的，其实在第一回里作者就说得很清楚了：凡用"梦"用"幻"等字，是提醒阅者眼目，亦是此书立意本旨。

我们要怎样理解作者在开篇时强调的这些思想观念呢？

罗曼·罗兰说："世界上只有一种英雄主义，就是在认清生活的真相之后依然热爱生活。"顿悟的意义不是否定存在的意义，而是让人在看透生活的真相和本质之后，加倍地珍惜此刻拥有的每一个瞬间。当我们深入阅读《红楼梦》的时候，会发现真正打动你的不是"空"的本质、"幻"的疑惑，而是真实世界里的美好与欢乐。是竹林下、绿窗畔的一抹霞影纱；是薛宝钗身上带着体温的冷香；是宝玉生日那天，许多人凑在一起尽情笑闹的快乐；是冬天一朵红梅带来的惊喜；是一起吃鹿肉烧烤的恣意。

因此，虽然从开篇到结束，作者一直在各种明示暗示，告诉读者生命的结局是空无。但实际上，这不过是虚张声势、声东击西、自我安慰的"反话"，而这"反话"的背后，恰恰是在表达作者对生活的眷恋与执着。那是面对人事的不确定性时，人类内心共通的深深的伤感与无能为力的软弱。

伤感吗？应该是。

就像你见到群山，以为是固定的、永恒的，但其实群山终将像行云一样逝去，你当然会因此而伤悲。而那山的巍峨、云的壮丽，在你心里因为存在过，就永远被你珍爱着，这就足够了。也正是因为这样，转过太虚幻境的大石牌坊，看过"假作真时真亦假，无为有处有还无"的对联之后，我们马上看到的是警幻司宫门上的"孽海情天"。

转过牌坊，便是一座宫门，上面横书四个大字，道是："孽海情天"。又有一副对联，大书云：

厚地高天，堪叹古今情不尽；

痴男怨女，可怜风月债难偿。（第五回）

你看，作者真正写的不是空无、不是虚幻，而是从古到今永恒而普遍的"情"，是人类之间最难得的关系与最可贵的真情。在不断的"空"的提醒后，其实是对"情"的难以舍弃和念念不忘啊。

《红楼梦》写了很多情。其中最难得、最可贵也最典型的情，是贾宝玉和林黛玉的前世姻缘：宝玉是放春山遣香洞太虚幻境警幻仙子赤霞宫中的神瑛侍者，黛玉是西方灵河岸上三生石畔的绛珠仙草。很久很久以前，神瑛侍者去灵河岸边时，常用甘露水灌溉绛珠仙草。再后来，神瑛侍者决定下凡投胎。绛珠仙草便决定和他同去人间，并且还他自己一生所有的眼泪。

看到这儿我们就明白了：黛玉爱哭，不是因为"矫情"，而是因为"深情"。

另外，绛珠仙草生长的地方——三生石畔，其实是有来历的。唐时，圆泽和尚去世前，与好友李源约定十三年后在杭州西湖见面，李源不解其意。十三年后，他到西湖做官，遇到一个牧童骑在牛背上唱歌，唱的是：

三生石上旧精魂，赏月吟风莫要论。

惭愧情人远相访，此身虽异性长存。

——苏轼《僧圆泽传》

这时，李源忽然懂了圆泽当年说的话。感情的性质和浓烈程度，或许并没什么必然关系吧！友情比爱情更情深义重的时刻，也有很多吧！无论如何，这样精妙的缘分，留下了"三生有幸"这个成语。

而黛玉和宝玉他们两个，不也正是三生石上的一对旧精魂吗？

○○○○○————————

阅读延伸与写作

1. 对于虚幻与真实之间的关系，你有怎样的看法？

2. 哪些文学作品中也出现过对这一关系的思考？

扫码听音频

与万老师一起学红楼

前大观园时代

宝玉 9—12 岁

宝黛之间的深厚感情是如何萌芽的？

　　漫长的背景介绍之后，《红楼梦》第一次用细腻的笔法展现了宝黛的日常生活：这一天和后面许多回一样，没有什么重要的事情发生，却充满了一个个细腻、动人的生活细节，还原了一个个既酸且甜的爱情瞬间。

　　初看起来，这一天很奇怪，不管宝玉说什么，黛玉都要怼上一怼。本来是进来找宝钗玩的，看见宝玉也在这里，劈头便说："我来的不巧了。"

　　宝玉见黛玉下雪天穿的褂子，便也让下人们把自己的斗篷取来，预备走的时候穿，黛玉笑着对别人说："是不是？我来了他就该走了！"

　　薛姨妈留他们吃茶喝酒。宝钗说黄酒不该吃凉的，还是烫得热热的好吃。宝玉觉得有道理，就让人把酒烫了再来喝。

　　黛玉磕着瓜子儿，只抿着嘴笑。可巧黛玉的小丫鬟雪雁走来与黛玉送小手炉，黛玉因含笑问他："谁叫你送来的？难为他费心，那里就冷死了我！"雪雁道："紫鹃姐姐怕姑娘冷，使我送来的。"

黛玉一面接了，抱在怀中，笑道："也亏你倒听他的话。我平日和你说的，全当耳旁风；怎么他说了你就依，比圣旨还快些！"（第八回）

这是两个人最微妙、最敏感，同时也最暧昧、最美好的阶段。我每句话都和你有关，但每句话又都和你无关。每一个道理说起来都光明正大、无懈可击，可是背后却藏着只有那个人才能懂的柔情与蜜意。

不过，黛玉的每句话里为什么都含着酸呢？

咱们替宝玉琢磨琢磨吧，他到底是从什么时候起惹黛玉不高兴的呢？是因为黛玉来探望病中的宝钗时，进门看见他两个"挨肩坐着"吗？唉，要是宝玉真这么想，恐怕林黛玉气更难消了。我们赶紧理一理最近几天发生的事，看看还能发现什么吧！

一开始，刘姥姥来贾府的当天晚上，周瑞家的送走了刘姥姥，去找王夫人回话。碰巧王夫人正在和薛姨妈聊天。薛姨妈就顺便抓了周瑞家的差事，让她把宫里头时下最流行的首饰——宫花，送给姑娘们戴。从薛姨妈和王夫人聊天的过程中我们可以知道：薛姨妈之所以要送大家礼物，第一，是因为首饰是时下最流行的，年轻人多半会喜欢，且一下子得了很多，足够大家分的；第二，也因为宝钗本人有不被流行干扰的、更高级的、更稳定的个人审美：

薛姨妈道："这是宫里头的新鲜样法，拿纱堆的花儿十二支。昨儿我想起来，白放着可惜了儿的，何不给他们姊妹们戴去……"

王夫人道："留着给宝丫头戴罢，又想着他们作什么。"薛姨妈道："姨娘不知道，宝丫头古怪着呢，他从来不爱这些花儿粉儿的。"（第七回）

宝钗不太喜欢繁复的装饰，无论是衣物、首饰，还是居家环境都是如此。作者不仅在"送宫花"前借助薛姨妈与王夫人的对话点上了一笔；"送宫花"后还借助宝玉来探望她时进门的一瞥，细写了宝钗的素淡和高级感：

宝玉掀帘一迈步进去，先就看见薛宝钗坐在炕上作针线，头上挽着漆黑油光的鬏儿，蜜合色棉袄，玫瑰紫二色金银鼠比肩褂，葱黄绫棉裙，一色半新不旧，看去不觉奢华。唇不点而红，眉不画而翠，脸若银盆，眼如水杏。罕言寡语，人谓藏愚；安分随时，自云守拙。（第八回）

宝钗不戴首饰、不化妆，衣服的颜色也不像王熙凤那样五色斑斓、雍容华贵。她穿的都是饱和度低的、不招眼却很耐看的颜色，人也少言少语、性格淡泊。

我们再说回周瑞家的。周瑞家的送宫花时，故事的节奏开始变得不疾不徐起来。读者也就能够随着她的脚步，慢慢走进贾府二门内的生活。

这幅冬日图景也可以理解为作者对书中世界的又一次耐心交代。如果说介绍"神仙世界"是交代故事的前情，"演说荣国府"是交代故事的背景，那么，"送宫花"就是在交代主人公日常的具体生活场景和生活状态。

了解了这些之后，我们就可以更好地理解这本书的结构安排和叙事节奏了。"周瑞家的送宫花"这一情节安排，看似平淡，却贵在细腻、生动、精巧。它展现了一幅贵族女眷的日常生活图景，也展现了凤姐、宝钗、黛玉等人的性格特点。

"送宫花"的最后一站是贾母处。周瑞家的是为寻找黛玉而来的——此时黛玉不在自己房中，而是在宝玉房中一起解九连环。

周瑞家的进来笑道："林姑娘，姨太太着我送花儿与姑娘戴来了。"宝玉听说，便先问："什么花儿？拿来给我。"一面早伸手接过来了。开匣看时，原来是宫制堆纱新巧的假花儿。黛玉只就宝玉手中看了一看，便问道："还是单送我一人的，还是别的姑娘们都有呢？"周瑞家的道："各位都有了，这两枝是姑娘的了。"黛玉冷笑道："我就知道，别人不挑剩下的也不给我。"周瑞家的听了，一声儿不言语。（第七回）

假如你是贾宝玉，你认为此时此刻，林妹妹到底是在跟谁生气呢？是周瑞家的？还是另有其人？以往分析这一段的时候，常有人认为，黛玉单单是在讥讽周瑞家的不尊重自己，并得出这样的结论：这种直言中透露着黛玉寄人篱下的敏感。这么理解当然没问题，不过，如果我们把"送宫花"前前后后的事勾连起来，就会发现，黛玉说话时延续了她最近一段时间的风格，"一语双关"加"指桑骂槐"。

从宝钗那里送来了最适合年轻女孩的流行款首饰，宝玉偏偏如此好奇地追问，还如此热情地拿在手中。虽然是无心之举，可这一连串的话语和动作落在黛玉眼里，又何尝是滋味？恐怕正是因为如此，黛玉才只会看了一看，就冷笑着说，"我就知道，别人不挑剩下的也不给我"吧？！

表面上，黛玉讥刺的是周瑞家的，实际上讥刺的，第一是那个"别人"——是那个花儿粉儿都不爱，不戴这些最新款首饰的宝姐姐；是那个品格端方、容貌丰美、人多谓黛玉所不及的宝姐姐。第二则是那个分明太过热心、让人心里酸酸的宝玉呀！

再回顾第五回里的这段话：

如今且说林黛玉自在荣府以来，贾母万般怜爱，寝食起居，一如宝玉，迎春、探春、惜春三个亲孙女倒且靠后；便是宝玉和黛玉二人之亲密友爱处，亦自较别个不同，日则同行同坐，夜则同息同止，真是言和意顺，略无参商。不想如今忽然来了一个薛宝钗，年岁虽大不多，然品格端方，容貌丰美，人多谓黛玉所不及。而且宝钗行为豁达，随分从时，不比黛玉孤高自许，目无下尘，故比黛玉大得下人之心。便是那些小丫头子们，亦多喜与宝钗去顽。因此黛玉心中便有些恹郁不忿之意，宝钗却浑然不觉。那宝玉亦在孩提之间，况自天性所禀来的一片愚拙偏僻，视姊妹弟兄皆出一意，并无亲疏远近之别。其中因与黛玉同随贾母一处坐卧，故略比别个姊妹熟惯些。既熟惯，则更觉亲密；既亲密，则不免一时有求全之毁，不虞之隙。

这样看来，原来第八回中半含的酸意，早就草蛇灰线地埋伏在了第五回，且一直在慢慢发酵呢。原来，黛玉对周瑞家的说的话中，既包含着因宝玉而生的酸，也包含着因宝钗而生的不忿呢。黛玉这些复杂细腻的小心思，宝玉知道吗？

我们看看宝玉具体的表现吧：

宝玉便问道："周姐姐，你作什么到那边去了？"周瑞家的因说："太太在那里，因回话去了，姨太太就顺便叫我带来了。"宝玉道："宝姐姐在家作什么呢？怎么这几日也不过这边来？"周瑞家的道："身上不大好呢。"宝玉听了，便和丫头说："谁去瞧瞧？只说我与林姑娘打发了来请姨太太姐姐安，问姐姐是什么病，现吃什么药。论理我该亲自来的，就说才从学里来，也着了些凉，异日再亲自来看罢。"（第七回）

你看，宝玉岔开了话题，并且说"我与林姑娘"派人去感谢和问安，还说他今日也不太舒服，不去看宝姐姐了——事实上他正和黛玉玩九连环呢！可见，黛玉的敏感他都明白，也都在小心地抚慰和照看。

唉，这两个人哪！一个想要在比较中确认自己在对方心中的特殊性，而另外一个就心领神会、悄无声息地给了这样的特殊性，熨帖了彼此的心。相信敏感的黛玉，听到不久前还愚拙偏僻的宝玉能做出这样的回答，会暗暗一笑吧。

咱们再说第二天。请大家注意下故事的时间线：宝玉随凤姐一起到宁国府玩，正巧秦钟在他姐姐秦可卿的书房里。两个小男孩一见之下分外投缘，玩得很高兴。

第三天，宝玉和黛玉一起到荣国府，整整听了一上午的戏。下午，宝玉随贾母回来，忽然想起来宝姐姐生病了，因此临时决定到梨香院探望。谁知道，刚和宝钗挨肩膀儿看了金锁，才问宝姐姐乱要了一气冷香丸，可巧竟也碰到黛玉。上午两个人才一处腻着听戏，一个中午不见，居然就又在宝钗这儿遇见了。你想想吧，这时候的黛玉不奚落他，还要奚落谁？

可是，当李嬷嬷不让宝玉吃酒时，她则又立刻翻转过心思，想着法儿支持宝玉。

说话时，宝玉已是三杯过去。李嬷嬷又上来拦阻。宝玉正在心甜意洽之时，和宝黛姊妹说说笑笑的，那肯不吃。宝玉只得屈意央告："好妈妈，我再吃两钟就不吃了。"李嬷嬷道："你可仔细老爷今儿在家，防问你的书！"宝玉听了这话，便心中大不自在，慢慢的放下酒，垂了头。黛玉先忙的说："别扫大家的兴！舅舅若叫你，只说姨妈留着呢。这个妈妈，他吃了酒，又拿我们来醒脾了！"一面悄推宝玉，使他赌气；一面悄悄的咕哝说："别理那老货，咱们只管乐咱们的。"那李嬷嬷不知黛玉的意思，因说道："林姐儿，你不要助着他了。你倒劝劝他，只怕他还听些。"林黛玉冷笑道："我为什么助他？我也不犯着劝他。你这妈妈太小心了，往常老太太又给他酒吃，如今在姨妈这里多吃一口，料也不妨事。必定姨妈这里是外人，不当在这里的也未可定。"李嬷嬷听了，又是急，又是笑，说道："真真这林姐儿，说出一句话来，比刀子还尖。你——这算了什么。"宝钗也忍不住笑着，把黛玉腮上一拧，说道："真真这个颦丫头的一张嘴，叫人恨又不是，喜欢又不是。"薛姨妈一面又说："别怕，别怕，我的儿！来这里没好的你吃，别把这点子东西唬的存在心里，倒叫我不安。只管放心吃，都有我呢。越发吃了晚饭去，便醉了，就跟着我睡罢。"因命："再烫热酒来！姨妈陪你吃两杯，可就吃饭罢。"宝玉听了，方又鼓起兴来。（第八回）

你看她又是忙着分辩，又是悄悄地怂恿宝玉，一张好嘴，干脆利落地解了宝玉的围。也就是从这一刻开始，讲故事的节奏开始和缓起来，屋里的氛围一时融洽无比。外面下着雪，大家嗑着瓜子儿，就着茶食，喝着烫烫的黄酒，吃着鹅掌和鸭舌，宝玉又来了半碗碧粳粥，痛痛快快喝下两碗酸笋鸡皮汤。

酒、饭、茶三事已毕，简直幸福惬意得不像话。这时黛玉问他："你走不走？"宝玉带着醉意："你要走我和你同走。"黛玉说："咱们来了这一日，也该回去了。还不知那边怎么找咱们呢。"

白日的"酸"经过二人和李嬷嬷的斗争，经过雪夜的黄酒和鸡皮汤，早已变成了温暖而亲切的默契。《红楼梦》中宝黛之间无数细碎和美好的事，也就从这一段对话之后，正式开启：

你走不走？

你要走我和你同走。

若单单是说今夜一起冒雪而回，那我的斗篷早已预备下了。若是说你有心，还能听出些别的什么弦外之音、言外之意，然后竟然也会怦然心动，那就是你我之间的默契，我很欢喜。若是说你本无意，那么也没有关系，我其实什么也并不曾说，你听到的也只不过是：雪夜路滑，我们一起回奶奶（姥姥）家去，如此而已。偏偏黛玉的回答比那黄酒更熨帖宝玉的心："咱们来了这一日，也该回去了。"

那个"别人"终究是外人，只有你我，是咱们。从这里开始，弥漫在字里行间的"酸"都变成了甜，下午的怄气也渐渐变成辞别薛姨妈时的温存和亲近：

小丫头忙捧过斗笠来，宝玉便把头略低一低，命他戴上。那丫头便将着大红猩毡斗笠一抖，才往宝玉头上一合，宝玉便说："罢，罢！好蠢东西，你也轻些儿！难道没见过别人戴过的？让我自己戴罢。"黛玉站在炕沿上道："罗唆什么，过来，我瞧瞧罢。"宝玉忙就近前来。黛玉用手整理，轻轻笼住束发冠，将笠沿披在抹额之上，将那一颗核桃大的绛绒簪缨扶起，颤巍巍露于笠外。整理已毕，端相了端相，说道："好了，披上斗篷罢。"宝玉听了，方接了斗篷披上。（第八回）

如果要把文学语言转化成镜头语言，这一段该是一眼万年的慢镜头。而且，还要配上《枉凝眉》作背景音乐才好——最好，再配上这段歌词：

"若说没奇缘，今生偏又遇着他；若说有奇缘，如何心事终虚化？"（第五回）

黛玉给宝玉戴绛绒簪缨的这个细节，和二人平常的每一天一样，没什么稀奇。可就在这缓缓的叙事节奏中，宝黛相处的日常便清晰动人地呈现在我们面前了。宝黛相处的动人瞬间有很多。作者首先着笔、细致描绘的这一天，是在为二人日后情感的发生和发展奠定基调。在这之前，他们两个出现在读者面前时，无论有多么早慧，到底还是两个小小孩童，可是从这一刻开始，两个青梅竹马慢慢变成一对互相认对方作知己的少年人。最美的爱情就要诞生了。

从第五回到第八回，作者写十岁的贾宝玉、九岁的林黛玉，把重点放在了宝玉从愚钝无知到聪敏灵悟的转变，同时也写了面对"完美"的宝姐姐时，黛玉的心有不忿和伶牙俐齿。

读懂了这四回中宝黛交往的幽微细密，后面所有的故事便会清晰明了许多。因为，宝黛二人的故事就是在诸如此类的甜蜜与纠缠中，一步步推进的。

情节上的"一悲"：秦可卿丧事

前大观园时代中，宁荣二府最关键的两件事是宁国府中秦可卿的丧事，以及荣国府贵妃省亲的喜事。

钦天监阴阳司择准停灵七七四十九日，三日后开丧送讣闻。这四十九日，单请一百单八众禅僧在大厅上拜大悲忏，超度前亡后化诸魂，以免亡者之罪；另设一坛于天香楼上，是九十九位全真道士，打四十九日解冤洗业醮。然后停灵于会芳园中，灵前另外五十众高僧、五十众高道，对坛按七作好事。（第十三回）

秦可卿的丧礼是很气派的，所用之物也是人间珍宝。她用的棺椁，是潢海铁网山上万年不坏的檀木，是薛蟠的父亲为义忠亲王打造的、一千两银子也买不来的高级定制款。

帮底皆厚八寸，纹若槟榔，味若檀麝，以手扣之，玎珰如金玉。（第十三回）

丧礼进行之时，宁国府上更是府门洞开，两边灯笼照如白昼。站在门口望进去，"乱烘烘人来人往，里面哭声摇山振岳"。一时之间，贾代儒、贾代修、贾敕、贾效、贾敦、贾赦、贾政、贾琮、贾珩、贾珖、贾琛、贾琼、贾璘、贾蔷、贾菖、贾菱、贾芸、贾芹、贾蓁、贾萍、贾藻、贾蘅、贾芬、贾芳、贾兰、贾菌、贾芝等远近宗亲，都来看望。秦业、秦钟并尤氏的几个眷属，也都前来慰问。除此之外，大明宫掌宫内相戴权、忠靖侯、锦乡侯、川宁侯、寿山伯等人也先后送来祭礼。

会芳园临街大门洞开，两边鼓乐厅上，"两班青衣按时奏乐，一对对执事摆的刀斩斧齐。更有两面朱红销金大字牌对竖在门外"。对面高起宣坛，僧道并坐，法事双开。原著中两句话说得极其贴切：

如此亲朋你来我去，也不能胜数。只这四十九日，宁国府街上一条白漫漫人来人往，花簇簇官去官来。（第十三回）

此时，贾蓉不过是个簧门监，地位不高，说出去并不好看。贾珍趁机花费了一千二百两银子，在宦官戴权处捐了一个龙禁尉的五品官职。这样，秦可卿的丧事便也就能按照五品夫人的规格置办起来。

秦可卿的丧礼为什么如此隆重？

就事实而言，古代社会中，丧礼不是个别人、个别家庭的事，而是整个家族社交场上的门面，是很重要的应酬。

就小说创作而言，秦可卿的丧事，是宁府第一次大办丧事，也是整本书中贾府办的第一件大事。作者将这第一件大事描写得如此隆重，正是为了奠定读者对这个"钟鸣鼎食"的大家庭的基本印象。

王熙凤是怎么协理宁国府的？

收放自如的豪门媳妇

说到人物，在秦可卿的丧事中，给读者留下最深刻印象的，莫过于王熙凤。

王熙凤出场时，论身份，不过才与贾琏结婚四五年，是一个资历尚浅的新媳妇；论年纪，不过十几岁，比宝玉略大些而已。可她一出场，豪门媳妇的派头便已经十足。

一语未了，只听后院中有人笑声，说："我来迟了，不曾迎接远客！"黛玉纳罕道："这些人个个皆敛声屏气，恭肃严整如此，这来者系谁，这样放诞无礼？"心下想时，只见一群媳妇丫鬟围拥着一个人从后房门进来。这个人打扮与众姑娘不同：彩绣辉煌，恍若神妃仙子。头上戴着金丝八宝攒珠髻，绾着朝阳五凤挂珠钗；项上带着赤金盘螭璎珞圈；裙边系着豆绿宫绦双衡比目玫瑰珮；身上穿着缕金百蝶穿花大红洋缎窄裉袄，外罩五彩刻丝石青银鼠褂；下着翡翠撒花洋绉裙。一双丹凤三角眼，两弯柳叶吊梢眉，身量苗条，体格风骚。粉面含春威不露，丹唇未启笑先闻。（第三回）

作者写王熙凤的"亮相"每一笔都写到实处。你看，第一笔便是对王熙凤的语言描写，读者未见其人，便已然感受到她"先声夺人"之态。接下来则一笔带入到黛玉的视角和心理，从一个陌生者的角度写出她和众人的不同。用别人的敛声屏气来对比她的"放诞无礼"，又一笔用别人的"围拥"烘托出她众星拱月一般的地位。如此这般从侧面迂回得读者的注意力和好奇心都足了，这才不疾不徐带着读者循序渐进地细看王熙凤的打扮：先写饰品，发髻、钗、圈、珮一一细细描绘；袄、褂、裙也无不穷形尽相，材质、纹样、颜色、款式、工艺样样不遗漏。

接下来，镜头这才拉远，给你看她的五官、身材，然后再让你领略她的风采和气质。于是，一个身着华冠丽服的，光彩照人、八面玲珑、气场强大的世俗世界中的年轻贵妇就这样跃然纸上了。

七处描写，每一笔出现的时候，都依照了最巧妙的顺序。

那一笔"粉面含春威不露，丹唇未启笑先闻"写得最好，先闻之笑是她的亲和力，未露之威是她的威慑力。说的是王熙凤的气质，又和开头的"笑声"呼应。这下可不仅是顺序巧妙，而是开头和结尾又自然而然地回环呼应了。

不过七笔描写而已，却如此严丝合缝，真是了不起。

可能也正是因为作者写得太好了？也可能是接下来，她毒设相思局、弄权铁槛寺、大闹宁国府、害死尤二姐，不遗余力地让读者看到了她狠辣毒绝的一面？所以大家对凤姐的认识，大多脱不开"放诞无礼"和"狠辣毒绝"这两个词。不过，关于这些，分析的文章已经有很多，这里就不赘述了。这里想细说的，主要是这八个字之外，凤姐那大家闺秀的风范和心中的一点真诚与温情。

出场时候的王熙凤，七宝璀璨、五光十色，在一众敛声屏气、恭肃严整的妇人之中，显得格外"放诞无礼"。贾母也对黛玉说："他是我们这里有名的一个泼皮破落户儿，南省俗谓作'辣子'，你只叫他'凤辣子'就是了。"凤姐这样的做派，在等级森严的封建社会常常不被称许，因此读者多有一种错觉，认为凤姐的性格品行、行事风范，不过"泼辣"二字而已。但实际上，凤姐真正的难得之处，是对"什么场合说什么话"这件事，始终有精准的把握。

正如贾母说的：

"我喜欢他这样，况且他又不是那不知高低的孩子。家常没人，娘儿们原该这样。横竖礼体不错就罢，没的倒叫他从神儿似的作什么。"（第三十八回）

凤姐不是因其泼辣而令人喜爱，而是凭借着有礼和无礼之间的收放自如，得到了大家族的认可：当贾母需要一个活泼、爽辣的晚辈消闲解闷，她最懂得如何打破或拘谨或尴尬、或无趣或伤感的局面；当上上下下的女眷朝夕相处时，也是她最擅长给日常生活带来无尽的乐趣。

就比如黛玉一进贾府的时候，黛玉和贾母相见，有一处写得很动情。

黛玉方进入房时，只见两个人搀着一位鬒发如银的老母迎上来，黛玉便知是他外祖母。方欲拜见时，早被他外祖母一把搂入怀中，心肝儿肉叫着大哭起来。（第三回）

人间最难承受之事，便是白发人送黑发人的伤痛。此刻贾母与爱女遗留在人间的一点血脉相见，那一声声呼唤的"心肝儿肉"，既是她对黛玉的疼惜，更是对早逝的贾敏的追思。故脂砚斋在此批了一句：千斤力量，写此一笔。一声"心肝儿肉"，让房中侍立之人，无不黯然堕泪。此情此景，正该一个人来，让贾母转悲为喜。有同学读到下面这段经典的连珠炮时，会认为凤姐只顾表现自己，并不是真的关怀黛玉。

我们来看：

（王熙凤）又忙携黛玉之手，问："妹妹几岁了？可也上过学？现吃什么药？在这里不要想家，想要什么吃的、什么玩的，只管告诉我；丫头老婆们不好了，也只管告诉我。"一面又问婆子们："林姑娘的行李东西可搬进来了？带了几个人来？你们赶早打扫两间下房，让他们去歇歇。"说话时，已摆了茶果上来。熙凤亲为捧茶捧果。（第三回）

他们的理由是，如果真是关心黛玉的话，为何只顾自己发问，未曾给黛玉时间来回答这些问题呢？

其实，王熙凤的连珠炮，并不是机巧，是关心。这一番连珠炮的实际用意，是体恤贾母年迈，疼惜黛玉年幼，不忍心一老一小过于悲伤。她这么说，不是为了得到回答，而是转移话题。你看她刚说完，屋子里的氛围是不是立刻就转悲为喜，刹那间热闹起来了？

若是换了另外一个场合呢？"放诞"的凤姐会立刻敛容，转变为一个知书达礼的好媳妇①。

豪门好媳妇有什么标准？第一，要大方不怯场。当贾珍去找凤姐，求她帮助自己料理丧事时，正巧整个家族中的女眷们都在。听人说贾珍要来，众婆娘们的表现是"忽的一声，往后藏之不迭"。独有一个凤姐，"款款站了起来"。虽然年纪轻轻，其气派举止却落落大方，不得不令人刮目相看。第二，遇大事有礼数。给黛玉和读者留下"放诞"印象的王熙凤，在长辈面前，很有礼数。初读者可能不太在意王熙凤和贾珍之间的关系。他们可不仅仅是一个贾琏的妻子、一个贾琏的哥哥这样的普通关系，还是从小一处长大的"兄妹"。

宝玉十三年过年时，凤姐和大家说笑，以娱贾母。薛姨妈提醒她说，外头有人。这时候，她笑着亲口说：

"外头的只有一位珍大爷。我们还是论哥哥妹妹，从小儿一处淘气了这么大。这几年因做了亲，我如今立了多少规矩了。"（第五十四回）

---

① 王熙凤是贾琏之妻，公公是贾赦，婆婆是邢夫人；王夫人是她的亲姑姑，因贾琏夫妻二人都能干，故将他们长期借调过来，管理荣国府。

换句话说，凤姐和贾珍的相处，是很日常、很随意的。王夫人就更不用说了，是自己的亲姑姑。可是面对这两个从小极熟络的人，她没有半点随意、放松的意思，反而非常谨慎小心。贾珍说出来意后，她虽然很想借助协理宁国府的机会证明自己，但在王夫人应允之前，可一点儿没有急着表态，一直等到贾珍苦苦请求，滚下热泪，王夫人心思活动了，才透露出自己的想法："大哥哥说的这么恳切，太太就依了罢？"

王夫人担心她少不经事，料理不清这么大的事务，她有理有据地"争取"道："外面的大事已经大哥哥料理清了，不过是里头照管照管，便是我有不知道的，问问太太就是了。"长辈担心的时候，她也不反驳，只是谦逊地表明多多请教的态度。

商定之后，贾珍向她作了个揖，凤姐的表现是"还礼不迭"。其言行举止，可谓丝毫不见疏漏。如此之后，贾珍取了宁国府的对牌，命宝玉交给凤姐。凤姐的表现则是，"不敢就接牌，只看着王夫人"。待王夫人点头，她也没有一下子就接过代表权力的对牌。后来，到底是高情商的宝玉接了，强递与她的。作为一个年轻媳妇，她在长辈面前，秉持的是谦逊、内敛、低调的行事作风。

做媳妇如此，做管家又如何呢？要想维护一个几百人的新团队，在限定的时间里完成一个宏大的项目，殊为不易，更何况王熙凤这个彼时还年纪轻轻、根基不牢的女孩子。

值得称赞的是，王熙凤身处其中也总是能保持冷静的头脑。她不仅做事十分有条理，还把大任务分解成一个个小目标，最终成功地完成"协理宁国府"的挑战。那么，在协理宁国府这件大项目上，王熙凤都做对、做好了哪些事呢？

首先，她做到了"每临大事有静气"，重要工作先规划。接到任务之后，她做的第一件事不是开会，不是调研，而是一个人在僻静之处，把重要的问题一个个过一遍：

"头一件是人口混杂，遗失东西；第二件，事无专执，临期推委；第三件，需用过费，滥支冒领；第四件，任无大小，苦乐不均；第五件，家人豪纵，有脸者不服钤束，无脸者不能上进。"（第十三回）

为什么她能够这么快把宁国府的问题梳理得这样清楚？那是因为她平时就对宁国府中的弊病有细致的观察和清晰的判断。

发现了问题，那要怎么去解决呢？接下来，凤姐采取的是颇符合现代企业管理体系的办法。第一，登记造册，把散落的工作人员纳入一个清楚的管理体系中；第二，确立统一的工作流程，将具体的责任分派给具体的人；第三，特别关注工作过程中的守时意识。

"素日跟我的人，随身自有钟表，不论大小事，我是皆有一定的时辰。横竖你们上房里也有时辰钟。卯正二刻我来点卯，巳正吃早饭，凡有领牌回事的，只在午初刻。戌初烧过黄昏纸，我亲到各处查一遍，回来上夜的交明钥匙。第二日仍是卯正二刻过来。说不得咱们大家辛苦这几日罢，事完了，你们家大爷自然赏你们。"（第十四回）

第四，强调规则的必要性，凡事把话说在前面：

"既托了我，我就说不得要讨你们嫌了。我可比不得你们奶奶好性儿，由着你们去。再不要说你们'这府里原是这样'的话，如今可要依着我行，错我半点儿，管不得谁是有脸的，谁是没脸的，一例现清白处治。"（第十四回）

除此之外，凤姐也非常明白"抓大放小"的重要性：工作之余，她并不会盲目地试图拉拢人际关系，而是"独在抱厦内起坐，不与众姊娌合群，便有堂客来往，也不迎会"。因为她十分清楚，作为一个统筹者，哪些人事是她不必理会的，哪些又是她必须在没有帮手的情况下也要一个人做好的。将这些事梳理归纳出来，看起来不难，但做起来其实并不容易。而更不容易的是，当规矩、底线、标准建立起来后，一个新手管理者如何把它们付诸实施，从而产生切实有效的结果。

接下来我们通过"仆人迟到"的具体案例来看看王熙凤的管理能力。读者在关注"仆人迟到"这一情节时，多关注凤姐的"威"与"烈"，记得她的威重令行、杀伐决断。没错，新官上任三把火，凤姐最终打了一个人的板子并免了对方一个月的薪水，当然有她不留情面的地方。但我这里想提醒初读者注意的是：作者在小说中呈现的，并不是凤姐对单一事件的果决处理，而是她宽严相济的弹性智慧。

仔细读就会发现：那一天，其实宁荣二府中迟到的是两个人。

第一个人是在一个热闹的"Big Day"迟到的。那时，其他人都已经到齐了，点名环节也已经结束了。

那凤姐必知今日（五七正五日）人客不少，在家中歇宿一夜，至寅正，平儿便请起来梳洗。及收拾完备，更衣盥手，吃了两口奶子糖粳米粥，漱口已毕，已是卯正二刻了。来旺媳妇率领诸人伺候已久。凤姐出至厅前，上了车，前面打了一对明角灯，大书"荣国府"三个大字，款款来至宁府。

大门上门灯朗挂，两边一色戳灯，照如白昼，白汪汪穿孝仆从两边侍立。请车至正门上，小厮等退去，众媳妇上来揭起车帘。凤姐下了车，一手扶着丰儿，两个媳妇执着手把灯罩，簇拥着凤姐进来。宁府诸媳妇迎来请安接待。凤姐缓缓走入会芳园中登仙阁灵前，一见了棺材，那眼泪恰似断线之珠，滚将下来。院中许多小厮垂手伺候烧纸。凤姐吩咐得一声："供茶烧纸。"只听一棒锣鸣，诸乐齐奏，早有人端过一张大圈椅来，放在灵前，凤姐坐了，放声大哭。于是里外男女上下，见凤姐出声，都忙忙接声嚎哭。一时贾珍尤氏遣人来劝，凤姐方才止住。

来旺媳妇献茶漱口毕，凤姐方起身，别过族中诸人，自入抱厦内来。按名查点，各项人数都已到齐，只有迎送亲客上的一人未到。即命传到，那人已张惶愧惧。凤姐冷笑道："我说是谁误了，原来是你！你原比他们有体面，所以才不听我的话。"（第十四回）

此人具体负责迎亲送友。凤姐见了她，说"原来是你"，又说"你原比他们有体面，所以才不听我的话"，可见此人多半年纪大而资格老。像大部分犯了错的人一样，此人本能的反应是给自己的失误找一个理由；也像大部分聪明且怀有侥幸心理的人一样，她提供的是一个情有可原的理由：

"小的天天都来的早，只有今儿，醒了觉得早些，因又睡迷了，来迟了一步。"（第十四回）

这多像一个迟到的同学对年轻班主任说的话啊，"王老师，我以前每天早上都是提前到校的。今天我比平时起得早了十分钟，就又多睡了一会儿，所以才不小心第一节课迟到的。"这话是真的吗？也许是，但对于善于抓重点的王老师而言，这其实一点也不重要，这个同学迟到的事实才重要。

果然，凤姐对这个"老人"的处理分成了以下几个步骤：第一步，搁置。俗称，"晾着"。就像年轻的班主任王老师，只见她淡定地站在讲台上，推了推眼镜，面对着全班同学继续讲她的课，只有那个试图蒙混过关的同学，无奈地在门口站着。

晾着那人的时候，王熙凤处理了四件事。第一件事是荣国府中的王兴媳妇来领线珠。虽然是一珠一线的小账目，但凤姐也十分认真地核对、登记在册。第二件事是荣国府的执事来支取东西。凤姐指出了两个人账目上的错误，让他们算清再来。她一边说着话，一边摔了帖子。那两个人扫兴而去。第三件事是张材家的来领取裁缝的工银。第四件事是为了宝玉外书房的完竣，有人来支买纸料糊裱。

晾着这人有什么好处？一个刚刚上任，既没有资历也没有经验的上司，要如何处置比自己年长且资深的下属呢？尤其是他还告诉了所有人："我一直都很努力，这次失误不过是偶然的疏忽！"

"晾着"，既给了自己思考的时间，也让大家看到了自己处理其他事件的标准和原则：合规矩的，就同意；不合规矩的，就驳回。一切对事不对人。

可以说，凤姐充分利用了不表态的空白，提升了自己的威严与气势。差不多"晾"完了，凤姐声明了两点：一是这么做影响整体，破坏集体公约："明儿他也睡迷了，后儿我也睡迷了，将来都没了人了。"二是自己的本意并不是为了责罚，但如果此时不责罚，团队就很难管理："本来要饶你，只是我头一次宽了，下次人就难管，不如现开发的好。"这时，她才放下脸来，命人打了此人二十板子，足足扣了一个月的薪水，并重新向所有人申明了迟到的后果：

"明日再有误的，打四十，后日的六十，有不怕挨打的，只管误！"（第十四回）

就这样，凤姐在最短的时间内树立了自己的威信。初读者多注意凤姐责罚时的雷厉风行，但往往忽略她在责罚下属前后都做了什么。其实，后者对一个新上任的年轻领导来说，才是具体工作中最难的部分。经历二十大板后，这一天其实还有另外一个工作人员也迟到了：

凤姐吃毕饭，就有宁国府中的一个媳妇来领牌，为支取香灯事。凤姐笑道："我算着你们今儿该来支取，总不见来，想是忘了。这会子到底来取，要忘了，自然是你们包出来，都便宜了我。"那媳妇笑道："何尝不是忘了，方才想起来，再迟一步，也领不成了。"说罢，领牌而去。（第十四回）

你看，都是迟到，凤姐对这个媳妇却很温和。这一处细节虽然落笔不多，但却足够展现凤姐宽严相济的一面。有时候要板起脸来，有时候也要语气平和。这是管理的智慧，也是凤姐的魅力。总之，经过了这些波折，宁国府对凤姐再不敢怠慢，怠惰的风气也随之一改。他们纷纷交谈着，"那是个有名的烈货，脸酸心硬，一时恼了，不认人的"，也从此知道了王熙凤的厉害。人们再也不敢偷闲了，自此兢兢业业，执事保全。

顺便提一句，"凤是雄鸟，凰是雌鸟。"在古代，王熙凤是一个很标准的男人的名字。后来，贾府中听戏文，戏文中有个公子就叫王熙凤[1]。

很快，秦可卿去世后最重要的日子——伴宿之夕到了。

这一夜，贾府灯明火彩，亲朋满座，迎来送往不歇。府中安排了两班小戏并耍百戏的活动，上上下下，热闹非凡。尤氏卧于内室休息，独凤姐一个人张罗款待，周全承应。

这一夜，整个家族中的诸多女性，再也没有一个人像凤姐一般，

---

[1] 事见《红楼梦》第五十四回。

在人们的瞩目中获得过这样的成功。美丽的祥云包围着她，她的美貌和笑容像读者第一次见到她时一样，"头上戴着金丝八宝攒珠髻，绾着朝阳五凤挂珠钗"，晶光闪耀，璀璨无比。

对于凤姐来说，单单这一个晚上的俊才风流，就抵得过这许多日子以来的所有辛苦。不同版本的《红楼梦》几乎用尽了美好的词语来形容这个瞬间的王熙凤：有的说，"举止舒徐，言语慷慨，珍贵宽大"，有的说，"洒爽风流，典则俊雅"。

读者多注意凤姐的出场，一提起"泼皮破落户儿""凤辣子""放诞无礼"便知是她，一提起"一双丹凤三角眼，两弯柳叶吊梢眉"便知是她，一提起"粉面含春威不露，丹唇未启笑先闻"，也知是她。

可这极尽美好的二十个字，不也属于她吗？她是多么高贵而优雅啊。

如果王熙凤来到现代社会，她的人生应该会有更多的可能吧！

五七正五日：王熙凤最忙的一天

五七正五日的王熙凤有多忙呢？

她寅正（凌晨四点）起床，卯正二刻（早上六点）便开始正式办公。接着，她点名签到，审批了王兴媳妇、荣国府执事、张材家的等人的事务，处理了两起迟到事件。有意思的是，虽然她忙得脚不点地，整个人一直处于紧张忙碌的工作状态中，可面对"猴"到自己身上的宝玉时，她一下子就放松了下来：

一时登记交牌。秦钟因笑道："你们两府里都是这牌，倘或别人私弄一个，支了银子跑了，怎样？"凤姐笑道："依你说，都没王法了。"宝玉因道："怎么咱们家没人领牌子做东西？"凤姐道："人家来领的时候，你还做梦呢。我且问你，你们这夜书多早晚才念呢？"宝玉道："巴不得这如今就念才好，他们只是不快收拾出书房来，这也无法。"凤姐笑道："你请我一请，包管就快了。"宝玉道："你要快也不中用，他们该作到那里的，自然就有了。"凤姐笑道："便是他们作，也得要东西，搁不住我不给对牌是难的。"宝玉听说，便猴向凤姐身上立刻要牌，说："好姐姐，给出牌子来，叫他们要东西去。"凤姐道："我乏的身子上生疼，还搁的住揉搓。你放心罢，今儿才领了纸裱糊去了，他们该要的还等叫去呢，可不傻了？"宝玉不信，凤姐便叫彩明查册子与宝玉看了。（第十四回）

杀伐决断的"总经理"，在宝玉面前一下子又成了那个温暖的嫂子，还替小孩子们操心装修书房的事。

待到昭儿进来通报了丈夫贾琏的消息（贾琏护送黛玉回扬州奔丧去了），"总经理"又变成了柔情似水的妻子。夜深了，她细细地询问昭儿贾琏一路上的情况，连夜为丈夫准备了冬天的衣物，妥妥帖帖地包好，又把一应能想到的所需之物耐心嘱咐了下人，让他们带给丈夫。一通操劳之后，直到四更（半夜一点到三点），她才得了休息的空闲，可这时候困劲儿已过去了。不一会儿天明鸡唱，她索性也就没有睡觉，而是直接梳洗了一番，又到宁府料理事情去了。

也就是说，这一天她连轴转，忙了整整二十四小时，几乎到了一夜没合眼的地步。小说选择细写了王熙凤最忙碌的一天。通过这一天，我们可以一窥凤姐在冗杂、繁多的事务与人情中的出色表现。有王夫人的车马要准备；有诰命夫人去世了要吊祭；有王侯郡妃过生日了要祝贺。哥哥王仁和嫂子要回南方去了，家信要写，东西要带；迎春生病了，大夫要请，汤药要问。丧主贾珍兄嫂的胃口和心情要照顾，馒头庵的客房要预备……前前后后的几天里，千头万绪，一时都在凤姐心头攒动。

如果你是一位事业有成的男性，人们关心的话题往往是"你成功的秘诀是什么"，可是如果你是一位女性，人们往往想要和你讨论的是，"在事业和家庭之间，你是如何平衡的"。不知道如果当时有人问凤姐这个问题，她会怎么回答呢？

协理宁国府之后

王熙凤协理宁国府自然是小说中极其精彩的一章；不过，如果要获得一个对王熙凤更为全面、细致的认知，就需要把目光再往后放一点。在整个工作告一段落之后，当王熙凤再次出场的时候，作者先写的是贾琏远道回来，王熙凤与之相见的场景。此时正值元春封了贤德妃，全家人欢天喜地。凤姐见了丈夫的第一句话便是：

"国舅老爷大喜！国舅老爷一路风尘辛苦。小的听见昨日的头起报马来报，说今日大驾归府，略预备了一杯水酒掸尘，不知可赐光谬领否？"（第十六回）

我们都知道，凤姐协理宁国府前毒设了相思局；协理宁国府中，又斗气弄权间接害死了张金哥。这期间她对老尼说的一句话，一定给读者留下了特别深刻的印象：

"你是素日知道我的，从来不信什么是阴司地狱报应的，凭是什么事，我说要行就行。你叫他拿三千银子来，我就替他出这口气。"（第十五回）

从这以后，凤姐利用职务之便，类似这样的所作所为，不可胜数。但要注意的是，作者接下来再写凤姐的时候，其实并没有继续写其恣意妄为的一面，反而笔锋一转，展现了她作为年轻妻子活泼俏皮、古灵精怪的一面。贾琏问她家中诸事，她竟开始撒起娇来：

"我那里照管得这些事！见识又浅，口角又笨，心肠又直率，人家给个棒槌，我就认作'针'。脸又软，搁不住人给两句好话，心里就慈悲了。况且又没经历过大事，胆子又小，太太略有些不自在，就吓的我连觉也睡不着了。我苦辞了几回，太太又不容辞，倒反说我图受用，不肯习学了。殊不知我是捻着一把汗儿呢。一句也不敢多说，一步也不敢多走。"（第十六回）

　　娇音如闻，俏态如见。你可也听听，这是一个多么柔弱的需要保护的小媳妇呀。贾琏可能想到吗？三年后，眼前这个楚楚可怜的妻子，竟气势汹汹地对自己说：

　　"我有三千五万，不是赚的你的。如今里里外外上上下下背着我嚼说我的不少，就差你来说了，可知没家亲引不出外鬼来。我们王家可那里来的钱，都是你们贾家赚的。别叫我恶心了。你们看着你家什么石崇邓通。把我王家的地缝子扫一扫，就够你们过一辈子呢。说出来的话也不怕臊！现有对证：把太太和我的嫁妆细看看，比一比你们的，那一样是配不上你们的。"（第七十二回）

　　这个瞬间的贾琏，也会像我们这些读者一样，在爱她和恨她之间，忽然晃了神吧！

ooooo ————————————————

阅读延伸与写作

我发现了王熙凤（　　）的一面。

情节上的"一事"：营造大观园

元春省亲，直接引发了大观园的修建。元春省亲结束后，大观园一直由少年人居住，从此开启了小说的"大观园时代"。这座私家园林既是一个理想中的完美居所，又是一处纯净的精神家园。

根据原著第十六至十七回，大观园位于宁荣二府的后半部分，在荣国府东大院与宁国府会芳园的基础上，巧妙设计，改造扩充，历时一年，最终修建而成。

总设计师山子野

园子的首席设计师是一个姓胡的老明公，人多以其号"山子野"称之。脂砚斋评说大观园，"……究竟只在一隅。然处置得巧妙，使人见其千邱万壑，恍然不知所穷。所谓会心处不在乎远。大抵一山一水，一木一石，全在人之穿插布置耳"。可见山子野的设计理念是以人工设计艺术再现自然风光的美。因此，虽然大观园不过"三亩半"大，但山水兼备，佳木繁多，有牡丹、幽竹、海棠、芦花，故四时可赏；兼之地形多样、高低错落，有坞、洲、渚；建筑丰富、形制多样，有馆、楼、轩、榭，故乐意无穷。

无论是从设计理念还是从建筑成果上看，山子野都是一位极其优秀的设计师。不过，如果只有山子野，大观园到底也造不成。总设计师拿出蓝图以后，总要有工程师去监造吧。这个工程师是谁呢？

初读者可能读完之后还意识不到，这个人是贾珍，而他的帮手是贾琏。

这一天被考试的人仅仅是宝玉吗？

这一日，贾珍带着人来告诉贾政：大观园的工程竣工了，大老爷贾赦已经看过了一遍，今日来请老爷验收一下工程等。按规矩，匾额、楹联应该由贵妃来题；可贾政担心等元春省亲时，若无字无题，满园景色不太好看，于是带了一众清客来逛，准备先拟定一些对联暂时挂在园子里。至于宝玉，他不是专门来的，是因为到园子里玩耍，"不小心"碰上了，才被爸爸贾政抓住考试的。

那么，在这一天之前，贾珍和贾琏都做了哪些工作呢？

因为贾政"不惯于俗务"，所以从一开始，贾府中整个工程的主要负责人就是贾赦、贾珍和贾琏。贾赦的辈分和年纪都是最高的，并不是项目具体的负责人，而更像一个决策人。遇到"最要紧处"，他会和贾政商议一下。除此之外，他大多数时间都是在家"高卧"，并不管事。如此顺延下来，可以知道，自大观园项目启动以来，贾珍便一直是项目的具体负责人，负责"堆山凿池，起楼竖阁，种竹栽花"等事务。整个造园的过程中，大事小情，无论巨细，都是由他上传于贾赦、贾政，下达于施工人员，然后一步一步推进的。

知道了这些，我们再想一想：就常理来推断，这一天，当贾珍邀请贾政验收大观园的时候，真正被贾政考试的人是宝玉，还是另有其人呢？

想过之后就明白了：贾政实际来验收的，是贾珍和贾琏具体负责的大观园项目。所以说，这一天接受检验的哪里是宝玉？分明正是他们两个啊！

这一天整个大观园的游览是由贾珍一手安排的：他先到贾政处汇报了工作，接着到园中通知了工作人员，然后带领许多"执事"恭恭敬敬地站立一旁，一旦贾政有什么吩咐，他就立刻着手落实：贾政说把园门关上，他便立刻命人把门关上；贾政要开始游览，他便在前面做前导。贾珍这个导游，一举一动都恰到好处。众人游览作文，他只是陪侍在一旁，并不多言。而当贾政几次提问时，他和贾琏都能够很好地应对：面对考问，无论是被问到帐幕还是被问到船，二人都做了很充分的准备，回答得十分准确。

我们先来看看贾琏的表现。贾政问贾珍，那些帐幔帘子并陈设的玩器古董，是不是已经是一处一处合式配就？贾珍说不清，具体负责此事的贾琏来了后，回答得爽爽利利：

贾琏见问，忙向靴桶取靴披内装的一个纸折略节来，看了一看，回道："妆蟒绣堆、刻丝弹墨并各色绸绫大小幔子一百二十架，昨日得了八十架，下欠四十架。帘子二百挂，昨日俱得了。外有猩猩毡帘二百挂，金丝藤红漆竹帘二百挂，墨漆竹帘二百挂，五彩线络

盘花帘二百挂，每样得了一半，也不过秋天都全了。椅搭、桌围、床裙、桌套，每分一千二百件，也有了。"（第十七回）

再来看贾珍的表现。当众人在稻香村商定完石碣之题后，贾政吩咐贾珍做一面酒幌挂上时，他还主动提出了新想法，得到了贾政和众人的一致称赞。

贾政笑道："倒是此处有些道理。固然系人力穿凿，此时一见，未免勾引起我归农之意。我们且进去歇息歇息。"说毕，方欲进篱门去，忽见路旁有一石碣，亦为留题之备。众人笑道："更妙，更妙！此处若悬匾待题，则田舍家风一洗尽矣。立此一碣，又觉生色许多，非范石湖田家之咏不足以尽其妙。"贾政道："诸公请题。"众人道："方才世兄有云，'编新不如述旧'，此处古人已道尽矣，莫若直书'杏花村'妙极。"贾政听了，笑向贾珍道："正亏提醒了我。此处都妙极，只是还少一个酒幌。明日竟作一个，不必华丽，就依外面村庄的式样作来，用竹竿挑在树梢。"贾珍答应了，又回道："此处竟还不可养别的雀鸟，只是买些鹅鸭鸡类，才都相称了。"贾政与众人都道："更妙。"（第十七回）

一路浏览之后，众人对大观园的设计赞不绝口，这既让读者明白了大观园的美好，同时，对于贾珍和贾琏来说，自然也是一颗心安然落入肚中了。所以我们看到，当众人叹为观止，在精巧的大观园中迷了路时，参与了一砖一瓦建设的贾珍情不自禁地眉开眼笑，说了声"随我来"。大家跟着他转过山脚，也不由赞了一声，"搜神夺巧，至于此极"。不难想到，这一刻的贾珍应该是得意的。

当我们把眼光从紧张的宝玉身上挪开，就能够意识到：这一天对宝玉而言，最重要的事是猝不及防被父亲抓过来考试对对子。而大人的世界里自有他们的大事：这一天，贾府第二代子弟贾珍和贾琏，用了一年的时间完成了一个大工程，并且顺利通过了贾政的验收。这是一件很有成就感的大事。

我们说红楼世界中，山子野、贾珍和贾琏是大观园物质世界真正的缔造者。可是只有设计、建造，大观园也不能够成为大观园。接下来，负责大观园软装和室内摆设的是贾母、王夫人；负责采买、购物的是贾琏；负责收纳和保管的是王熙凤；负责打造金银器皿的是贾蔷；负责戏子招聘、服装管理、彩排演出等小戏院一系列事务的，还是贾蔷……宝玉和众姐妹搬进来后，偌大一个大观园还需要有人运营维护，同时提供各种生活中的服务和保障。原文中就曾说起过这些背后的辛苦：

> 他们（园子里的妈妈们）虽不料理这些，却日夜也是在园中照看当差之人，关门闭户，起早睡晚，大雨大雪，姑娘们出入，抬轿子，撑船，拉冰床，一应粗糙活计，都是他们的差使。一年在园里辛苦到头……（第五十六回）

这时，统筹公子小姐起居的是薛姨妈、李纨，陪侍照顾起居的是众人的奶妈，为诗社活动提供经费赞助的是王熙凤，负责园艺种植、美化环境的是贾芸，负责巡园查夜的是几位管家媳妇。再往细处说，负责端茶递水、铺床叠被、四时衣物、针头线脑的是各房的大丫头，负责扫地、倒洗脸水、描花样、传话、浇花喂鸟、吹熨斗、打粉线、生茶炉子的是各房的小丫头。外头则又有大男仆李贵、小书童茗烟等人跑前跑后，有乌进孝等庄头提供美食，有刘姥姥年下送各种各样的干菜和鲜果子……

除此之外，还有专门的茶房来供应茶水、洗澡水，提供聚会时的餐具。丫头小姐病了，药房要提供药，同时负责煎煮，针线房要给大家做衣服（宝玉的衣物不用他们动手做），浆洗房还要专门给人洗衣服……哦，对了，还有古董房、金银器皿房、库房、戏班、家庙、门房、水月庵、水仙庵、地藏庵、家庙铁槛寺、南京的房产管理机构等部门，同样也是专门为贾府正常运转而设置的。

虽然说这一套庞杂的管理机构和与之相应的管理制度并没有在书中明确地提及与详细介绍，但相关信息却已如金星碎玉般散落在前八十回的字里行间。也是因为如此，全书的情节发展始终建立在一个严整的底层构架之上。这也正是《红楼梦》的魅力所在了，它所写的少年的浪漫故事一点都不单薄，而是有着厚重而丰富的基底。更是因为如此，大观园、贾府以及背后的人力调度与安排，甚至包括与之对应的薪资制度，并非《红楼梦》这部小说中可有可无的存在，其实也和情节、人物息息相关。当作者叙事的高光在宝黛身上时，营造之初的大观园就是春意盎然、浪漫美丽的，而当作者的注意力从宝黛之情转移到探春身上时，大观园里便展现了另外的一面，这里花费冗繁、矛盾重重……当然，也正因如此，才有了探春改革的用武之地。

这一套秩序井然的管理机构和制度，八十回后就不见了踪影，真是可惜啊。

还说回大观园的营造。正是因为有了上上下下许多人琐碎、细致的贡献，大观园才最终成了一个诗意的所在。黛玉才可以在竹林下看雨后的新笋，和香菱一起下棋看书，和宝玉在片片桃花下共读西厢，在芒种节葬下各色落花。正是因为有了他们，大观园里的少男少女才可以拥有这样的生活：无聊的时候，宝玉看一会儿金鱼，宝钗看一会儿水鸟；炎炎夏日一起吃西瓜，秋高气爽时对月赏桂花。正是因为有了他们，大观园才会有"芙蓉影破归兰桨，菱藕香深写竹桥"的美景，才会有"钟鸣栊翠寺，鸡唱稻香村"的诗意。

这几个十几岁的少年人最惬意、悠游的场景出现在第三十八回下面这一段落中：

林黛玉因不大吃酒，又不吃螃蟹，自令人掇了一个绣墩倚栏杆坐着，拿着钓竿钓鱼。宝钗手里拿着一枝桂花玩了一回，俯在窗槛上掐了桂蕊掷向水面，引的游鱼浮上来唼喋。湘云出一回神，又让一回袭人等，又招呼山坡下的众人只管放量吃。探春和李纨惜春立在垂柳阴中看鸥鹭。迎春又独在花阴下拿着花针穿茉莉花。宝玉又看了一回黛玉钓鱼，一回又俯在宝钗旁边说笑两句，一回又看袭人等吃螃蟹，自己也陪他饮两口酒。袭人又剥一壳肉给他吃。

在作者林林总总、不厌其烦描写的场景中，我本人最喜欢的是其中这个细节：宝钗去怡红院时，她看见两只仙鹤在芭蕉下，都睡着了①。那天的场面一定美丽极了。

再说回宝玉。别人忙忙碌碌的时候，他只需要听从贾母的命令，时不时地来园子中戏耍就可以了。天真是真天真，可爱是真可爱，但不通世务也是真的。

贾琏、贾珍在监工造园的时候，宝玉在干吗？四处闲逛。

王熙凤在协理宁国府的时候，宝玉又在干吗？四处闲逛。

宁荣二府为迎接贵妃忙得人仰马翻的时候，他还是在闲逛。

宝玉是个标准的"无事忙"，和忙碌的贾珍、贾琏相比，和操持内务的凤姐相比，宝玉的日子总是显得那样散漫而快乐。若要指望他当家立事，那人们只能和宁荣二府的老祖宗一样失望了。若是人们偶然间同他谈起钱，谈起贾府的经济问题，他也保持着淡漠的态度。宝玉十三年的夏天，他情愿晴雯把扇子撕了，而只是看她笑得很开心，便觉得物尽其用了。

> 宝玉笑道："……比如那扇子原是扇的，你要撕着玩也可以使得，只是不可生气时拿他出气。就如杯盘，原是盛东西的，你喜听那一声响，就故意的碎了也可以使得，只是别在生气时拿他出气。这就是爱物了。"（第三十一回）

---

① 事见《红楼梦》第三十六回。第十七至十八回则有"采办鸟雀的，自仙鹤、孔雀以及鹿、兔、鸡、鹅等类，悉已买全，交于园中各处像景饲养"一处交代。

甚至还说：

"古人云，'千金难买一笑'，几把扇子能值几何！"

宝玉十三年冬天，宝玉让人请了胡大夫给晴雯看病。当时袭人不在，面对小簸箩内放着的几块银子，宝玉犯了难。因为他对"一两"毫无概念，于是笑着说，"拣那大的给他一块就是了。又不作买卖，算这些做什么！"（第五十一回）甚至就连林妹妹都开始算起贾府的经济账了，他也浑然不在意——

黛玉道："要这样才好，咱们家里也太花费了。我虽不管事，心里每常闲了，替你们一算计，出的多进的少，如今若不省俭，必致后手不接。"

宝玉笑道："凭他怎么后手不接，也短不了咱们两个人的。"（第六十二回）

若按照世俗的标准去衡量宝玉，作者写在《西江月》里的评语确实再贴切不过：

其一

无故寻愁觅恨，有时似傻如狂。纵然生得好皮囊，腹内原来草莽。 潦倒不通世务，愚顽怕读文章。行为偏僻性乖张，那管世人诽谤！

其二

富贵不知乐业，贫穷难耐凄凉。可怜辜负好韶光，于国于家无望。天下无能第一，古今不肖无双。寄言纨袴与膏粱：莫效此儿形状！

从现实的角度来说，和补天遗漏下来的那块唯一的石头一样，宝玉真的"没用"极了。可是，如果要寻找人性中最美好的善良，寻找世界上最美好的感情，那这些如星星一样闪耀着光芒的可贵品质仿佛一直都在宝玉身上：无论是对王夫人、贾母，对黛玉、对宝钗，还是对探春、对秦钟、对袭人，对晴雯、龄官、二丫头、平儿、香菱，甚至对仅仅存在于刘姥姥故事中的女孩，他都那样用心、用情。

对大观园这个花团锦簇的所在，他也有别人没有的细心与深情。大家都知道黛玉葬花这一经典的情节，却往往会忽略那个在黛玉身边同样洒下热泪的宝玉。

"相看何须尽解语，爱花最是惜花人。"那时那刻，比吟出《葬花吟》的黛玉更敏锐、更感伤，体悟也更深的惜花人，其实是宝玉。看到黛玉第二次葬花，正也打算去葬花的他，不防怀里兜的落花猝然撒了一地。他感到非常伤心，情不自禁由黛玉终将红颜老去、生命终结的事实推演开去，顿时感受到了一种普天下所有美好都将消失的悲伤。

至次日又可巧遇见饯花之期，正是一腔无明正未发泄，又勾起伤春愁思，因把些残花落瓣去掩埋，由不得感花伤己，哭了几声，便随口念了几句。不想宝玉在山坡上听见，先不过点头感叹；次后听到"侬今葬花人笑痴，他年葬侬知是谁"，"一朝春尽红颜老，花落人亡两不知"等句，不觉恸倒山坡之上，怀里兜的落花撒了一地。试想林黛玉的花颜月貌，将来亦到无可寻觅之时，宁不心碎肠断！既黛玉终归无可寻觅之时，推之于他人，如宝钗、香菱、袭人等，亦可到无可寻觅之时矣。宝钗等终归无可寻觅之时，则自己又安在哉？且自身尚不知何在何往，则斯处、斯园、斯花、斯柳，又不知当属谁姓矣！——因此一而二，二而三，反复推求了去，真不知此时此际欲为何等蠢物，杳无所知，逃大造，出尘网，始可解释这段悲伤。正是：花影不离身左右，鸟声只在耳东西。

那林黛玉正自伤感，忽听山坡上也有悲声，心下想道："人人都笑我有些痴病，难道还有一个痴子不成？"（第二十八回）

今天我们说某人太"敏感"，多少有点拿这个词当"缺点"的意思。但其实敏感不过只是一个人的"特点"。如黛玉、宝玉者，敏感这个特性固然使得他们比别人多了许多伤感，但也必然比别人拥有了更多的欢乐。

花落为什么让人心碎？是因为花开曾经让人心醉。

我们要意识到，黛玉和宝玉的"敏感"，本质是人对万事万物的丰富体察和感受。我们不该一味地苛责宝黛的"敏感"。相反，我们真正应该做的，是通过宝黛的感受能力和细腻丰富的情感世界，认识到自身的粗糙与匮乏，并产生耸然一惊的反省。进而还要意识到，你可以不因花落花开而内心澎湃，但也总该因为什么而深深感动过。如果你也已经拥有这样的时刻，要加倍好好体会；如果未曾得到，请争取努力找到它。只有这样，才算没有白白上过那么多年的语文课啊。

大观园的守护者：贾母

我曾经给学生出过一个写作题目，让他们写一写《红楼梦》中自己最喜欢的女生。大家多写宝钗、黛玉、湘云等，独有一个男生认认真真地写下："我最喜欢的女生是贾母。"

贾母的少女时代是什么样子的呢？人老怀旧，很多时候，贾母会向后辈们讲起六七十年前的事。

宝玉十三年的夏天，宝玉挨打后一时想吃小荷叶、小莲蓬的汤。心疼孙子的贾母听了，忙让人去做。王熙凤便趁机吩咐厨房里立刻拿几只鸡，另外添了东西，一并做出十来碗给大家吃。贾母听了，笑着骂王熙凤："猴儿，把你乖的！拿着官中的钱你做人。"凤姐便也笑着说："这不相干。这个小东道我还孝敬的起。"说完吩咐手下的妇人，让厨房"只管好生添补着做"，回头在她的账上领银子。凤姐在老奶奶面前这么会做人，这惹得宝钗一时之间笑着夸赞起来：

> 宝钗一旁笑道："我来了这么几年，留神看起来，凤丫头凭他怎么巧，再巧不过老太太去。"贾母听说，便答道："我如今老了，那里还巧什么。当日我像凤哥儿这么大年纪，比他还来得呢。他如今虽说不如我们，也就算好了……"（第三十五回）

可见少女时代的贾母也像凤姐一样能说会道、伶牙俐齿。

宝玉十三年的秋天，因史湘云参加了诗社要做东请客，最终连贾母等一并邀请到了大观园中赏玩桂花。"藕香榭盖在池中，四面有窗，左右有曲廊可通，亦是跨水接岸，后面又有曲折竹桥暗接"，山坡下面有两棵桂花开得很好，河里的水又是碧清透亮，风景宜人。观赏的人坐在河当中敞亮的亭子里，看着眼前的景色，也会自然而然地感到眉清眼亮。

待贾母到了藕香榭，但见栏杆外另放着两张竹案，一个上面设着杯箸酒具，一个上头设着茶筅茶盂各色茶具，还有五六个丫头在煽风炉煮茶、烫酒。又看见柱上挂着一对黑漆嵌蚌的对子，上面写道："芙蓉影破归兰桨，菱藕香深写竹桥。"贾母便想起自己家的枕霞阁，于是回头对薛姨妈说：

"我先小时，家里也有这么一个亭子，叫做什么'枕霞阁'。我那时也只像他们这么大年纪，同姊妹们天天顽去。那日谁知我失了脚掉下去，几乎没淹死，好容易救了上来，到底被那木钉把头碰破了。如今这鬓角上那指头顶大一块窝儿就是那残破了。众人都怕经了水，又怕冒了风，都说活不得了，谁知竟好了。"（第三十八回）

宋时有个同样豪爽大方的少女，也曾经在自己家乡的亭子里有过这样活泼、大方的经历。为此，她还写了一首小词：

常记溪亭日暮，沉醉不知归路。兴尽晚回舟，误入藕花深处。争渡，争渡，惊起一滩鸥鹭。

——李清照《如梦令》

荷塘深处，芙蓉向脸两边开，又大又盛，让人迷恋也迷乱。沉醉酣畅的一场大醉后，那蓦然酒醒的少女，她那日落时分寻找归路时慌张、狼狈的瞬间，和天天去枕霞阁玩耍却不小心掉进水里的贾母多像啊。

李清照是王珪的外孙女。王珪是宋时有名的宰相，其文章气魄宏伟，华丽自成一家。自熙宁初年开始，曾连续为皇室起草诏书十八年，朝廷重大的典制策令皆出自他手，先后封过郇国公、岐国公。李清照又是李格非的女儿。李格非以文章受知于苏轼，和他父亲一样，也是那个时代著名的文学家。这样的家世背景和贾母有类似之处。李清照爱喝酒、爱作诗，为人豪爽活泼，这样的性格爱好和贾母也有类似之处。或许当我们想象贾母的少女时代时，可以从少女李清照的倚门回首中想见一下她的品格吧：

蹴罢秋千，起来慵整纤纤手。露浓花瘦，薄汗轻衣透。

见客入来，袜刬金钗溜。和羞走，倚门回首，却把青梅嗅。

——李清照《点绛唇》

人生如梦。只可惜《红楼梦》的大幕拉开之时，那个豪爽大方、活泼好动、可爱调皮的少女，却早是个七十许的白发老妪。唯有和她同姓的湘云还那样欢笑着，时不时地出现在读者面前，依稀可见老一辈枕霞旧友的笑影，到底可以算作安慰吧。

宝玉十三年正月里，贾母和众人听戏，因那戏台热闹，故贾母说：

"……闹得我头疼，咱们清淡些好。你瞧瞧，薛姨太太这李亲家太太都是有戏的人家，不知听过多少好戏的。这些姑娘都比咱们家姑娘见过好戏，听过好曲子。如今这小戏子又是那有名玩戏家的班子，虽是小孩子们，却比大班还强。咱们好歹别落了褒贬，少不得弄个新样儿的。叫芳官唱一出《寻梦》，只提琴与管箫合，笙笛一概不用。"

"我们这原是随便的顽意儿，又不出去做买卖，所以竟不大合时。"（第五十四回）

原来，贾母也还像宝钗一样见多识广，品味清雅，不被流行牵制，甚至还有自己的独到审美。薛姨妈说，戏也看过几百班，从没见用箫管的。贾母随即说道："也有，只是像方才《西楼·楚江情》一支，多有小生吹箫和的。这大套的实在少，这也在主人讲究不讲究罢了。这算什么出奇？"

大观园里的少女们，各有各的特点。而六七十年前保龄侯府青春年少的千金小姐，在属于她的大观园里也是一个真善美的化身。但遗憾得很，小说中如今只见贾母少女时代的一些零星片段，我们只能借助众美之侧影，略略感知一下贾母当年的神韵与风采。

出场时的贾母早已满头银发，但她依然是一个令人尊敬、惹人喜爱的老太太，是一个常被孙子孙女们记挂的老奶奶。她深谙管理之道：黛玉房里的大丫头紫鹃、宝玉房里的大丫头袭人和晴雯，加上贾母处的鸳鸯，从能力到品行都是一流的。贾母虽然早就不再处理府上的具体事务，但一旦出手（譬如宝玉十五年秋天抓赌），做事的效率就很高，力度也很大。

她怜老惜弱，接济过刘姥姥一般的贫穷远亲，也曾在太妃面前应酬，照顾过喜鸾、四儿等穷人家的小孩。王熙凤受了自己婆婆的气，她也会巧妙地抚慰这个孙媳妇的心。更不必说她是那样地理解孩子们了。

正是由于奶奶的保护，大观园的生活才这样言笑随心、无忧无虑。也正是这样一个贾母，才能做到既是荣国府的主心骨，又是大观园的守护人吧！

扫码听音频
与万老师一起学红楼

大观园时代第一年

宝玉 13 岁

春和夏的故事：从宝黛情深到宝玉挨打

宝黛之间的深厚感情是如何发展的？

"道具"是文学鉴赏中一个常常被提到的概念。一般而言，指的是文学作品中那些能辅助推动情节发展、塑造人物形象的"物件儿"。就《红楼梦》这部作品而言，能贯穿全书的"道具"，当然非"通灵宝玉"莫属了。

通灵宝玉本是大荒山无稽崖青埂峰下女娲炼石补天时剩下的一块顽石，幻化后随宝玉一起来到红尘。它既是《红楼梦》所有故事的亲历者，也是讲述人——也因为如此，这部书起初不叫《红楼梦》，而是《石头记》。不过，除了这块通灵宝玉之外，善于讲故事的作者还非常巧妙地借助了各种各样的"物件儿"，用来推进情节、塑造人物。

那把柳湘莲祖传的鸳鸯剑，一开始用来定亲的是它，日后用来殉情的也是它；那个傻大姐捡来的绣春囊，一开始潘又安和司棋用它来传情达意，日后它又引发了抄检大观园风波。而当我们阅读《红楼梦》中有关宝玉和黛玉感情发生、发展的部分时，就更能看到"道具"的妙用了。通灵宝玉、宫花、金锁、簪缨、香串儿、香袋儿、麒麟、手帕，这些物件儿串联起了宝黛之间此起彼伏的情感波折。这些波折有的小、有的大，但其本质都是一次情节设置上矛盾与冲突的体现，都无一例外地推进、深化和升华了二人的感情，使得我们对于《红楼梦》中这一对主人公的感情发展有了更加清晰的认识。

宝黛初会时的经典情节是宝玉摔玉——这是宝黛之间发生的第一次小波折。一句"这个妹妹我曾见过的"点明了前世宿命的深切，摔玉则让我们从一开始就见识到了今生情缘的痴缠：从宝玉十三年的春天开始，到宝玉十三年的夏天结束，这段时间里，他们两个人的感情注定了就是在放心和不放心之间徘徊、试探、反复验证和重复伤害。

接下来种种物件儿的作用，就是通过反复推进"放心"与"不放心"，逐步展现两个小儿女感情发展的过程。最终把故事推向至情至深的高潮。

金锁的出现提醒了黛玉金玉良缘的可能性，引发了宝黛之间的第二次小波折。第八回中，黛玉数次讥诮宝玉，皆因薛家的宫花而起，随着薛家金锁的出现而加剧，表达的是黛玉内心的小紧张与小敌意——这种紧张和敌意是轻微的，甚至是不自觉的，表现的是黛玉对于这份懵懂感情的"不放心"：那个我爱的人，他是爱我的吗？在他心中，我是独一无二的存在吗？十几岁的黛玉和普天之下所有的少女一样，关心着这些问题。

这一天，终结这场试探的小物件儿，是宝玉头上的绛绒簪缨。

当黛玉帮宝玉把簪缨戴好之后，二人之间的亲密，无声地向黛玉和读者说明了一切。这段雪天的小波折，因此显得格外的"先酸后甜"。借助金锁和簪缨，两小无猜的他们各自在心田种下了一颗萌动的种子。这些在之前的分析中其实已经梳理过了。

接下来第十二回中，黛玉的父亲林如海去世，黛玉回家奔丧之后第二次进贾府。此时她出现在宝玉和读者面前时，已经褪去了稚气，成长为一个飘然出尘的少女。这一次相见，黛玉给宝玉等人都带了礼物；至于宝玉呢，则把北静王水溶赠给自己的鹡鸰香串儿转送给黛玉，虽然态度很珍重，但礼物送得其实很失败。看颦儿的反应就知道了——黛玉说："什么臭男人拿过的！我不要他。"索性掷而不取。

我们一定要注意黛玉此时对香串儿的"不要"，日后才更能理解宝玉让晴雯送来手帕时，黛玉收下手帕后题诗之际那汹涌的泪水和情感震颤。

宝黛之间的第三次波折和香袋儿有关。其本质和香串儿没有什么不同：一开始，黛玉误以为自己亲手做的荷包被外人抢了去，故而赌气剪了正在做的香袋儿，这正是"不放心"之故；宝玉珍重地将荷包从里面衣襟上解下，那份与众不同的情义，分明是让她"放心"的明证；二人的感情因此又进了一步。

《西厢记》是大观园的禁书。落红成雨落，桃花随流水。在如此美丽的季节，他与前来葬花的黛玉相遇在一个别无他人、风景绝胜的地方，展卷共读一本大人不许读的言情故事。这本书还写得那样好——词句警人，余香满口。此景此境，无疑是少男少女感情的催化剂。于是，进入大观园的宝玉终于从憨憨孩童成长为一个话里有话、暗暗表白的少年。他借用《西厢记》里的句子对黛玉说："我就是个'多愁多病身'，你就是那'倾国倾城貌'。"

这话，心思细敏的黛玉自然听懂了。所以她才会带腮连耳都通红了，立刻嗔怪宝玉欺负自己。因为《西厢记》，宝黛共同拥有了在独属于二人的空间中秘密阅读的记忆。宝玉莽撞地开了玩笑，黛玉气红了脸颊，曾经的友情在这一刻脱胎换骨，悄然蜕变，成为爱情。紧接着，再度葬花的黛玉和宝玉不期而遇，宝玉听到黛玉独自一人吟诵《葬花吟》，感情在各自落泪的时刻达到了高度的契合。此时一种互相理解对方的精神世界，并为之深深共鸣的爱情就产生了。

为什么黛玉让宝玉念念不忘、意气难平？因为无论在什么时代，这种灵魂之爱、知己之爱都太难能可贵了。

爱情达到这样的浓度和高度，《红楼梦》中关于宝黛之情最激烈也最深情的第四次波折就开始了——这次波折和手帕有关，贯穿了第二十八回到第三十四回。

四月二十六日，贵妃娘娘贾元春请家里人从五月初一到初三，去清虚观打平安醮。托夏太监传话的同时，还送来了端午节的礼物：上等宫扇两柄，红麝香珠二串，凤尾罗二端，芙蓉簟一领。姊妹众人中，只有宝钗的礼物和宝玉的一样。宝玉一开始并不相信，再三确认后，即让人把自己得的东西送给黛玉，让她尽情挑选，黛玉自然又没有要。接下来宝玉去贾母处请安，二人在路上碰见了。

刚洗了脸出来，要往贾母那里请安去，只见林黛玉顶头来了。宝玉赶上去笑道："我的东西叫你拣，你怎么不拣？"林黛玉昨日所恼宝玉的心事早又丢开，又顾今日的事了，因说道："我没这么大福禁受，比不得宝姑娘，什么金什么玉的，我们不过是草木之人！"宝玉听他提出"金玉"二字来，不觉心动疑猜，便说道："除了别人说什么金什么玉，我心里要有这个想头，天诛地灭，万世不得人身！"（第二十八回）

不想，宝玉前头刚发完这样的毒誓，转头就在贾母处遇见了宝钗。遇见了也就罢了，他还要主动去看元春送给宝钗的香串儿。宝钗的胳膊上正戴着那个香串儿，便褪下来给宝玉看。宝玉看了香串儿也就罢了，又偏偏生出一事：看着宝钗雪白的胳膊浮想联翩。一会儿想到金玉良缘，一会儿又因为想到金玉良缘，不由多注意了宝钗一眼，立刻就觉出对方"唇不点而红，眉不画而翠"的自然之美，最后还忍不住发呆出神起来。恰好黛玉也来这里，正看见这一幕。于是，她把手里的绢子一甩，借口要指呆雁给宝钗看，"失手"打在宝玉的眼睛上。你看，手帕这一甩，多巧妙！既不着痕迹，又打得正是地方。

五月初一这一天，大家热热闹闹地去清虚观。其间发生了两件事：一是张道士给宝玉提了亲，二是道士们看过宝玉的通灵宝玉后，回送了一些礼物表达心意。这些礼物里有一个赤金点翠的大麒麟，和史湘云的小麒麟正好配成一对。此时，宝玉又生一事，当着黛玉的面把麒麟收了，珍藏起来。

五月初二这一天，黛玉因中暑，不再去清虚观听戏。宝玉也没有去，一时来潇湘馆探望。这时，二人之间发生了一段十分适合改编成话剧的对话——

人物：宝玉、黛玉

时间：阴历五月初二，端午节期间

地点：潇湘馆

[且说宝玉因见林黛玉又病了，心里放不下，饭也懒去吃，不时来问。]

黛玉：你只管看你的戏去，在家里做什么？

宝玉：（想起张道士提亲一事，沉下脸）我白认得了你。罢了，罢了！

黛玉（冷笑两声）：我也知道白认得了我，哪里像人家有什么配得上呢。

宝玉：（向前来直问到黛玉脸上）你这么说，是安心咒我天诛地灭？

黛玉：（愣住）啊！

宝玉：昨儿还为这个赌了几回咒，今儿你到底又准我一句。我便天诛地灭，你又有什么益处？

黛玉：（又是着急，又是羞愧，战战兢兢）我要安心咒你，我也天诛地灭。何苦来！我知道，昨日张道士说亲，你怕阻了你的好姻缘，你心里生气，来拿我煞性子。

[二人愣住，随即面向观众，独白错落响起，形成一种此起彼

伏的效果。]

宝玉：别人不知我的心，还有可恕，难道你就不想我的心里眼里只有你！你不能为我烦恼，反来以这话奚落堵我。可见我心里一时一刻白有你，你竟心里没我。

黛玉：你心里自然有我，虽有"金玉相对"之说，你岂是重这邪说不重我的。我便时常提这"金玉"，你只管了然自若无闻的，方见得是待我重，而毫无此心了。如何我只一提"金玉"的事，你就着急，可知你心里时时有"金玉"，见我一提，你又怕我多心，故意着急，安心哄我。

宝玉：我不管怎么样都好，只要你随意，我便立刻因你死了也情愿。你知也罢，不知也罢，只由我的心，可见你方和我近，不和我远。

黛玉：你只管你，你好我自好，你何必为我而自失。殊不知你失我自失。可见是你不叫我近你，有意叫我远你了。

[画外音渐平，场上安静。]

宝玉：（赌气向颈抓下通灵宝玉，咬牙狠命往地下一摔）什么捞什骨子，我砸了你完事！

（见没摔碎，便回身找东西来砸）

黛玉：（大哭）何苦来，你摔砸那哑巴物件。有砸他的，不如来砸我！

紫鹃、雪雁、袭人上。袭人夺玉。

（改编自第二十九回）

当宝玉直问到黛玉脸上，二人心中的话却无法说出的时候，各自内心感情和外在言行之间的矛盾重叠交织，使得这段对话极富感情的张力，也极具艺术的魅力。可以说，正是在宝黛口是心非的对话中，我们感受到了爱情最迷人也最缠绵、最让人欢喜也最让人忧愁的瞬间。

作者用"痴情女情重愈斟情"来概括这段情节，并将之列为本回的回目。短短的八个字中用了三个情，可见"情"达到了一个怎样浓烈的程度。

通灵宝玉作为全书的道具，此处继宝黛相见后再度被摔。动作的激烈也是感情激烈的明证。同时，摔玉也让我们看到了一切矛盾的根源：

通灵宝玉是要配金锁呢，还是要配麒麟呢？

这样我们也就更加明白了，黛玉和宝玉之间之所以矛盾频发，并且愈演愈烈，正是因为彼此心迹未明，各自内心有各自的不确定啊。我们读到的一系列波折，都是由此引发。

接下来，帕子这个道具再次出现，宝玉摔玉后，黛玉吐出才吃的香薷饮，把手帕吐湿了。帕子是黛玉内心悲痛的明证。

五月初三，他们两个人第一次听到"不是冤家不聚头"这句话。于是，一个在潇湘馆临风洒泪，一个在怡红院对月长吁。细嚼过这句话的滋味后，人居两地、情发一心的他们，感情又比之前更缠绵深切了几分。

五月初四，宝玉头顶着大太阳前来向黛玉赔不是。手帕这个道具，在一来一往间，越发使得感情缠绵悱恻了——

黛玉："你也不用哄我。从今以后，我也不敢亲近二爷，二爷也全当我去了。"

宝玉："你往哪去呢？"

黛玉："我回家去。"

宝玉："我跟了你去。"

黛玉："我死了呢？"

宝玉："你死了，我做和尚！"

黛玉："想是你要死了，胡说的是什么！你家倒有几个亲姐姐亲妹妹呢，明儿都死了，你有几个身子去做和尚？明儿我倒把这话告诉别人去评评。"

你总是小心地问，这是爱情吗？你总是不敢对自己承认。

今天的少年，可能很少经历这种古典的浪漫爱情了：明明爱到十足，却不肯向自己和对方露出半分。就像海棠明明开得那么浓烈，偏偏却无香，生怕自己和别人有所察觉。

宝玉和黛玉所处的那个时代，他们所在的大家庭，都不允许在感情上有直接的表白。于是，他们只能说出与心里相反的言语，做出与心里相反的脸色。

我们还是看原文吧：

（黛玉）见宝玉憋的脸上紫胀，便咬着牙用指头狠命的在他额颅上戳了一下，哼了一声，咬牙说道："你这——"刚说了两个字，便又叹了一口气，仍拿起手帕子来擦眼泪。宝玉心里原有无限的心事，又兼说错了话，正自后悔；又见黛玉戳他一下，要说又说不出来，自叹自泣，因此自己也有所感，不觉滚下泪来。要用帕子揩拭，不想又忘了带来，便用衫袖去擦。林黛玉虽然哭着，却一眼看见了，见他穿着簇新藕合纱衫，竟去拭泪，便一面自己拭着泪，一面回身将枕边搭的一方绡帕子拿起来，向宝玉怀里一掷，一语不发，仍掩面自泣。宝玉见他掷了帕子来，忙接住拭了泪，又挨近前些，伸手拉了林黛玉一只手，笑道："我的五脏都碎了，你还只是哭。走罢，我同你往老太太跟前去。"（第三十回）

接下来，因为"麒麟"的存在，二人之间又起波澜。黛玉直流尽了泪水，宝玉这才终于鼓足勇气，表白了心迹——只是实际上把袭人误认作黛玉，令人一叹：

宝玉瞅了半天，方说道"你放心"三个字。林黛玉听了，怔了半天，方说道："我有什么不放心的？我不明白这话。你倒说说怎么放心不放心？"宝玉叹了一口气，问道："你果不明白这话？难道我素日在你身上的心都用错了？连你的意思若体贴不着，就难怪你天天为我生气了。"林黛玉道："果然我不明白放心不放心的话。"宝玉点头叹道："好妹妹，你别哄我。果然不明白这话，不但我素日之意白用了，且连你素日待我之意也都辜负了。你皆因总是不放心的原故，才弄了一身病。但凡宽慰些，这病也不得一日重似一日。"

林黛玉听了这话，如轰雷掣电，细细思之，竟比自己肺腑中掏出来的还觉恳切，竟有万句言语，满心要说，只是半个字也不能吐，却怔怔的望着他。此时宝玉心中也有万句言语，不知从那一句上说起，却也怔怔的望着黛玉。两个人怔了半天，林黛玉只咳了一声，两眼不觉滚下泪来，回身便要走。宝玉忙上前拉住，说道："好妹妹，且略站住，我说一句话再走。"林黛玉一面拭泪，一面将手推开，说道："有什么可说的。你的话我早知道了！"口里说着，却头也不回竟去了。

宝玉站着，只管发起呆来。原来方才出来慌忙，不曾带得扇子。袭人怕他热，忙拿了扇子赶来送与他，忽抬头见了林黛玉和他站着，一时黛玉走了，他还站着不动，因而赶上来说道："你也不带了扇子去，亏我看见，赶了送来。"宝玉出了神，见袭人和他说话，并未看出是何人来，便一把拉住，说道："好妹妹，我的这心事，从来也不敢说，今儿我大胆说出来，死也甘心！我为你也弄了一身的病在这里，又不敢告诉人，只好掩着。只等你的病好了，只怕我的病才得好呢。睡里梦里也忘不了你！"袭人听了这话，吓得魄消魂散，只叫"神天菩萨，坑死我了！"便推他道："这是那里的话！敢是中了邪？还不快去？"宝玉一时醒过来，方知是袭人送扇子来，羞的满面紫胀，夺了扇子，便忙忙的抽身跑了。（第三十二回）

这个夏天，黛玉的手帕就没有停止过拭泪。直到宝玉挨了打，那一直连绵不尽的眼泪终于不可抑制，恣意流了出来。宝玉卧在床上，从梦中醒后看到的是满面泪光的黛玉。因真情流露，她的两个眼睛肿得桃儿一样。可见此时两个人的感情是多么缱绻深重：一个呢，只担心对方是不是被怒火攻心的父亲打坏了；另一个呢，只担心对方身体太柔弱，这样热的天，万一病了可如何是好。二人正在相看泪眼，无语凝噎，凤姐恰好前来探望宝玉，黛玉担心凤姐笑话自己的眼睛，不免匆匆离去。就在这一天晚上，宝玉让晴雯送去两条旧手帕。

晴雯问他，可有什么话没有？

他说，没有什么可说的。

还有什么可说的？果然情到深处，若见了这旧手帕，自然该知道的。你若到了这地步，竟然还不知道我想说什么。那么，我也就不必说了。

不解其意的晴雯把手帕送去。果然，黛玉就知道了。收到旧手帕的一瞬间，黛玉立刻神痴心醉，五脏沸腾。那余情缠绵不已，少女的心百转千回。

正因如此，作者用了"情中情因情感妹妹"来概括第三十四回的情节。短短的八个字中就用了三个情，可见"情"达到了一个怎样稠密的程度。

全书中宝黛感情的最高潮也就在此时了。这两块旧手帕是两人之间最深切的情的暗语，也是最直接的爱的告白。被还泪的人送给还泪的人两块旧手帕，那意思仿佛是在说："我终于明白了你的宿命。但是，我愿意小心翼翼守护着你。"最让读者神痴心醉的是——这一刻，两个人分明深深地明白了彼此，却最终什么也都没有说。

由此我们可以知道，《红楼梦》写得有多好。不仅写出了真正的爱情，而且写出了爱情由萌芽到成熟的过程。一个潦倒半生的中年作者，能够把人间最美好的感情写得这样丝丝入扣、细腻幽微，这是一件多难得的事！若是和宝玉、黛玉同样年纪的我们反而读不出，粗粗翻过《红楼梦》就随意给宝玉贴上"娘炮"的标签，没有细读便下了"黛玉太敏感，宝钗太心机"的判断，然后将《红楼梦》丢弃不看，难道不是人间最大的遗憾吗？我说的遗憾不是你不曾好好读过一本名著，而是在本该体会爱情和美好人性的年纪，你却没有给自己哪怕一点点时间去认真体会一次。

金庸的小说《鹿鼎记》中，男主人公韦小宝喜欢陈圆圆的女儿阿珂。恰巧呢，还有一个出场不多的人叫胡逸之，他喜欢陈圆圆。两个人机缘巧合有过一次对话。在这段对话中，韦小宝和胡逸之各自表达了对"情"的理解①。"美刀王"胡逸之退出江湖后，二十多年来一直隐居在昆明城郊。他在三圣庵中像个寻常乡下的村夫一样种菜扫地、打柴挑水。二十三年来，胡逸之也只不过跟陈圆圆说过三十九句话，听她说过五十五句话而已。韦小宝不解，很是惊奇："胡大侠，你武功这样了得，怎地不把陈圆圆一把抱了便走？"胡逸之听了，便知道韦小宝不懂他的深情，他说："我别无他求，只盼早上晚间偷偷见到她一眼，便已心满意足，怎……怎会有丝毫唐突佳人的举动？"

而韦小宝则说，他是打定了主意，就是千刀万剐、粉身碎骨，也非娶阿珂作老婆不可。韦小宝还说，要是自己喜欢了一个女子，可没胡逸之这么耐心。

----

① 事见金庸《鹿鼎记》第三十三回。

胡逸之应答的话，对比之下更显动人：

"小兄弟，这话可不大对了。你喜欢一个女子，那是要让她心里高兴，为的是她，不是为你自己。"

江湖别过之时，他又说：

"我这一生一世，决计不会伸一根手指头儿碰到她一片衣角，若有虚言，便如此桌。"说着左手一伸，喀的一声，抓下舟中小几的一角，双手一搓，便成木屑，纷纷而落。

有人称赞他的功夫，胡逸之白了那人一眼，心道：

"武功算得什么？我这番深情，那才难得。可见你不是我的知己。"

韦小宝喜欢阿珂，像天下大多数男人一样，喜欢一个女人就希望娶她作老婆。他对情的理解，更倾向于"欲"的成分；胡逸之喜欢陈圆圆，是默默地守护着她，把相处的点点滴滴都珍藏在心里。没有一点别的奢望，想方设法地帮助她过好自己的人生。所以他虽然这样爱她，也不过是每天远远地看着她，且她不必知道。

洵有情兮，而无望兮。对于胡逸之来说，终其一生，除此之外，从无他求。

如果说宝玉和黛玉的爱情，是一种含蓄至极的人间深情。那么，属于情圣胡逸之一个人的爱情，也应该是这样的感情吧！

这个春天还有哪些故事？

三月中浣给读者留下深刻印象的，恐怕是"宝黛共读西厢"和"黛玉独赏《牡丹亭》"这两处经典情节。不过，若是梳理下这一天前前后后的事就会发现：在宝黛之情发生和发展的同时，书中还另有一对令人唏嘘的有情人。

先来看看这一天前后都发生了哪些事吧。三月中浣这一天，因贾赦生病，袭人赶来叫了宝玉去探望。这时所有的姐妹们都过去请安了，宝玉连忙也去了，独剩下黛玉孤单一人。在回潇湘馆的路上，她偶然听见梨香院唱的戏文，便从《皂罗袍》听到《山桃红》。她发了好一会儿的呆，然后才回到潇湘馆休息。

咱们再从宝玉这边说起。宝玉回到房中换了衣服，去贾赦那儿探病，路上遇见了贾芸，因贾芸太会来事儿，便就认贾芸作干儿子。贾环等人此时也来贾赦处请安。邢夫人对宝玉太过热情，贾环看了以后心里不自在，便早早退去了。此时天色已晚，邢夫人索性留饭，叫了宝玉和众姊妹们一起用过晚饭，大家才各自回了房。

说完这些，咱们再说贾芸。贾芸伶俐乖觉，因宝玉一句戏言"你倒比先越发出挑了，倒像我的儿子"，随即就说："如若宝叔不嫌侄儿蠢笨，认作儿子，就是我的造化了。"（第二十四回）他就这么顺势认了十三岁的宝玉作爸爸——虽然贾芸这时候已经十八岁。（如今的男生常常拿"我是你爸爸"之类的言语和同伴开玩笑，占一个口头上的便宜，享受某种神秘而不可知的快感。从《红楼梦》来看，这种心理似乎早已有之了。）

离开宝玉后，贾芸又一个人到贾琏那里去打探消息，想看看贾琏那儿有没有什么工作机会。偏贾琏这时不得闲，让贾芸回家去等着。贾芸无法，只好出来。他是个聪敏的人，这时候也就明白过来了：什么不得空啊，自己这是求错人了。

论找工作这事儿，求贾琏不如求王熙凤。他想到如今天气热了，贾府也已经开始筹备起节礼了，于是便想到从舅舅卜世仁的香料铺里"赊"些冰片、麝香，找个理由给凤姐送去。谁知舅舅不仅不肯周济他，反而数落了他一顿。

没想到贾芸在回去的路上偶遇了仗义疏财的邻居倪二，竟意外借得了十五两三钱银子。倪二是个爽利人，不肯让贾芸写契约，直接从褡包里掏出银子给了贾芸，接着去马贩子王短腿家喝酒去了。这边贾芸去钱铺子里称过银子，另找了一个香铺买了麝香、冰片。转过天来，他拿着这些东西，趁着贾琏出了门，伺机去见凤姐：

打听贾琏出了门，贾芸便往后面来。到贾琏院门前，只见几个小厮拿着大高笤帚在那里扫院子呢。忽见周瑞家的从门里出来叫小厮们："先别扫，奶奶出来了。"贾芸忙上前笑问："二婶婶那去？"周瑞家的道："老太太叫，想必是裁什么尺头。"

正说着，只见一群人簇着凤姐出来了。贾芸深知凤姐是喜奉承尚排场的，忙把手逼着，恭恭敬敬抢上来请安。凤姐连正眼也不看，仍往前走着，只问他母亲好，"怎么不来我们这里逛逛？"贾芸道："只是身上不大好，倒时常记挂着婶子，要来瞧瞧，又不能来。"凤姐笑道："可是会撒谎，不是我提起他来，你就不说他想我了。"贾芸笑道："侄儿不怕雷打了，就敢在长辈前撒谎。昨儿晚上还提起婶子来，说婶子身子生的单弱，事情又多，亏婶子好大精神，竟料理的周周全全；要是差一点儿的，早累的不知怎么样呢。"

　　凤姐听了满脸是笑，不由的便止了步，问道："怎么好好的你娘儿们在背地里嚼起我来？"贾芸道："有个原故，只因我有个朋友，家里有几个钱，现开香铺。只因他身上捐着个通判，前儿选了云南不知那一处，连家眷一齐去，把这香铺也不在这里开了。便把帐物攒了一攒，该给人的给人，该贱发的贱发了，像这细贵的货，都分着送与亲朋。他就一共送了我些冰片、麝香。我就和我母亲商量，若要转卖，不但卖不出原价来，而且谁家拿这些银子买这个作什么，便是很有钱的大家子，也不过使个几分几钱就挺折腰了；若说送人，也没个人配使这些，倒叫他一文不值半文转卖了。因此我就想起婶子来。往年间我还见婶子大包的银子买这些东西呢，别说今年贵妃宫中，就是这个端阳节下，不用说这些香料自然是比往常加上十倍去的。因此想来想去，只孝顺婶子一个人才合式，方不算遭蹋这东西。"一边说，一边将一个锦匣举起来。

　　凤姐正是要办端阳的节礼，采买香料药饵的时节，忽见贾芸如此一来，听这一篇话，心下又是得意又是欢喜，便命丰儿："接过芸哥儿的来，送了家去，交给平儿。"因又说道："看着你这样倒很知好歹，怪道你叔叔常提你，说你说话儿也明白，心里有见识。"

（第二十四回）

我们由此能看出，贾芸是一个很会送礼的人：他的礼物送得一点也不刻意，并不会给收礼人太大的心理负担。

礼物送出去后，两面都不好马上就提工作的事。于是贾芸别过了凤姐，又去看宝玉。在等待宝玉的过程中，贾芸遇见了小红。两个人各自看了对方几眼。凤姐从贾琏处知道了实情，笑骂了贾芸一顿，答应了他今日午错时候来领银子，后日进大观园种花儿。贾芸喜不自禁，顺路又来看宝玉。可惜宝玉去找北静王了，贾芸坐到晌午也没能见上刚认的"干爸爸"。

再从宝玉这头说起。他从北静王处回来后，正赶上袭人、秋纹等都不在身旁。宝玉自己去倒茶时，小红上来侍奉，并汇报了和贾芸有关的事情。宝玉打量了小红几眼，发现这个姑娘俏丽干净，还挺纳闷，怎么怡红院房中的丫头，自己不认得呢？只是未及多谈，秋纹、碧痕就回来了。两个人见小红给宝玉倒了茶，还说上了话，对着小红一阵冷嘲热讽。也就是在这时候，一个婆子过来传凤姐的话，说明天贾芸带工匠来种花种树。小红听见了这话，这天晚上便梦见贾芸捡了自己的手绢儿，要来还给自己。

第三天五更，得了事的贾芸去找倪二还银子，然后拿了五十两银子去买树。宝玉一大早起来就开始留心小红，想提拔她上来，只是因为没有机会，便作罢了。不一会儿，小红得了一个差事——袭人叫她去潇湘馆借喷壶。小红领了任务，出门后远远看见贾芸坐在山子石上监工。可也就远远地看了一眼，就去了。

王子腾的夫人因生日将近，邀请了薛姨妈、凤姐、贾府姐妹和宝玉等人。众人去了一日，回来时，宝玉在王夫人怀里百般撒娇，一边的贾环在灯下抄佛经。过了一会儿，贾环见宝玉逗彩霞，内心不满，便用烛油烫了宝玉。

第五天，宝玉的寄名干娘马道婆来贾府中，和赵姨娘二人设计作祟，陷害宝玉和凤姐的性命。隔了几天，宝玉和凤姐果然发病，二人在床上躺了三天，眼看着连棺材也开始置办起来了。贾芸便带着人在大观园坐更看守，昼夜只在这里。小红也随着众丫鬟侍候，故而二人渐渐熟悉了。也就是这时候，小红发现贾芸带着自己用的帕子。隔了几天，癞和尚和跛道士救下宝玉和凤姐，三十三天后，这病就好了。宝玉的病既已好转，此处也就用不着贾芸，他便仍然种树去了。

四月二十五日，大丫头使唤小红描花样子。小红想起这事，去蘅芜苑莺儿处拿笔。走到蜂腰桥时，正遇见坠儿带着贾芸来见宝玉。二人四目相对，相看无言。一个去了潇湘馆，一个去了怡红院。贾芸还是由坠儿送出来。路上，他看似不经意地问了手帕的事，并把手帕给了坠儿。

四月二十六日，大观园举行饯花会。坠儿约了小红在滴翠亭，手帕给了小红，并受了贾芸之托要了小红一个谢礼。过了一会儿，香菱、臻儿、司棋、侍书等人也来亭子里玩。几个人正说话，凤姐招手要叫一个人去传话。小红连忙跑了过去，几件事办得爽利明白。凤姐心下喜欢，便动了要把小红调到自己手下的念头。这一日吃过午饭，见了宝玉，凤姐果然就把小红要走了。

从三月中浣到四月二十六日芒种节，最为瞩目的必然是宝玉和黛玉的故事。这个故事美得发光，可在这条主线之外，我们也看见了贾芸和小红的故事。

他们两个人，一个是要看人脸色的豪门远亲，一个是不被人看见的小丫鬟；两个都是贾府中不怎么重要的人，生活中都有委屈的一面。作者描绘了贾环面对差别对待的不甘；也用更加细致入微的笔触，描写了贾芸的辛酸与小红的隐忍。他一面讲着宝黛的爱情，一面也细细讲述了这两个努力上进的年轻人的故事，和他们默默无言的爱情。如果说宝玉和黛玉的爱情是心心相印的爱，那贾芸和小红之间的相互欣赏，应该就是相同处境的两个人之间的致命吸引吧！

河汉清且浅，相去复几许？
盈盈一水间，脉脉不得语。

写沉默无言中的深情牵念，再也没有比《迢迢牵牛星》中的这几句更好的了。宝玉和黛玉的爱当然是一种盈盈之情，贾芸和小红那一双常常在擦肩而过时望向对方的眼，也同样是脉脉含情的吧！

你看他们俩都是努力争出头的人，而且都遭受了很多次的挫折。先说贾芸，其实和他同时期一起找工作的人，还有一个贾芹。因贾芹妈妈求对了人，所以全没有这么一番周折。贾芹不仅没在找工作上花什么钱，上任也快、薪水也多。贾芸呢，因母亲不能主事，故他先求了贾琏，可惜所托非人，拖了很久也没有工作，只好又想办法辗转来求凤姐。对了，这个过程里他还受了舅舅卜世仁的嘲讽。

再说小红，别人几次三番骂她也就罢了，偏晴雯也来骂她：

晴雯一见了红玉，便说道："你只是疯罢！院子里花儿也不浇，雀儿也不喂，茶炉子也不炀，就在外头逛。"红玉道："昨儿二爷说了，今儿不用浇花，过一日浇一回罢。我喂雀儿的时候，姐姐还睡觉呢。"碧痕道："茶炉子呢？"红玉道："今儿不该我炀的班儿，有茶没茶别问我。"绮霰道："你听听他的嘴！你们别说了，让他逛去罢。"红玉道："你们再问问我逛了没有。二奶奶使唤我说话取东西的。"说着将荷包举给他们看，方没言语了。

大家分路走开。晴雯冷笑道："怪道呢！原来爬上高枝儿去了，把我们不放在眼里。不知说了一句话半句话，名儿姓儿知道了不曾呢，就把他兴的这样！这一遭半遭儿的算不得什么，过了后儿还得听呵！有本事从今儿出了这园子，长长远远的在高枝儿上才算得。"一面说着去了。（第二十七回）

每个红楼人物都不完美，袭人有袭人的不完美处，晴雯自然也有晴雯的不完美处，所以我们能看见晴雯毫不客气地骂小红。可是我们更需要注意到的是，对于小红而言，晴雯的骂可没起什么作用——任凭怎么骂，小红最后还是成功了。

在作者细写宝黛、旁写贾芸和小红的时候，我们也看到了贾环的委屈和不甘。是的，命运似乎对他不够公平。他的出身不如宝玉好，颜值也没有宝玉高。可是作为读者的我们，未曾看到他的努力，却只看到他的嫉妒。

但是，生活中，哪能人人都是宝玉呢？

所以，如果你生而幸运，是宝玉一样众星拱月般的存在，希望你以后在看待生活中形形色色的人时，能够对似小红和贾芸这般的人多一些体贴和关心。

小说 *The Great Gatsby*（《了不起的盖茨比》） 开头有这样一段话：

In my younger and more vulnerable years my father gave me some advice that I've been turning over in my mind ever since."Whenever you feel like criticizing anyone," he told me, "just remember that all the people in this world haven't had the advantages that you've had."

在我年纪还轻、阅历不深的时候，我父亲教导过我一句话，我至今还念念不忘。"每逢你想要批评任何人的时候，"他对我（小说的叙述者尼克）说，"你就记住，这个世界上所有的人，并不是个个都有过你拥有的那些优越条件。"

如果你是像小红、贾芸一样的人，希望你能意识到：虽然出身不能选择，但是面对不公和轻视时的方式，却是每个人可以选择的。

从三月中浣到芒种节，宝玉十三年的春天，正好从开始走到了结束。这个春天里，我们结识了许多形象丰满的红楼人物。我们和他们一起，或喜或怒，或笑或悲，共同经历了人间的美好与辛酸。

正是由于他们的存在，宝玉初进大观园的春天便不仅有了美，也有了深刻。这一段浪漫与现实并重的故事，也因此以极其丰富的面貌留在了中国文学史中。

为什么说宝黛之情是情的最高境界？

只有细读文本，进入情境，才能借助文学作品丰富对美好世界和情感的感知。

"宝黛葬花"这一经典情节，充满了春日的美好和细腻的情感，值得同在青春年华的我们认真细读。"春天""青春""孤独""敏感"（不是贬义词）、"共鸣""爱"（不止狭义的爱情）、"感伤"，这七个词语是这一情节的关键词。

从第一次葬花到第二次葬花，春天从"春正好"到了"春天眼看就要由盛转衰"，正值青春年华的黛玉暂时脱离了终日围绕在身边的同龄伙伴，开始在独处的时候思考一些平时不曾思考的问题：

为什么春日、青春等普天下美好的东西都不长久？

没有美好的外在世界的刺激，没有敏感的内心，没有突然"空"了那么一下的时间，对这个问题的思考很难发生，但偏偏在进入大观园的第一个春天，这些都发生了。而当黛玉因为这种思考感到"感伤"和"孤独"的时候，最美妙的是，她遇到了一个能够和她的内心世界共鸣的宝玉。

请大家注意，黛玉的可贵正在于她的多情和深爱，不仅为人，也为这个世界，为生命本身，为自然天地。她爱竹林、爱燕子、爱花朵，这种爱特别真诚。芒种节的饯花会本身便是女孩们表达对百花之爱的时刻。可是别的女孩是怎么做的呢？小说中说：

那些女孩子们，或用花瓣柳枝编成轿马的，或用绫锦纱罗叠成干旄旌幢的，都用彩线系了。每一颗树上，每一枝花上，都系了这些物事。满园里绣带飘飘，花枝招展。（第二十七回）

大家开开心心地把芒种节过成了大观园里的"节日"，到处充满了年轻人聚会的热闹欢乐——这当然很令人开心，但不得不说，这种"爱"只是形式上的爱。饯花会本是为送别百花而设，真正的送别应该是伤感的——黛玉在无人处为花默默地设置了坟墓，还配备了专门的葬花工具。这种郑重其事、毫不张扬的爱，才是真正的爱。

宝黛之间的爱情的可贵之处，也正在于此：正是那种"不仅为人，也为这个世界，为生命本身，为自然天地"的多情和深爱，让这两个人在芒种节上各自从热闹的人群中走出，不约而同地走向第一次葬花的地点。靠着这样一个天知地知你知我知的地方，两个年轻的灵魂终于识别出了同类，从而产生了震颤心灵的共鸣。这种共同的多情与深爱并没有因为葬花的结束而结束，而是在接下来一直伴随着宝玉和黛玉交往的始终：第六十四回"幽淑女悲题五美吟"中，当黛玉悄悄祭祀历史上五个绝色美人，哀叹她们悲惨命运的时候，最能理解她的人是宝玉；而当宝玉去祭奠金钏儿的时候，最懂他、最了解他的那个人是黛玉。

为什么说宝玉挨打是不可避免的？

宝玉挨打的前情

我们已经知道，琪官（蒋玉菡）的事要从四月二十七算起，而金钏儿的事可以从五月初四说起。除此之外，宝玉被打的关键，其实还和贾环的嫉恨分不开。

那么，贾环的嫉恨又要追溯到何时呢？

宝玉十三年二三月时，发生过一件不起眼的小事。当时，元妃下旨，要宝玉并姊妹们同进大观园居住。贾政、王夫人一面回明贾母，遣人进去各处收拾打扫，安设帷幔床帐，一面少不得叫宝玉过来嘱咐一番。宝玉虽然害怕恐惧，却也无法，只得一步挪不了三寸地蹭过去。他过去时，贾政和王夫人正在房中商议事情，金钏儿、彩云、彩霞、绣鸾、绣凤等众丫鬟都在廊檐底下站着。

丫头们一见宝玉来，都抿着嘴笑。此时金钏儿一把拉住宝玉，悄悄笑道："我这嘴上是才擦的香浸胭脂，你这会子可吃不吃了？"

可还记得吗？宝玉十三年，到底是因为什么，王夫人怒地跳起来打了金钏儿一个嘴巴子？

　　王夫人在里间凉榻上睡着，金钏儿坐在旁边捶腿，也乜斜着眼乱恍。宝玉轻轻的走到跟前，把他耳上带的坠子一拧，金钏儿睁开眼，见是宝玉。宝玉悄悄的笑道："就困的这么着？"金钏儿抿嘴一笑，摆手令他出去，仍合上眼。宝玉见了他，就有些恋恋不舍的，悄悄的探头瞧瞧王夫人合着眼，便自己向身边荷包里带的香雪润津丹掏了一丸出来，便向金钏儿口里一送。金钏儿并不睁眼，只管噙了。宝玉上来便拉着手，悄悄的笑道："我明日和太太讨你，咱们在一处罢。"金钏儿不答。宝玉又道："不然，等太太醒了我就讨。"

　　金钏儿睁开眼，将宝玉一推，笑道："你忙什么！'金簪子掉在井里头，有你的只是有你的'，连这句话语难道也不明白？我倒告诉你个巧宗儿，你往东小院子里拿环哥儿同彩云去。"宝玉笑道："凭他怎么去罢，我只守着你。"（第三十回）

　　二人日常调笑之态，其实是一以贯之的。夏天来了，有口无心的宝玉只在金钏儿的耳环上轻轻一拨，就触动了母亲心中的那根禁忌之弦。再说回当时，当宝玉躬身进去后，作者写了一笔贾政的内心世界：

　　贾政一举目，见宝玉站在跟前，神彩飘逸，秀色夺人；看看贾环，人物委琐，举止荒疏；忽又想起贾珠来，再看看王夫人只有这一个亲生的儿子，素爱如珍，自己的胡须将已苍白：因这几件上，把素日嫌恶处分宝玉之心不觉减了八九。（第二十三回）

虽然内心世界的厚此薄彼，没有一字一句明确表达出来，但问题是，对面的贾环真的一点也感受不到吗？

三月中浣节那天，贾赦生病了。除了黛玉之外，大家都去探病。同样都是去探望贾赦的晚辈，邢夫人盛情款待了宝玉，对待贾环等人却十分冷淡：

（宝玉）见了贾赦，不过是偶感些风寒，先述了贾母问的话，然后自己请了安。贾赦先站起来回了贾母话，次后便唤人来："带哥儿去太太屋里坐着。"宝玉退出，来至后面，进入上房。邢夫人见了他来，先倒站了起来，请过贾母安，宝玉方请安。邢夫人拉他上炕坐了，方问别人好，又命人倒茶来。一钟茶未吃完，只见那贾琮来问宝玉好。邢夫人道："那里找活猴儿去！你那奶妈子死绝了，也不收拾收拾你，弄的黑眉乌嘴的，那里像大家子念书的孩子！"

正说着，只见贾环、贾兰小叔侄两个也来了，请过安，邢夫人便叫他两个椅子上坐了。贾环见宝玉同邢夫人坐在一个坐褥上，邢夫人又百般摩挲抚弄他，早已心中不自在了，坐不多时，便和贾兰使眼色儿要走。贾兰只得依他，一同起身告辞。宝玉见他们要走，自己也就起身，要一同回去。邢夫人笑道："你且坐着，我还和你说话呢。"宝玉只得坐了。邢夫人向他两个道："你们回去，各人替我问你们各人的母亲好。你们姑娘、姐姐、妹妹都在这里呢，闹的我头晕，今儿不留你们吃饭了。"贾环等答应着，便出来回家去了。

宝玉笑道："可是姐姐们都过来了，怎么不见？"邢夫人道："他们坐了一会子，都往后头不知那屋里去了。"宝玉道："大娘方才说有话说，不知是什么话？"邢夫人笑道："那里有什么话，不过是叫你等着，同你姊妹们吃了饭去。还有一个好玩的东西给你带回去玩。"娘儿两个说话，不觉早又晚饭时节。调开桌椅，罗列杯盘，母女姊妹们吃毕了饭。宝玉去辞贾赦，同姊妹们一同回家，见过贾母、王夫人等，各自回房安息。不在话下。（第二十四回）

不几天，赵姨娘受了马道婆的怂恿，陷害了宝玉和凤姐。

能把这一条层层推进的情节链处理清楚已经很不容易了，可作者并没有止步于此，而是在这条主线之外又细致地安排了好几条线：他写了龄官画蔷的深情，写了十二个唱戏女孩的活泼，写了晴雯撕扇的娇媚，写了湘云给袭人等送戒指的周到，写了人们热热闹闹地去看宝玉时黛玉的寂寞，写了宝钗把自己的衣服给死去的金钏儿作妆裹的大度，写了薛蟠因被妹妹误会后又骂又跳的愤怒，写了宝钗的丫头莺儿打络子的日常……情节与场景几经转换，溪流百道，或明或暗，或显或微，精彩纷呈。最终联结成一片令人叹为观止的浩洋水系，汇集出一道奔涌的江河。

所谓"草蛇灰线，伏脉千里"，说的就是这样的细致安排吧！所谓"注此写彼，手挥目送"，说的就是这样的细致安排吧！在一个相对完整的事件中，作者以更为宽广的视野，通过大大小小的事件牵动着各色人物，彼此首尾连贯，互为因果，令人目不暇接。

把这花团锦簇的织锦拆解出某一条线索，目的是让读者能够更加明白作者的用心，但这样的举动无疑破坏了这圆熟流畅的艺术美感。而我之所以这样做，是要告诉你：上面所说的这一切，才是"宝玉挨打"真正的精彩之处啊!

宝玉挨打的原因

五月初六,端午节刚刚过完,天正热着,宝玉就被父亲痛打了一顿。回目中把宝玉挨打的情节概括为"不肖种种大承笞挞",还是很恰切的。那么,接下来就让我们一起来看看,宝玉的种种不肖到底都有哪些吧!

第一,宝玉见贾雨村时出来得迟,且畏畏缩缩的——当然,如果联系上下文就明白了——宝玉刚刚鼓足勇气向黛玉表白,且还阴差阳错说给了袭人听;发现面前的人是袭人后,他早就把脸都憋得紫胀起来了——哪一个十几岁的男孩经过这样的事会镇定如常呢?故而,见了父亲和客人就有些拙于应对,这才气得爸爸贾政训斥他:

> "全无一点慷慨挥洒谈吐,仍是葳葳蕤蕤。我看你脸上一团思欲愁闷气色!"(第三十三回)

第二,宝玉刚刚得知金钏儿去世,正在为之感伤,于是就更加委顿愁闷了。然而他连辩解的时间都没有,忠顺亲王派来的人就赶着来"讨要"琪官。

> 方欲说话,忽有回事人来回:"忠顺亲王府里有人来,要见老爷。"贾政听了,心下疑惑,暗暗思忖道:"素日并不和忠顺府来往,为什么今日打发人来?"一面想,一面令"快请",急走出来看时,

却是忠顺府长史官，忙接进厅上坐了献茶。

未及叙谈，那长史官先就说道："下官此来，并非擅造潭府，皆因奉王命而来，有一件事相求。看王爷面上，敢烦老大人作主，不但王爷知情，且连下官辈亦感谢不尽。"贾政听了这话，抓不住头脑，忙陪笑起身问道："大人既奉王命而来，不知有何见谕，望大人宣明，学生好遵谕承办。"那长史官便冷笑道："也不必承办，只用大人一句话就完了。我们府里有一个做小旦的琪官，一向好好在府里，如今竟三五日不见回去，各处去找，又摸不着他的道路，因此各处访察。这一城内，十停人倒有八停人都说，他近日和衔玉的那位令郎相与甚厚。下官辈等听了，尊府不比别家，可以擅入索取，因此启明王爷。王爷亦云：'若是别的戏子呢，一百个也罢了；只是这琪官随机应答，谨慎老诚，甚合我老人家的心，竟断断少不得此人。'故此求老大人转谕令郎，请将琪官放回，一则可慰王爷谆谆奉恩，二则下官辈也可免操劳求觅之苦。"说毕，忙打一躬。

贾政听了这话，又惊又气，即命唤宝玉来。宝玉也不知是何原故，忙赶来时，贾政便问："该死的奴才！你在家不读书也罢了，怎么又做出这些无法无天的事来！那琪官现是忠顺王爷驾前承奉的人，你是何等草芥，无故引逗他出来，如今祸及于我。"宝玉听了唬了一跳，忙回道："实在不知此事。究竟连'琪官'两个字不知为何物，岂更又加'引逗'二字！"说着便哭了。（第三十三回）

对方可不管宝玉哭不哭，毫不客气地指出了宝玉和琪官的亲密关系：

贾政未及开言，只见那长史官冷笑道："公子也不必掩饰。或隐藏在家，或知其下落，早说了出来，我们也少受些辛苦，岂不念公子之德？"宝玉连说不知，"恐是讹传，也未见得。"那长史官冷笑道："现有据证，何必还赖？必定当着老大人说了出来，公子岂不吃亏？既云不知此人，那红汗巾子怎么到了公子腰里？"宝玉听了这话，不觉轰去魂魄，目瞪口呆，心下自思："这话他如何得知！他既连这样机密事都知道了，大约别的瞒他不过，不如打发他去了，免的再说出别的事来。"因说道："大人既知他的底细，如何连他置买房舍这样大事倒不晓得了？听得说他如今在东郊离城二十里有个什么紫檀堡，他在那里置了几亩田地几间房舍。想是在那里也未可知。"那长史官听了，笑道："这样说，一定是在那里。我且去找一回，若有了便罢，若没有，还要来请教。"说着，便忙忙的走了。（第三十三回）

贾政听见，早已气得目瞪口呆。送了那人再回来，好巧不巧又正遇见贾环。接着就又听见贾环说金钏儿之死是宝玉"强奸不遂"造成的。于是立刻气得面如金纸，抓起板子，把宝玉痛打了二三十下——单就宝玉做的事来看，放在今日，多半也会被父亲打一顿。但既然如此，为何又有人说"这是封建卫道者的贾政和叛逆者的贾宝玉之间，第一次以剧烈的形式所表现出来的面对面的冲突"呢？

为了更好地理解这个问题，不妨先看看王夫人请贾政不要打宝玉的一段：

贾政还欲打时，早被王夫人抱住板子。贾政道："罢了，罢了！今日必定要气死我才罢！"王夫人哭道："宝玉虽然该打，老爷也要自重。况且炎天暑日的，老太太身上也不大好，打死宝玉事小，倘或老太太一时不自在了，岂不事大！"贾政冷笑道："倒休提这话。我养了这不肖的孽障，已不孝；教训他一番，又有众人护持；不如趁今日一发勒死了，以绝将来之患！"说着，便要绳索来勒死。

王夫人连忙抱住哭道："老爷虽然应当管教儿子，也要看夫妻分上。我如今已将五十岁的人，只有这个孽障，必定苦苦的以他为法，我也不敢深劝。今日越发要他死，岂不是有意绝我。既要勒死他，快拿绳子来先勒死我，再勒死他。我们娘儿们不敢含怨，到底在阴司里得个依靠。"说毕，爬在宝玉身上大哭起来。

贾政听了此话，不觉长叹一声，向椅上坐了，泪如雨下。王夫人抱着宝玉，只见他面白气弱，底下穿着一条绿纱小衣皆是血渍，禁不住解下汗巾看，由臀至胫，或青或紫，或整或破，竟无一点好处，不觉失声大哭起来，"苦命的儿吓！"因哭出"苦命儿"来，忽又想起贾珠来，便叫着贾珠哭道："若有你活着，便死一百个我也不管了。"此时里面的人闻得王夫人出来，那李宫裁王熙凤与迎春姊妹早已出来了。王夫人哭着贾珠的名字，别人还可，惟有宫裁禁不住也放声哭了。贾政听了，那泪珠更似滚瓜一般滚了下来。（第三十三回）

你看，贾政一定要打宝玉，为的是光宗耀祖；王夫人忍不住哭宝玉，哭的是自己人老无依。这当然不是说贾政和王夫人丝毫不爱宝玉，而是在传统社会中，父子（也包括母子）之间的关系并不是我们现代人推崇的那种纯粹的人伦天性。

父亲和母亲对儿子教导的目的，是要他能够稳妥地被纳入社会的秩序和规范中，从而维护父母、家族的利益，而不是单纯地要他开开心心、快快乐乐地做自己。这两者之间的不可调和才是贾政与宝玉之间、"传统"和"叛逆"之间，真正的矛盾与无解的冲突。

为什么说这二十四小时惊心动魄？

梳理一下《红楼梦》的时间线就会发现，围绕着"宝玉挨打"这一中心事件，从五月初六中午到五月初七中午这一段时间，作者写得极其细致。这二十四小时也因此显得尤为漫长，一直从第三十一回的"次日午间……"到第三十五回才结束。《红楼梦》不过八十回，这二十四小时就悄无声息地占据了整整五回。

原本不紧不慢读书的读者，一旦发现这条时间线就会意识到：小说中的这二十四小时，节奏极其紧凑，情节极其紧张，人物之间的冲突也达到了令人揪心的地步。

五月初六的这一天午间，王夫人和宝钗、黛玉等众姐妹正在贾母房中闲谈聊天，史湘云带着一众丫鬟媳妇来探望——而且还说好了，要在贾府住上两天。湘云这次来，还特意给袭人、鸳鸯、金钏儿、平儿等人也带了绛红石戒指。大家一言一语聊天时，黛玉因知道昨日宝玉收了麒麟，而湘云也有一个，故情绪莫名起伏，屡屡拿话试探宝玉的心。不是在湘云和王夫人、宝玉聊天的时候刺进来一句，"你哥哥得了好东西，等着你呢"，就是在宝玉夸赞湘云会说话时冷笑一声，"他不会说话，他的金麒麟会说话"。那藏在心里的感情已呼之欲出，读者看得是提心吊胆。

再说湘云，见过众人，喝过下午茶。天气太热，贾母让她到园子里逛逛，也去瞧瞧嫂子、姑娘们。湘云素来和袭人亲厚，见过两位嫂子后，便只带了一个丫头，去怡红院探望袭人。一主一仆一边聊天一边闲逛，不经意间在蔷薇架下捡到了宝玉的那只麒麟。

湘云刚把这麒麟拿在手里，宝玉忽然也来了，还问湘云为什么不去找袭人玩。一边说着，一起到了怡红院。袭人呢，正在阶下倚槛迎风，等着湘云——此时此刻的她，或许满心期待的也只不过是和好久不见的云儿好好聚一聚罢了。她还没有意识到，从现在开始，这一天将要马不停蹄地发生许多事。而她自己则必须在这个晚上，独自做一个艰难的选择。

袭人见湘云带着戒指前来很是感激。于是她告诉湘云，其实前日湘云送姑娘们戒指时，她已收到一个了。湘云不由问起"是哪个姐姐送的"，袭人便说"是宝姑娘送的"。湘云听了，笑了起来：

"我只当是林姐姐给你的，原来是宝钗姐姐给了你。我天天在家里想着，这些姐姐们再没一个比宝姐姐好的。可惜我们不是一个娘养的。我但凡有这么个亲姐姐，就是没了父母，也是没妨碍的。"说着，眼睛圈儿就红了。宝玉道："罢，罢，罢！不用提这个话。"史湘云道："提这个便怎么？我知道你的心病，恐怕你的林妹妹听见，又怪嗔我赞了宝姐姐。可是为这个不是？"袭人在旁嗤的一笑，说道："云姑娘，你如今大了，越发心直口快了。"宝玉笑道："我说你们这几个人难说话，果然不错。"史湘云道："好哥哥，你不必说话叫我恶心。只会在我们跟前说话，见了你林妹妹，又不知怎么了。"

袭人道："且别说玩话，正有一件事还要求你呢。"史湘云便问："什么事？"袭人道："有一双鞋，抠了垫心子。我这两日身上不好，不得做，你可有工夫替我做做？"史湘云笑道："这又奇了，你家放着这些巧人不算，还有什么针线上的，裁剪上的，怎么教我做起来？你的活计叫谁做，谁好意思不做呢。"袭人笑道："你又糊涂了。你难道不知道，我们这屋里的针线，是不要那些针线上的人做的。"史湘云听了，便知是宝玉的鞋了，因笑道："既这么说，我就替你做了罢。只是一件，你的我才作，别人的我可不能。"袭人笑道："又来了，我是个什么，就烦你做鞋了。实告诉你，可不是我的。你别管是谁的，横竖我领情就是了。"史湘云道："论理，你的东西也不知烦我做了多少了，今儿我倒不做了的原故，你必定也知道。"袭人道："倒也不知道。"

史湘云冷笑道："前儿我听见把我做的扇套子拿着和人家比，赌气又铰了。我早就听见了，你还瞒我。这会子又叫我做，我成了你们的奴才了。"宝玉忙笑道："前儿的那事，本不知是你做的。"袭人也笑道："他本不知是你做的。是我哄他的话，说是新近外头有个会做活的女孩子，说扎的出奇的花，我叫他拿了一个扇套子试试看好不好。他就信了，拿出去给这个瞧给那个看的。不知怎么又惹恼了林姑娘，铰了两段。回来他还叫赶着做去，我才说了是你作的，他后悔的什么似的。"史湘云道："越发奇了。林姑娘他也犯不上生气，他既会剪，就叫他做。"袭人道："他可不作呢。饶这么着，老太太还怕他劳碌着了。大夫又说好生静养才好，谁还烦他做？旧年好一年的工夫，做了个香袋儿；今年半年，还没见拿针线呢。"（第三十二回）

话题转来转去，又转到"爱使小性儿"的黛玉身上。正说着，有人传了贾政的话，来叫宝玉去会一会贾雨村。宝玉出门前，三个人的话题第三次转到黛玉身上：

正说着，有人来回说："兴隆街的大爷来了，老爷叫二爷出去会。"宝玉听了，便知是贾雨村来了，心中好不自在。袭人忙去拿衣服。宝玉一面蹬着靴子，一面抱怨道："有老爷和他坐着就罢了，回回定要见我。"史湘云一边摇着扇子，笑道："自然你能会宾接客，老爷才叫你出去呢。"宝玉道："那里是老爷，都是他自己要请我去见的。"湘云笑道："主雅客来勤，自然你有些警他的好处，他才只要会你。"宝玉道："罢，罢，我也不敢称雅，俗中又俗的一个俗人，并不愿同这些人往来。"

湘云笑道："还是这个情性不改。如今大了，你就不愿读书去考举人进士的，也该常常的会会这些为官做宰的人们，谈谈讲讲些仕途经济的学问，也好将来应酬世务，日后也有个朋友。没见你成年家只在我们队里搅些什么！"宝玉听了道："姑娘请别的姊妹屋里坐坐，我这里仔细污了你知经济学问的。"袭人道："云姑娘快别说这话。上回也是宝姑娘也说过一回，他也不管人脸上过的去过不去，他就咳了一声，拿起脚来走了。这里宝姑娘的话也没说完，见他走了，登时羞的脸通红，说又不是，不说又不是。幸而是宝姑娘，那要是林姑娘，不知又闹到怎么样，哭的怎么样呢。提起这个话来，真真的宝姑娘叫人敬重，自己讪了一会子去了。我倒过不去，只当他恼了。谁知过后还是照旧一样，真真有涵养，心地宽大。谁知这一个反倒同他生分了。那林姑娘见你赌气不理他，你得赔多少不是呢！"宝玉道："林姑娘从来说过这些混帐话不曾？若他也说过这些混帐话，我早和他生分了。"（第三十二回）

虽然湘云说不了几句，满口赞的都是宝姐姐，可宝玉口口声声竟一日里连提了三次林妹妹。这些，袭人可不都正看在眼里吗？

这一天，天气真的太热了，袭人才给宝玉拿了衣服，还没拿扇子呢，宝玉就出了门。她担心宝玉热着，便忙拿了扇子追过去。才过去就看见宝玉和黛玉两两站着。又过了一会儿，看见黛玉走了，只剩下宝玉一个人呆立着，神情很不对。她一时还不知道方才发生了什么事，只是一味担心，这样的天气，要是万一中暑了怎么办？于是赶上前去对宝玉说："你也不带了扇子去呢？亏了我看见，赶着送来。"宝玉恍恍惚惚，并不答应，而是一脸郑重其事地告起白来：

"好妹妹，我的这心事，从来也不敢说，今儿我大胆说出来，死也甘心！我为你也弄了一身的病在这里，又不敢告诉人，只好掩着。只等你的病好了，只怕我的病才得好呢。睡里梦里也忘不了你！"（第三十二回）

一道闪电在袭人心头闪过。她这才一下子明白了，确定了，魂飞魄散了。袭人还正在发呆呢，宝姐姐忽然恰好出现在她面前。"怎么这样大热的天一个人在这里出神？"宝钗问。袭人没个躲处，只好搪塞着，陪宝钗聊天。二人一时又说起湘云，袭人便说，正要湘云帮自己做些针线上的活。

宝钗听见这话，便两边回头，看无人来往，便笑道："你这么个明白人，怎么一时半刻的就不会体谅人情。我近来看着云丫头神情，再风里言风里语的听起来，那云丫头在家里竟一点儿作不得主。他们家嫌费用大，竟不用那些针线上的人，差不多的东西多是他们娘儿们动手。为什么这几次他来了，他和我说话儿，见没人在跟前，他就说家里累的很。我再问他两句家常过日子的话，他就连眼圈儿都红了，口里含含糊糊待说不说的。想其形景来，自然从小儿没爹娘的苦。我看着他，也不觉的伤起心来。"

袭人见说这话，将手一拍，说："是了，是了。怪道上月我烦他打十根蝴蝶结子，过了那些日子才打发人送来，还说'打的粗，且在别处能着使罢；要匀净的，等明儿来住着再好生打罢'。如今听宝姑娘这话，想来我们烦他他不好推辞，不知他在家里怎么三更半夜的做呢。可是我也糊涂了，早知是这样，我也不烦他了。"宝钗道："上次他就告诉我，在家里做活做到三更天，若是替别人做一点半点，他家的那些奶奶太太们还不受用呢。"

袭人道："偏生我们那个牛心左性的小爷，凭着小的大的活计，一概不要家里这些活计上的人作。我又弄不开这些。"宝钗笑道：

"你理他呢！只管叫人做去，只说是你做的就是了。"袭人道："那里哄的信他，他才是认得出来呢。说不得我只好慢慢的累去罢了。"宝钗笑道："你不必忙，我替你作些如何？"袭人笑道："当真的这样，就是我的福了。晚上我亲自送过来。"（第三十二回）

两个人话音未落，忽地就有霹雳一般的消息传来——金钏儿跳了井！袭人听了，流下泪来。也是的，湘云今日还特意为她的金钏儿姐姐带了戒指呢。谁想到会是如此！

一时间，听到宝玉肺腑之情的震撼、得知金钏儿去世的感伤，齐聚袭人心头。谁知一时还未能完全消化，竟又有人来报信说，宝玉几乎被老爷打了个半死，最后才好歹被贾母和王夫人劝住了！她便匆匆忙忙去贾母处等着。薛姨妈、宝钗、黛玉、湘云也都到了。过了一会儿，众人抬着个藤屉子春凳，把动弹不得、带着血迹的宝玉抬了出来。从主子到丫鬟，都热烘烘地围了上去。拿药的拿药，灌水的灌水，打扇的打扇，反倒是她插不下手，不方便过去照料。袭人想了一想，越性走出来，到二门前命小厮们叫了焙茗来问话，"方才好端端的，为什么打起来？你也不早来透个信儿！"

焙茗这才告诉了她事情的经过。并说琪官的事可能是薛蟠挑唆的，金钏儿的事是贾环说的。在焙茗这儿，一切不过是揣度，袭人却信以为真。她又去看宝玉，大家还在七手八脚地照顾着宝玉，她还是插不上手。又过了一会儿，贾母才命人把宝玉送入怡红院，小心放在床上。又是一阵忙乱，人们终于安顿好了宝玉，纷纷散了。

只有这一会儿，才是她和宝玉二人单独待着的时刻。这时所有情绪都涌上了心头，泪水不由自主盈在眼睛里了。

话说袭人见贾母王夫人等去后，便走来宝玉身边坐下，含泪问他："怎么就打到这步田地？"宝玉叹气说道："不过为那些事，问他做什么！只是下半截疼的很，你瞧瞧打坏了那里。"袭人听说，便轻轻的伸手进去，将中衣褪下。宝玉略动一动，便咬着牙叫"嗳哟"，袭人连忙停住手，如此三四次才褪了下来。

袭人看时，只见腿上半段青紫，都有四指宽的僵痕高了起来。袭人咬着牙说道："我的娘，怎么下这般的狠手！你但凡听我一句话，也不得到这步地位。幸而没动筋骨，倘或打出个残疾来，可叫人怎么样呢！"

正说着，只听丫鬟们说："宝姑娘来了。"袭人听见，知道穿不及中衣，便拿了一床袷纱被替宝玉盖了。只见宝钗手里托着一丸药走进来，向袭人说道："晚上把这药用酒研开，替他敷上，把那淤血的热毒散开，可以就好了。"说毕，递与袭人，又问道："这会子可好些？"宝玉一面道谢，说："好些了。"又让坐。

宝钗见他睁开眼说话，不像先时，心中也宽慰了好些，便点头叹道："早听人一句话，也不至今日。别说老太太、太太心疼，就是我们看着，心里也疼。"刚说了半句又忙咽住，自悔说的话急了，不觉的就红了脸，低下头来。宝玉听得这话如此亲切稠密，竟大有深意，忽见他又咽住不往下说，红了脸，低下头只管弄衣带，那一种娇羞怯怯，非可形容得出者，不觉心中大畅，将疼痛早丢在九霄云外，心中自思："我不过挨了几下打，他们一个个就有这些怜惜悲感之态露出，令人可玩可观，可怜可敬。假若我一时竟遭殃横死，他们还不知是何等悲感呢！既是他们这样，我便一时死了，得他们如此，一生事业纵然尽付东流，亦无足叹惜，冥冥之中若不怡然自得，亦可谓糊涂鬼祟矣。"想着，只听宝钗问袭人道："怎么好好的动了气，就打起来了？"袭人便把焙茗的话说了出来。

宝玉原来还不知道贾环的话，见袭人说出方才知道。因又拉上薛蟠，惟恐宝钗沉心，忙又止住袭人道："薛大哥哥从来不这样的，你们不可混猜度。"宝钗听说，便知道是怕他多心，用话相拦袭人，因心中暗暗想道："打的这个形象，疼还顾不过来，还是这样细心，怕得罪了人，可见在我们身上也算是用心了。你既这样用心，何不在外头大事上做工夫，老爷也欢喜了，也不能吃这样亏。但你固然怕我沉心，所以拦袭人的话，难道我就不知我的哥哥素日恣心纵欲，毫无防范的那种心性。当日为一个秦钟，还闹的天翻地覆，自然如今比先又更利害了。"想毕，因笑道："你们也不必怨这个，怨那个。据我想，到底宝兄弟素日不正，肯和那些人来往，老爷才生气。就是我哥哥说话不防头，一时说出宝兄弟来，也不是有心调唆：一则也是本来的实话，二则他原不理论这些防嫌小事。袭姑娘从小儿只见宝兄弟这么样细心的人，你何尝见过天不怕地不怕、心里有什么口里就说什么的人。"

袭人因说出薛蟠来，见宝玉拦他的话，早已明白自己说造次了，恐宝钗没意思，听宝钗如此说，更觉羞愧无言。宝玉又听宝钗这番话，一半是堂皇正大，一半是去己疑心，更觉比先畅快了。方欲说话时，只见宝钗起身说道："明儿再来看你，你好生养着罢。方才我拿了药来交给袭人，晚上敷上管保就好了。"说着便走出门去。袭人赶着送出院外，说："姑娘倒费心了。改日宝二爷好了，亲自来谢。"宝钗回头笑道："有什么谢处。你只劝他好生静养，别胡思乱想的就好了。要想什么吃的、玩的，你悄悄的往我那里取去，不必惊动老太太、太太众人。倘或吹到老爷耳朵里，虽然彼时不怎么样，将来对景，终是要吃亏的。"说着，一回身去了。（第三十四回）

天色已经黑了，袭人一面送宝钗出去，一面再三感念着宝钗的体贴和周到。走进来再看宝玉时，他闭了眼睛，正在默默地沉思着。她退出去洗了个澡，那被宝玉踢了的心口还疼着——她想起两天前自己被踢的情景。

五月初四那天，天上一时下了雨，宝玉被淋成了落汤鸡。雨声很大，几个唱戏的女孩子正在怡红院笑闹，宝玉叫了半日门，也没个来开的。好不容易袭人听见了，宝玉正一肚子气没处发，一脚踢在她身上。到晚间时，她的肋下早一片瘀青，疼得睡着了也叫"唉哟"，竟至于半夜里还吐出一口鲜血来。看到血的瞬间，她心想："完了！"连带着心也冷了半截。

想着往日常听人说："少年吐血，年月不保，纵然命长，终是废人了。"想起此言，不觉将素日想着后来争荣夸耀之心尽皆灰了，眼中不觉滴下泪来。（第三十一回）

她还想起一天前晴雯当着众人嘲讽自己的事。五月初五，晴雯失手跌坏了扇子，是她一时失了言说了句："好妹妹，你出去逛逛，原是我们的不是。"

晴雯听他说"我们"两个字，自然是他和宝玉了，不觉又添了醋意，冷笑几声，道："我倒不知道你们是谁，别教我替你们害臊了！便是你们鬼鬼祟祟干的那事儿，也瞒不过我去，那里就称起'我们'来了。明公正道，连个姑娘还没挣上去呢，也不过和我似的，那里就称上'我们'了！"袭人羞的脸紫胀起来，想一想，原来是自己把话说错了。宝玉一面说："你们气不忿，我明儿偏抬举他。"（第三十一回）

洗完澡，不由得她再细想，屋里的大事小情又让她忙碌起来。薛姨妈也派人来问，贾母也派人来问……天色越发暗了，小丫头们把屋里的灯都点了起来。她看着那灯一时有些出神——只要歇下来的时间，她就控制不住地心乱如麻。周瑞媳妇、吴新登媳妇和郑好时媳妇因得了消息，也都络绎不绝地前来探望。她忙迎出来，笑着招待，带她们到那边房里坐了吃茶。坐了一会儿，她送她们出去。才要歇上一口气，忽然遇到一个提灯前来的婆子。

"太太叫一个跟二爷的人呢。"那婆子说。袭人认真地想了一想，没有吩咐别人，而是自己和那婆子一起去见了王夫人。

王夫人正坐在凉榻上摇着芭蕉扇子，见他来了，说："不管叫个谁来也罢了。你又丢下他来了，谁服侍他呢？"袭人见说，连忙陪笑回道："二爷才睡安稳了，那四五个丫头如今也好了，会服侍二爷了，太太请放心。恐怕太太有什么话吩咐，打发他们来，一时听不明白，倒耽误了。"王夫人道："也没甚话，白问问他这会子疼的怎么样。"袭人道："宝姑娘送去的药，我给二爷敷上了，比先好些了。先疼的躺不稳，这会子都睡沉了，可见好些了。"

王夫人又问："吃了什么没有？"袭人道："老太太给的一碗汤，喝了两口，只嚷干渴，要吃酸梅汤。我想着酸梅是个收敛的东西，才刚捱了打，又不许叫喊，自然急的那热毒热血未免不存在心里，倘或吃下这个去激在心里，再弄出大病来，可怎么样呢。因此我劝了半天才没吃，只拿那糖腌的玫瑰卤子和了吃，吃了半碗，又嫌吃絮了，不香甜。"王夫人道："嗳哟，你该早来和我说。前儿有人送了两瓶子香露来，原要给他点子的，我怕他胡糟踏了，就没给。既是他嫌那些玫瑰膏子絮烦，把这个拿两瓶子去。一碗水里只用挑一茶匙儿，就香的了不得呢。"说着就唤彩云来，"把前儿的那几瓶香露拿了来。"袭人道："只拿两瓶来罢，多了也白糟踏。等不够再要，再来取也是一样。"

彩云听说，去了半日，果然拿了两瓶来，付与袭人。袭人看时，只见两个玻璃小瓶，却有三寸大小，上面螺丝银盖，鹅黄笺上写着"木樨清露"，那一个写着"玫瑰清露"。袭人笑道："好金贵东西！这么个小瓶儿，能有多少？"王夫人道："那是进上的，你没看见鹅黄笺子？你好生替他收着，别糟踏了。"

袭人答应着，方要走时，王夫人又叫："站着，我想起一句话来问你。"袭人忙又回来。王夫人见房内无人，便问道："我恍惚听见宝玉今儿捱打，是环儿在老爷跟前说了什么话。你可听见这个了？你要听见，告诉我听听，我也不吵出来教人知道是你说的。"袭人道："我倒没听见这话，只听说为二爷霸占着戏子，人家来和老爷要，为这个打的。"王夫人摇头说道："也为这个，还有别的原故。"袭人道："别的原故实在不知道了。我今儿在太太跟前大胆说句不知好歹的话。论理……"说了半截忙又咽住。王夫人道："你只管说。"袭人笑道："太太别生气，我就说了。"王夫人道："我有什么生气的，你只管说来。"

袭人道："论理，我们二爷也须得老爷教训两顿。若老爷再不管，将来不知做出什么事来呢。"王夫人一闻此言，便合掌念声"阿弥陀佛"，由不得赶着袭人叫了一声"我的儿，亏了你也明白，这话和我的心一样。我何曾不知道管儿子，先时你珠大爷在，我是怎么样管他，难道我如今倒不知管儿子了？只是有个原故：如今我想，我已经快五十岁的人，通共剩了他一个，他又长的单弱，况且老太太宝贝似的，若管紧了他，倘或再有个好歹，或是老太太气坏了，那时上下不安，岂不倒坏了，所以就纵坏了他。我常常掰着口儿劝一阵，说一阵，气的骂一阵，哭一阵，彼时他好，过后儿还是不相干，端的吃了亏才罢了。若打坏了，将来我靠谁呢！"说着，由不得滚下泪来。

袭人见王夫人这般悲感，自己也不觉伤了心，陪着落泪。又道："二爷是太太养的，岂不心疼。便是我们做下人的服侍一场，大家落个平安，也算是造化了。要这样起来，连平安都不能了。那一日那一时我不劝二爷，只是再劝不醒。偏生那些人又肯亲近他，也怨不得他这样，总是我们劝的倒不好了。今儿太太提起这话来，我还记挂着一件事，每要来回太太，讨太太个主意。只是我怕太太疑心，不但我的话白说了，且连葬身之地都没了。"王夫人听了这话内有因，忙问道："我的儿，你有话只管说。近来我因听见众人背前背后都夸你，我只说你不过是在宝玉身上留心，或是诸人跟前和气，这些小意思好，所以将你和老姨娘一体行事。谁知你方才和我说的话全是大道理，正和我的想头一样。你有什么只管说什么，只别教别人知道就是了。"

袭人道："我也没什么别的说。我只想着讨太太一个示下，怎么变个法儿，以后竟还教二爷搬出园外来住就好了。"王夫人听了，吃一大惊，忙拉了袭人的手问道："宝玉难道和谁作怪了不成？"袭人连忙回道："太太别多心，并没有这话。这不过是我的小见识。如今二爷也大了，里头姑娘们也大了，况且林姑娘宝姑娘又是两姨姑表姊妹，虽说是姊妹们，到底是男女之分，日夜一处起坐不方便，由不得叫人悬心，便是外人看着也不像。一家子的事，俗语说的'没事常思有事'，世上多少无头脑的事，多半因为无心中做出，有心人看见，当作有心事，反说坏了。只是预先不防着，断然不好。二爷素日性格，太太是知道的。他又偏好在我们队里闹，倘或不防，前后错了一点半点，不论真假，人多口杂，那起小人的嘴有什么避讳，心顺了，说的比菩萨还好，心不顺，就贬的连畜牲不如。二爷将来倘或有人说好，不过大家直过没事；若要叫人说出一个不好字来，我们不用说，粉身碎骨，罪有万重，都是平常小事，但后来二爷一生的声名品行岂不完了，二则太太也难见老爷。俗语又说'君子防不然'，不如这会子防避的为是。太太事情多，一时固然想不到。我们想不到则可，既想到了，若不回明太太，罪越重了。近来我为这事日夜悬心，又不好说与人，惟有灯知道罢了。"

王夫人听了这话，如雷轰电掣的一般，正触了金钏儿之事，心内越发感爱袭人不尽，忙笑道："我的儿，你竟有这个心胸，想的这样周全！我何曾又不想到这里，只是这几次有事就忘了。你今儿这一番话提醒了我。难为你成全我娘儿两个声名体面，真真我竟不知道你这样好。罢了，你且去罢，我自有道理。只是还有一句话：你今既说了这样的话，我就把他交给你了，好歹留心，保全了他，就是保全了我。我自然不辜负你。"（第三十四回）

袭人答应着，那一颗日夜悬着的心，终于感到从未有过的安稳。她回来后，宝玉也睡醒了，于是侍奉着他吃了妈妈送来的好吃食。没过一会儿，宝玉叫她去宝钗那里借书。她或许还要纳闷，如今被打成了这样，天又这样黑了，怎么竟一门心思想起看书来？不过，这个混世魔王能想着找宝钗借书，也是好的吧？她想。偏宝钗此时不在房中，她只好一直等到二更。

她不知道的是，她前脚刚走，宝玉就忙叫晴雯给黛玉送去了两方旧手帕。她也不知道的是，这一晚，她和他一夜无话，他和她情定一生。

回顾袭人一天的二十四小时，回顾宝黛情感的一点点情深义重的整个过程，回顾宝玉十三年这个夏天发生的所有事，作者于无声处描绘了感情世界中一个又一个细微的细节，和一个又一个激烈的惊雷。仔细看，仔细听，你会发现千言万语汇成宝玉内心情绪无比复杂的一句话：是的，是的，宝钗懂事——只有她会把新做的衣服给金钏儿作丧服，只有她明白湘云的不容易；湘云懂事——她会一视同仁，送大丫头姐姐们戒指；袭人也懂事，她为了让自己好好学习，这个夏天简直操碎了心。是的，她们都"懂事"极了！可只有黛玉一个，懂我。

第二日一早，早有贾母、邢夫人、王夫人、凤姐并周姨娘及媳妇丫头等人花簇簇地来看宝玉。她站着招待了半日人，忽听到贾母赞了一回宝姐姐：

……贾母听说，便答道："我如今老了，那里还巧什么。当日我像凤哥儿这么大年纪，比他还来得呢……凤儿嘴乖，怎么怨得人疼他。"

宝玉笑道："若这么说，不大说话的就不疼了？"贾母道："不大说话的又有不大说话的可疼之处，嘴乖的也有一宗可嫌的，倒不如不说话的好。"宝玉笑道："这就是了。我说大嫂子倒不大说话呢，老太太也是和凤姐姐的一样看待。若是单是会说话的可疼，这些姊妹里头也只是凤姐姐和林妹妹可疼了。"贾母道："提起姊妹，不是我当着姨太太的面奉承，千真万真，从我们家四个女孩儿算起，全不如宝丫头。"薛姨妈听说，忙笑道："这话是老太太说偏了。"王夫人忙又笑道："老太太时常背地里和我说宝丫头好，这倒不是假话。"宝玉勾着贾母原为赞林黛玉的，不想反赞起宝钗来，倒也意出望外，便看着宝钗一笑。（第三十五回）

这时候，宝玉伸手拉了袭人一把，说："你站了这半日，可乏了？"一面说，一面拉她在身旁坐了。袭人知道宝玉是想起她受的疼和委屈了。趁着这工夫，她对宝玉说："趁宝姑娘在院子里，你和他说，烦莺儿来打上几根络子。"宝玉这时候听了，哪能不尽心？忙求了宝钗。谁知道一会儿莺儿和玉钏儿来了，宝玉只顾着和玉钏儿说话，一时冷落了莺儿。

袭人便自己拉了莺儿吃茶说话，陪着聊天。没过一会儿，又有傅二爷家的两个嬷嬷来请安。等到她们去了，她才带着莺儿过来找宝玉打络子。房中丫头们的饭得了，宝玉、莺儿都吃过了，袭人自去吃饭。

正吃着，便见一个人从太太那里来，特意给她送了两碗菜。她把这件事告诉宝玉和宝钗，"从来没有的事，倒叫我不好意思的。"宝钗抿嘴一笑，"这就不好意思了吗？明儿比这个更叫你不好意思的，还有呢。"

从五月初六午间到五月初七中午饭时，一共整整二十四小时。

《红楼梦》是一本带有自传性质的小说，因为这个原因，读到这里的时候，会有点恍惚，也会有点想不通作者对袭人的态度是什么。假如他的生命中果真有这样一个角色，而他竟然也能体察到她如此纤细复杂的内心。那么，他究竟是爱她、怜她，还是怨她、恨她呢？再仔细读这惊心动魄的二十四小时，你会发现，要回答这个问题的其实另有其人。这个人不是别人，正是金钏儿的妹妹白玉钏。

五月初六，人们在井中发现了一具女尸，后来很快知道是跳井身亡的金钏儿。此时此刻，最悲痛的人是妹妹玉钏儿，最怨恨宝玉的人也是妹妹玉钏儿。宝玉挨打之后，想尝点儿新鲜的食物，便要了荷叶莲蓬汤来吃。汤做好了，王夫人偏偏还又派了玉钏儿来送汤。宝玉满心的伤心与惭愧，此刻全都倾注在玉钏儿身上。他一个劲儿地和玉钏儿聊天，对着她笑，低声下气地哄着她开心。这还不算，他还故意让玉钏儿侍奉他喝汤，然后想着法儿地让她喝了一口夏天的美味——那做起来极其复杂、精巧的荷叶羹。后来玉钏儿失手泼了汤，他也只问对方疼不疼，全然不顾汤是泼在自己身上的。玉钏儿实在是没办法了，虽然心里还是很伤心，可是脸上终于也有了笑意。

宝玉百般讨好玉钏儿，其中最温柔和顺的莫过一句："好姐姐，你要生气，只管在这里生罢了。见了太太和老太太，一定要和气。"《红楼梦》的版本有很多，其中有一个版本，玉钏儿回的是："你喝你的汤罢。不要和我甜语蜜舌的，我可不信这样话。"另有一个版本说的则是："你喝你的汤罢。不要和我甜语蜜舌的，我可不信这样话，我都知道啊。"

我个人更希望玉钏儿说的话里多这一句"我都知道啊"，也更倾向于宝玉和玉钏儿的这次相会，因为这份"知道"，最终是一次默契的和解。

还记得《红楼梦》中袭人的判词是什么吗？

枉自温柔和顺，空云似桂如兰；堪羡优伶有福，谁知公子无缘。
（第五回）

她确实是"宝玉挨打"事件后最大的受益人。"抄检大观园"

后实际上付出生命代价的，也确实是曾经和她有过不快的晴雯。可是若是宝玉知情，他真的一定要怨恨十三岁的夏天，那个带着淤青和委屈走向王夫人的袭人吗？我相信在长大了的宝玉心里，最终记得的还是这个姑娘温柔和顺的笑影。

而这种复杂的情绪，或许就写在那淡淡的一句"我都知道"里吧。

《水浒传》中，重点写鲁智深、林冲、武松、宋江等好汉的部分流传最广，深入人心，相关的内容也被水浒迷以"鲁十回""林十回""武十回""宋十回"称之，还会被反复阅读。同样地，从《红楼梦》第三十一回到第三十五回，袭人的形象也一样饱满又丰富。这五回，或者也可以被红楼读者称为"袭人五回"吧！

第三十六回是一个大矛盾之后、新故事开始之前的"过渡段"，有承上启下的作用。从春天到夏天，宝玉十三岁的青春总是涌动着情感的波涛，这一回却终于慢慢转向平静。他当着宝钗的面，说出"不爱金玉良缘，只偏信木石前盟"的话。王夫人按照姨娘待遇给袭人发工资，口头认定了袭人的身份。宝玉叫龄官给他唱《袅晴丝》，龄官却不像其他人那样对他，接着他又在龄官和贾蔷的身上，看到了自己和黛玉的影子，也明白了他和黛玉之间的争吵意味着什么，然后他终于明白了：人生情缘，各有分定。

宝玉想让龄官唱的《袅晴丝》是《牡丹亭》中的一段。开头的一句是"袅晴丝吹来闲庭院，摇漾春如线"。"晴丝"指春天阳光下昆虫吐出的丝或者是植物分泌的丝。晴丝又细、又软、又轻。春天里随风飘来，晶莹缠绵，不知来处，也没有归处，正像少年人的心事与爱情。

这感情如丝如缕，飘飘荡荡，从春天一直绵延到夏天，终于让人似乎明白了什么。

○○○○○○ ────────

阅读延伸与写作

1. 《红楼梦》中还有哪些情节属于"少年人对爱与美的祭祀和怀念"呢？

2. 在你读过的小说作品中，有哪些作品也集中呈现过二十四小时之内的矛盾呢？

3. 在你读过的小说作品中，也有像袭人一样既有优点也有缺点的女性形象吗？

最精妙的写法：第三十七回的四样礼物

坦白地说，《红楼梦》是一部初读起来极其容易带来倦怠的作品，但如果你能克服种种障碍多读几遍，反而会渐渐兴奋起来，到最后甚至还会有黛玉读《西厢记》一般余香满口的感觉，你会忍不住感叹：我的天！这个作者到底是用多少工夫，竟把这部小说设计到这样精细的地步。

比如，第三十七回。这一回作者未曾写什么大事，而是着力写了大观园中的雅事。第三十七回的回目叫作："秋爽斋偶结海棠社，蘅芜苑夜拟菊花题。"这就点明了，这一回主要写的是和写作有关的风雅之事。一件是探春发起了海棠诗社，一件是宝钗拟定了十二个第二天写作的诗题。当然，若是细读，读者还能发现别的惊喜：这一回中，还暗暗蕴藏几件非常风雅的礼物。

第一件礼物是宝玉送给长辈们的折枝秋桂。秋日里，桂花新放。宝玉见了，一时兴起，折了两枝。他见那花儿新鲜可爱，便取了多宝槅尽头的一对联珠瓶，"亲自"灌了水，"亲自"插好了花儿，叫了丫头秋纹跟着，一瓶送给了老太太，一瓶送给了王夫人。

这孝心一动，可不得了。原来，天下做长辈的心都是一样的，贾母和王夫人见了宝玉送来的花儿，又惊讶又喜欢。一个逢人便说宝玉特别孝顺奶奶，"连一枝花儿也想的到"；一个顾不上家事，只拉着女眷们看宝玉送来的花儿。两位女主人一高兴，连跟着去的丫头秋纹也多了几分光彩，得了几百文的赏钱和两身好衣裳。

第二件礼物是宝玉送给妹妹探春的鲜荔枝。探春生了病，贴心的宝玉叫晴雯送去些鲜荔枝，而且是特意用一个缠丝白玛瑙碟子送了去，因为碟子与水果配在一起才"好看"。探春见了，也喜欢得很。

联珠瓶里的桂花最动人的是第一次绽放的暗香，玛瑙碟上的荔枝最美妙的是新鲜红润的样子。不过一点点巧思，那嗅觉和视觉的体验就极其美妙，足够打动人心。

至于第三件礼物，初读者比较容易忽略，那便是随着荔枝一起送去的、唐代著名书法家颜真卿的墨宝。什么？宝玉什么时候送了这么贵重的礼物给探春？别急，我们慢慢说一说。

第三十七回一开始，探春的丫头翠墨就送来一幅花笺，写字的人是爱好书法的探春：

> 娣探谨奉二兄文几：前夕新霁，月色如洗，因惜清景难逢，讵忍就卧。时漏已三转，犹徘徊于桐槛之下，未防风露所欺，致获采薪之患。昨蒙亲劳抚嘱，复又数遣侍儿问切，兼以鲜荔并真卿墨迹见赐，何痌瘝惠爱之深哉！今因伏几凭床处默之时，因思及历来古人中处名攻利敌之场，犹置一些山滴水之区，远招近揖，投辖攀辕，务结二三同志盘桓于其中，或竖词坛，或开吟社，虽一时之偶兴，遂成千古之佳谈。娣虽不才，窃同叨栖处于泉石之间，而兼慕薛

林之技。风庭月榭，惜未宴集诗人；帘杏溪桃，或可醉飞吟盏。孰谓莲社之雄才，独许须眉；直以东山之雅会，让馀脂粉。若蒙掉雪而来，娣则扫花以待。此谨奉。（第三十七回）

　　我们先来简单了解一下探春的这封感谢信加邀请函：

　　亲爱的宝玉哥哥：

　　前几天里大观园中下了雨，雨后月色如洗。想到人生在世，能见到如此丽景的时刻太少，我效仿古人秉烛夜游之举，深夜不眠，尽情赏月。结果不小心竟然受了凉寒，身体抱恙。没想到哥哥你听说之后，不仅自己亲来问候，还频频让丫头们来探望，又让晴雯送来了鲜荔枝和颜真卿的法帖。

　　啊，亲爱的哥哥，你对我的关爱，何其之深哪！

　　今天我因病休息，闲来无事，忽然想到：从古至今，那些名利场中的人，总有亲近自然之意，故布置些可供赏玩的游览之所，然后呼朋引伴，相聚其中，吟诗作赋。贤主佳宾、良辰美景、风流雅集，千古流传。故晋有《金谷诗序》《兰亭集序》，唐有《春夜宴从弟桃花园序》《滕王阁序》，因感成诗，咏成佳篇。

　　妹妹探春我虽然不甚有文才，却一直很羡慕宝钗姐姐和黛玉妹妹，更不想辜负了你我同住的这个大观园。所以，我想邀请大家起一个诗社呢。

　　盼哥哥像魏晋名士一样，乘兴而来，共商此事。

　　我在秋爽斋等待着。

妹　探春敬上

这封信写得多么有名士风范呀。大家应该还记得，探春的书房里文房四宝、各家名帖有很多呢！探春是一个爱读书、爱写字的姑娘。写出这样的一篇雅文与一手好字，还要说自己不才，探春也过于自谦了。

此文此事，极尽风雅。探春品位不俗，等闲礼物入不了她的眼。宝玉将荔枝放在白玛瑙碟中与颜真卿的书法帖一同赠送，无论贵贱，皆有雅意——这份礼物送得更是恰到好处。

第四件礼物是宝玉送给湘云的礼物。那是两个小小的掐丝盒子，一个里头装的是红菱和鸡头两样鲜果，一个里头装的是一碟子桂花糖蒸新栗粉糕。虽然不贵，倒也新鲜美味，清爽淡雅。当淡淡的秋风吹起，收到桂花糖蒸新栗粉糕的湘云应该会很开心吧？

若是只有这些，也已经够一波三折了。可妙的是，对于《红楼梦》作者这个写作高手来说，这还不算完。这一回的开头可还有贾芸写的信和礼物呢！

宝玉收了探春的信，即刻起身去秋爽斋商议。刚走到沁芳亭，一个婆子便拿着贾芸的信来了：

不肖男芸恭请父亲大人万福金安。男思自蒙天恩，认于膝下，日夜思一孝顺，竟无可孝顺之处。前因买办花草，上托大人金福，竟认得许多花儿匠，并认得许多名园。因忽见有白海棠一种，不可多得。故变尽方法，只弄得两盆。大人若视男是亲男一般，便留下赏玩。因天气暑热，恐园中姑娘们不便，故不敢面见。

奉书恭启，并叩台安。

男芸跪书

　　同样是写信，探春和贾芸互为镜像，一个越发显得光风霁月，一个越发显得憨直粗陋。贾芸虽然"俗"，那一声"爸爸"也让人既恨也怜，那两株夏秋之交的白海棠送得倒是甚得宝玉的心，到底也是一件风雅的礼物。

○○○○○ ——————————

阅读延伸与写作

　　《红楼梦》中，还有类似探春、贾芸写信这样的"镜像"情节吗？

秋天的故事：大观园里的青春群像

跟刘姥姥逛大观园

作者在第七十一回写过一次老太妃逛园子。那老太妃虽然是身份尊贵的人，但作者不过寥寥几笔就交代完了，几乎不能给初读者留下任何深刻的印象。反而是因缘际会，偶然进了大观园的刘姥姥，在贾府年轻人和读者的耳畔，留下了挥之不去的笑声，让人们一直讨论到今天。

我们先来梳理一下刘姥姥游大观园的路线：

刘姥姥随着贾母一行人进了大观园后，先到了大观楼的缀锦阁，后到了沁芳亭，随后去了潇湘馆、紫菱洲，在秋爽斋的晓翠堂吃饭，渡过荇叶渚，参观蘅芜苑，然后在缀锦阁喝酒、打牌、听曲儿，在栊翠庵吃茶，经过了省亲别墅的牌坊，之后终于迷了路，闯进怡红院睡了一觉，放了好些个臭屁回去了。

不知道你最喜欢的是刘姥姥以上哪一段经历？

我最喜欢的是在缀锦阁打牌、听曲儿：

正说话，忽一阵风过，隐隐听得鼓乐之声。贾母问："是谁家娶亲呢？这里临街倒近。"王夫人等笑回道："街上的那里听的见，这是咱们的那十几个女孩子们演习吹打呢。"贾母便笑道："既是他们演，何不叫他们进来演习。他们也逛一逛，咱们可又乐了。"凤姐听说，忙命人出去叫来，又一面吩咐摆下条桌，铺上红毡子。贾母道："就铺排在藕香榭的水亭子上，借着水音更好听。回来咱们就在缀锦阁底下吃酒，又宽阔，又听的近。"众人都说那里好。

（第四十回）

这一刻箫管悠扬，笙笛并发。正值风清气爽之时，乐声穿林度水，使人神怡心旷——原来，刘姥姥曾经在大观园里度过的，是如此美好的一个秋天。

如何知道这是个秋天呢？

刘姥姥才进园中，有这样一个细节：

李纨忙迎上去，笑道："老太太高兴，倒进来了。我只当还没梳头呢，才撷了菊花要送去。"一面说，一面碧月早捧过一个大荷叶式的翡翠盘子来，里面盛着各色的折枝菊花。贾母便拣了一朵大红的簪于鬓上。因回头看见了刘姥姥，忙笑道："过来带花儿。"

（第四十回）

大观园中风景宜人，四时可赏，不仅春天有姹紫嫣红开遍，秋高气爽之际也有五彩缤纷的菊花绽放。如此一来，我们忍不住就要畅想起来了：在天朗气清、秋风习习的日子游览大观园，该多么开心快乐！

游园还没有开始，活泼的凤姐就把五颜六色的菊花插在刘姥姥的头上。这一方面是因为她存心要跟老人家开玩笑，另一方面也是因为"菊花插满头"本身就是古人的风俗习惯。

杜牧在《九日齐山登高》里这样说：

> 江涵秋影雁初飞，与客携壶上翠微。
>
> 尘世难逢开口笑，菊花须插满头归。
>
> 但将酩酊酬佳节，不用登临恨落晖。
>
> 古往今来只如此，牛山何必独沾衣。

"尘世难逢开口笑"仍旧是今天纷繁人事的常态，但"菊花须插满头归"却早已风干成古人的秋日风俗了。诗歌中的"九日"指的是重阳节，也就是阴历的九月初九。

重阳节这一天，古人会头戴鲜花，约上朋友（"与客"），带上酒壶（"携壶"），去爬山（"上翠微"），在登高望远之际把酒言欢，然后带着醉意一起兴尽而归。

小说中刘姥姥逛园子的这一天大约是八月二十五日，正在重阳节前后。这一天，游园的主角虽然是刘姥姥和贾母两个老人，可在读者心中最光彩照人的，却无疑是身份最卑微的那一个。满头戴着花儿的刘姥姥和这个花柳繁华、温柔富贵的大观园，实在格格不入，这种反差使得她成为一个有趣且带着几分喜感的老太太。刘姥姥仿佛只是随便做了点什么，大观园中就留下了一地笑声。

我们且数一数，下面这一段不足三百字的话里有多少个"笑"字吧：

李纨忙迎上去，笑道："老太太高兴，倒进来了。我只当还没梳头呢，才撷了菊花要送去。"一面说，一面碧月早捧过一个大荷叶式的翡翠盘子来，里面盛着各色的折枝菊花。贾母便拣了一朵大红的簪于鬓上。因回头看见了刘姥姥，忙笑道："过来带花儿。"一语未完，凤姐便拉过刘姥姥来，笑道："让我打扮你。"说着，将一盘子花横三竖四的插了一头。贾母和众人笑的不住。刘姥姥笑道："我这头也不知修了什么福，今儿这样体面起来。"众人笑道："你还不拔下来摔到他脸上呢，把你打扮的成了个老妖精了。"刘姥姥笑道："我虽老了，年轻时也风流，爱个花儿粉儿的，今儿老风流才好。"说笑之间，已来至沁芳亭子上。（第四十回）

一共八个"笑"字。读一遍，你会发现所有的人物都在眉开眼笑。读两遍，读者的嘴角也要上扬了。那么，刘姥姥逗笑大观园中有过几次笑场的效果呢？

表 3-1

大观园时代第一年／宝玉13岁

次数	相关情景	姥姥的反应	欢笑场面的描写
1	那刘姥姥入了坐，拿起箸来，沉甸甸的不伏手。原是凤姐和鸳鸯商议定了，单拿一双老年四楞象牙镶金的筷子与刘姥姥	刘姥姥见了，说道："这叉爬子比俺那里铁锨还沉，那里犟的过他。"	说的众人都笑起来
2	只见一个媳妇端了一个盒子站在当地，一个丫鬟上来揭去盒盖，里面盛着两碗菜。李纨端了一碗放在贾母桌上。凤姐儿偏拣了一碗鸽子蛋放在刘姥姥桌上。贾母这边说声"请"	刘姥姥便站起身来，高声说道："老刘，老刘，食量大如牛，吃一个老母猪不抬头。"自己却鼓着腮不语	众人先是发怔，后来一听，上上下下都哈哈的大笑起来。史湘云撑不住，一口饭都喷了出来；林黛玉笑岔了气，伏着桌子叫"嗳哟"；宝玉早滚到贾母怀里，贾母笑的搂着宝玉叫"心肝"；王夫人笑的用手指着凤姐儿，只说不出话来；薛姨妈也撑不住，口里茶喷了探春一裙子；探春手里的饭碗都合在迎春身上；惜春离了坐位，拉着他奶母叫揉一揉肠子。地下的无一个不弯腰屈背，也有躲出去蹲着笑去的，也有忍着笑上来替他姊妹换衣裳的
3	独有凤姐鸳鸯二人撑着，还只管让刘姥姥	刘姥姥拿起箸来，只觉不听使，又说道："这里的鸡儿也俊，下的这蛋也小巧，怪俊的。我且夹攮一个。"	众人方住了笑，听见这话又笑起来。贾母笑的眼泪出来，琥珀在后捶着。贾母笑道："这定是凤丫头促狭鬼儿闹的！快别信他的话了。"那刘姥姥正夸鸡蛋小巧，要夹攮一个，凤姐儿笑道："一两银子一个呢，你快尝尝罢，那冷了就不好吃了。"

续表

次数	相关情景	姥姥的反应	欢笑场面的描写
4	刘姥姥便伸箸子要夹，那里夹的起来，满碗里闹了一阵好的，好容易撮起一个来，才伸着脖子要吃，偏又滑下来滚在地下，忙放下箸子要亲自去捡，早有地下的人捡了出去了	刘姥姥叹道："一两银子，也没听见个响声儿就没了。"	众人已没心吃饭，都看着他笑

答案是一共四次。其中尤其以第二次的效果最好：一是小说中众人笑得最激烈；二是作者的描写最精妙，算得上是《红楼梦》中的经典场面描写（场面描写指的是特定的时间与地点内许多人物活动的总体情况的描写）。此处若照着前后几次的写法，不过"上上下下都哈哈的大笑起来"之语，一笔带过便罢了。但作者却有意将这个瞬间铺陈开。尤其是其中的动作描写，更是如此。

为什么是湘云一口饭喷了出来？因为她为人最豪爽，不拘小处，天真活泼。

为什么是黛玉笑时岔了气，伏着桌子，只叫"嗳哟"？因为她身体和气质都柔弱如兰。

为什么滚到贾母怀中的是宝玉？因为他是一个深得长辈娇宠的年幼贵公子。一个"滚"字，尽显其娇憨之态。王夫人笑着指着凤姐，虽然口不出言，长辈管束晚辈的态度却已尽显，那当家主母的端庄之态也已经跃然纸上了。

再说那些下人。"躲""蹲""忍笑给小姐换衣裳"等动作，既点明了下人的身份，同时也写出了身为下人的她们不得不掩饰笑意，维持礼节的"努力"。而那作为"始作俑者"的凤姐和鸳鸯，她们"撑着"的状态，若无其事的态度，那一本正经而又无辜的样子，让人看了不禁要感叹：哎呀呀，她们两个可真不愧是这出笑剧的"总导演"呀。

借由这样的描写，在座众人的年龄、性格、身份、气质，在这"动"中就活泼生动地表现了出来，同时，刘姥姥的聪慧和幽默也得到了鲜明的展现。

大家有没有想过这样一个问题：为什么刘姥姥说的话，"笑果"这么好？

据说，在美国单口喜剧（Stand-Up Comedy）行业中，衡量一个演员是否成熟的标准，是看他能不能拥有一个黄金十分钟。所谓黄金十分钟，指的是能接连不断让观众笑的十分钟。如果一个喜剧演员可以做到这些，那么他便足以在这一行业立足了。

咱们按照这个标准来看看刘姥姥吧！短短一顿饭的工夫，刘姥姥就把贾府上上下下、老老小小逗笑了四次。从今人的眼光来看，她可简直就是一个天生的专业喜剧人了。

当一个贵族老太太说"请"时，该是多么高贵典雅呀。刘姥姥呢？偏在这时刻意夸张自己的村俗与无知。于是，当那些生动的农村语言和典雅的贵族场景在一起出现时，二者形成的强烈反差就有了一种胜似春节晚会爆笑小品，超越开心麻花舞台剧的效果。

她把"老年四楞象牙镶金筷子"说成"叉爬子"，把鸽子蛋叫作"鸡蛋"。贾母刚刚郑重其事、彬彬有礼地说了"请",猛一看，嚯！她就摆了个"吃一个老母猪不抬头"的造型。这还不算，刘姥姥还设计了手舞足蹈的肢体语言，为自己的即兴喜剧表演增光添彩：

> 刘姥姥便伸箸子要夹，那里夹的起来，满碗里闹了一阵好的，好容易撮起一个来，才伸着脖子要吃，偏又滑下来滚在地下，忙放下箸子要亲自去捡，早有地下的人捡了出去了。（第四十回）

你看这一气呵成的动作，你看这行云流水的幽默！怪不得在大观园里，众人无心吃饭，都看着她笑呢！

不过，笑完之余，我们来认真地想一想：刘姥姥真的只会让你发笑吗？从她的行为和语言里，你还能读出点别的什么呢？掉在地上的鸽子蛋不能吃了，所以仆人们就立刻过来捡走，其他人觉得这理所当然，只有刘姥姥觉得可惜。她说，如果这贾府的菜有毒，那自己就算被毒死也要都吃掉。这些话无不展现着庄稼人的朴实、善良，以及她内心深处最朴素的对于粮食和蔬菜的珍惜。刘姥姥为什么要来贾府？若不是年关难过，一个七十多岁的老人又何必来远房亲戚贾府中打秋风呢。

除此之外，刘姥姥还是一个非常宽和的人。笑够了也闹够了之后，正副导演分别向刘姥姥道歉。凤姐说："你可别多心，才刚不过大家取笑儿。"话没说完，鸳鸯也赶着进来赔礼："姥姥别恼，我给你老人家赔个不是。"刘姥姥笑着对她们说：

"姑娘说那里话，咱们哄着老太太开个心儿，可有什么恼的！你先嘱咐我，我就明白了，不过大家取个笑儿。我要心里恼，也就不说了。"（第四十回）

仔细品味刘姥姥的话，就会发现这个七十多岁的老人内心有极大的豁达与智慧。她夸赞贾府礼出大家，可她自己何尝不是一个懂礼知礼的人呢！她豁达地接受了凤姐和鸳鸯的安排，用鲜活的农村语言和生动的肢体动作，成功在宴席上多次逗笑众人，恰到好处地完成了"凑趣取笑"的任务，并宽厚地化解了凤姐、鸳鸯的心理负担。

因此说，"刘姥姥二进大观园"一事，初看固然是凤姐导演的一场喜剧，再看则可见刘姥姥深观世务、历练人情的处世方式，以及不露痕迹的人生智慧。

真真是颦儿那张嘴

一般人看大观园这一次秋日聚会多看刘姥姥，却未曾注意另一位搞笑担当的精彩表现，也注意不到她频频爆出的金句。若论起来，此人逗笑全场的效果并不比刘姥姥差呢！这个人，便是长了一张好嘴的林黛玉了。

我们也来数一数黛玉逗笑众人的次数吧。

第一次的相关场景：

李纨见了他两个，笑道："社还没起，就有脱滑的了，四丫头要告一年的假呢。"（第四十二回）

黛玉的应对：

黛玉笑道："都是老太太昨儿一句话，又叫他画什么园子图儿，惹得他乐得告假了。"探春笑道："也别要怪老太太，都是刘姥姥一句话。"林黛玉忙笑道："可是呢，都是他一句话。他是那一门子的姥姥，直叫他是个'母蝗虫'就是了。"（第四十二回）

众人的反应：

说着大家都笑起来。宝钗笑道："世上的话，到了凤丫头嘴里也就尽了。幸而凤丫头不认得字，不大通，不过一概是市俗取笑。更有颦儿这促狭嘴，他用'春秋'的法子，将市俗的粗话，撮其要，删其繁，再加润色比方出来，一句是一句。这'母蝗虫'三字，把昨儿那些形景都现出来了。亏他想的倒也快。"众人听了，都笑道："你这一注解，也就不在他两个以下。"（第四十二回）

第二次的相关场景：

李纨道："我请你们大家商议，给他多少日子的假。我给了他一个月，他嫌少，你们怎么说？"黛玉道："论理一年也不多。这

园子盖才盖了一年，如今要画自然得二年工夫呢。又要研墨，又要蘸笔，又要铺纸，又要着颜色，又要……"（第四十二回）

黛玉的应对：

刚说到这里，众人知道他是取笑惜春，便都笑问说"还要怎样？"黛玉也自己撑不住笑道："又要照着这样儿慢慢的画，可不得二年的工夫！"（第四十二回）

众人的反应：

众人听了，都拍手笑个不住。宝钗笑道："'又要照着这个慢慢的画'，这落后一句最妙。所以昨儿那些笑话儿虽然可笑，回想是没味的。你们细想颦儿这几句话虽是淡的，回想却有滋味。我倒笑的动不得了。"惜春道："都是宝姐姐赞的他越发逞强，这会子拿我也取笑儿。"（第四十二回）

黛玉的应对：

黛玉忙拉他笑道："我且问你，还是单画这园子呢，还是连我们众人都画在上头呢？"惜春道："原说只画这园子的，昨儿老太太又说，单画了园子成个房样子了，叫连人都画上，就像'行乐'似的才好。我又不会这工细楼台，又不会画人物，又不好驳回，正为这个为难呢。"黛玉道："人物还容易，你草虫上不能。"李纨道："你又说不通的话了，这个上头那里又用的着草虫？或者翎毛倒要点缀一两样。"黛玉笑道："别的草虫不画罢了，昨儿'母蝗虫'不画上，岂不缺了典！"（第四十二回）

众人的反应：

众人听了，又都笑起来。黛玉一面笑的两手捧着胸口，一面说道："你快画罢，我连题跋都有了，起个名字，就叫作《携蝗大嚼图》。"众人听了，越发哄然大笑，前仰后合。只听"咕咚"一声响，不知什么倒了，急忙看时，原来是湘云伏在椅子背儿上，那椅子原不曾放稳，被他全身伏着背子大笑，他又不提防，两下里错了劲，向东一歪，连人带椅都歪倒了，幸有板壁挡住，不曾落地。众人一见，越发笑个不住。宝玉忙赶上去扶了起来，方渐渐止了笑。宝玉和黛玉使个眼色儿。黛玉会意，便走至里间将镜袱揭起，照了一照，只见两鬓略松了些，忙开了李纨的妆奁，拿出抿子来，对镜抿了两抿，仍旧收拾好了，方出来，指着李纨道："这是叫你带着我们作针线教道理呢，你反招我们来大顽大笑的。"李纨笑道："你们听他这刁话。他领着头儿闹，引着人笑了，倒赖我的不是。真真恨的我只保佑明儿你得一个利害婆婆，再得几个千刀万恶的大姑子小姑子，试试你那会子还这么刁不刁了。"（第四十二回）

这一回叫作"潇湘子雅谑补馀香"。"母蝗虫"的比喻尤其精妙，宝钗已经作了很具体的分析，这里就不赘述了。黛玉抛出这一譬喻之后，声东击西，先在取笑惜春时铺垫，错误引导了听众的注意力，然后又把"母蝗虫"三字作为包袱抖了出来，自然也就笑料十足了。作者非常善于针对同一事件作反复的描绘，读者呢，也就能从中看出不同人的性格与特质。

刘姥姥的俗趣和林黛玉的雅谑，也正是这样一个巧妙的对照。

大观园：带着主人们精神气质的居所

借由书中的人物，带领读者以缓慢的节奏、细致的心思观察大观园，这样的安排主要有两次：一次是大观园修建好了以后，贾政带着宝玉及一帮清客游园题对额，一次就是贾母带着刘姥姥及众媳妇丫头游大观园了。我们把这两次放在一起来看，对小说中主要人物的生活场景会有更加丰富的感知和更加深刻的认识。

小而美的潇湘馆

一春一秋，两次游览的第一站都是潇湘馆。通过贾政、宝玉、刘姥姥等人的观察，我们可以知道潇湘馆的居住面积并不大。原文中说，小小两三间房舍"里面都是合着地步打就的床几椅案"，这句话等于是在说，潇湘馆的家具都是根据房间的具体情况定制的。

忽抬头看见前面一带粉垣，里面数楹修舍，有千百竿翠竹遮映。众人都道："好个所在！"于是大家进入，只见入门便是曲折游廊，阶下石子漫成甬路。上面小小两三间房舍，一明两暗，里面都是合着地步打就的床几椅案。从里间房内又得一小门，出去则是后院，有大株梨花兼着芭蕉。又有两间小小退步。后院墙下忽开一隙，得泉一派，开沟仅尺许，灌入墙内，绕阶缘屋至前院，盘旋竹下而出。贾政笑道："这一处还罢了。若能月夜坐此窗下读书，不枉虚生一世。"

贾政、贾宝玉游览大观园（第十七回）

一进门，只见两边翠竹夹路，土地下苍苔布满，中间羊肠一条石子漫的路。

……

紫鹃早打起湘帘，贾母等进来坐下。林黛玉亲自用小茶盘捧了一盖碗茶来奉与贾母。王夫人道："我们不吃茶，姑娘不用倒了。"林黛玉听说，便命丫头把自己窗下常坐的一张椅子挪到下首，请王夫人坐了。刘姥姥因见窗下案上设着笔砚，又见书架上磊着满满的书，刘姥姥道："这必定是那位哥儿的书房了。"贾母笑指黛玉道："这是我这外孙女儿的屋子。"刘姥姥留神打量了黛玉一番，方笑道："这那像个小姐的绣房，竟比那上等的书房还好。"

……

贾母起身笑道："这屋里窄，再往别处逛去。"刘姥姥念佛道："人人都说大家子住大房。昨儿见了老太太正房，配上大箱大柜大桌子大床，果然威武。那柜子比我们那一间房子还大还高。怪道后院子里有个梯子。我想并不上房晒东西，预备个梯子作什么？后来我想起来，定是为开顶柜收放东西，非离了那梯子，怎么得上去呢。如今又见了这小屋子，更比大的越发齐整了。满屋里的东西都只好看，都不知叫什么，我越看越舍不得离了这里。"凤姐道："还有好的呢，我都带你去瞧瞧。"说着一径离了潇湘馆。

贾母、刘姥姥游览大观园（第四十回）

可见这里虽然小，空间利用率却很高，设计都很精当，是一个每一寸空间都不浪费的小户型。今天很多人看到价值上亿、面积豪阔的大宅并不会怎样心动，反而是看到小房子里的精心巧思、舒适宜人后会欣赏向往、念念不忘，认为这样的房子是自己理想的居所。潇湘馆呢，就正是这样一个所在，而且窗外的景致特别好——

有梨花、有芭蕉，更有大片的竹子，还有一泓泉水。可见，椅是窗下赏景之椅，案是窗下赏景之案。想来这黛玉平时读书、吟诗作对、一个人掉眼泪……多半也都是在这窗下了。我们不妨想象一下：日间月下，每当黛玉对窗而坐时，她的眼前该是怎样一幅清雅、诗意，同时又绿意盎然的场景呢？

这场景很容易让人想到王维诗歌中的某些瞬间：

返景入深林，复照青苔上。

——王维《鹿柴》

山路元无雨，空翠湿人衣。

——王维《山中》

137

王维还有一首《竹里馆》：

> 独坐幽篁里，弹琴复长啸。
>
> 深林人不知，明月来相照。

这样看来，潇湘馆岂不就是一座名副其实的"竹里馆"吗？

一进院门，只见满地下竹影参差，苔痕浓淡，不觉又想起《西厢记》中所云"幽僻处可有人行，点苍苔白露泠泠"二句来，因暗暗的叹道："双文，双文，诚为命薄人矣。然你虽命薄，尚有孀母弱弟；今日林黛玉之命薄，一并连孀母弱弟俱无。古人云'佳人命薄'，然我又非佳人，何命薄胜于双文哉！"

一面想，一面只管走，不防廊上的鹦哥见林黛玉来了，嘎的一声扑了下来，倒吓了一跳，因说道："作死的，又扇了我一头灰。"那鹦哥仍飞上架去，便叫："雪雁，快掀帘子，姑娘来了。"黛玉便止住步，以手扣架道："添了食水不曾？"那鹦哥便长叹一声，竟大似林黛玉素日吁嗟音韵，接着念道："侬今葬花人笑痴，他年葬侬知是谁？试看春尽花渐落，便是红颜老死时。一朝春尽红颜老，花落人亡两不知！"黛玉紫鹃听了都笑起来。紫鹃笑道："这都是素日姑娘念的，难为他怎么记了。"黛玉便令将架摘下来，另挂在月洞窗外的钩上，于是进了屋子，在月洞窗内坐了。吃毕药，只见窗外竹影映入纱来，满屋内阴阴翠润，几簟生凉。黛玉无可释闷，便隔着纱窗调逗鹦哥作戏，又将素日所喜的诗词也教与他念。这且不在话下。（第三十五回）

宝玉十三年的冬天，黛玉教香菱写诗，给她制订的学习计划是：

"我这里有《王摩诘全集》，你且把他的五言律读一百首，细心揣摩透熟了，然后再读一二百首老杜的七言律，次再李青莲的七言绝句读一二百首。肚子里先有了这三个人作了底子，然后再把陶渊明、应场、谢、阮、庾、鲍等人的一看。你又是一个极聪敏伶俐的人，不用一年的工夫，不愁不是诗翁了！"（第四十八回）

从这份学习计划中可以看到，在黛玉心目中，大诗人中名列第一的正是王维。可见黛玉的居住环境和审美偏好是和谐统一的。

潇湘馆中的陈设，第一个特点就是书多。作为大观园中最有才气和诗情的少女，黛玉的书架上垒着满满的书。潇湘馆确实是一个读书的绝佳所在。相信这一个特点，既在读者的意料之中，也在红楼世界的情理之中。连贾政都要赞叹"能月夜坐此窗下读书，不枉虚生一世"呢！

贾政和刘姥姥虽然同是《红楼梦》中人，但在读者心中却似是两个八竿子都打不着的角色。可值得一提的是，无论是"雅人"贾政，还是"俗人"刘姥姥，对潇湘馆都有恋恋不舍、依依眷恋的心情：

刘姥姥念佛道："人人都说大家子住大房。昨儿见了老太太正房，配上大箱大柜大桌子大床，果然威武。那柜子比我们那一间房子还大还高。怪道后院子里有个梯子。我想并不上房晒东西，预备个梯子作什么？后来我想起来，定是为开顶柜收放东西，非离了那梯子，怎么得上去呢。如今又见了这小屋子，更比大的越发齐整了。满屋里的东西都只好看，都不知叫什么，我越看越舍不得离了这里。"

（第四十回）

这倒是一件很有意思的事情。

再看用色。潇湘馆最特别的用色是在大片的绿色中，用一点点若有似无的红。绿色来自馆中种植的大片翠竹和地上布满的苍苔，同时也来自屋子里的陈设。黛玉用的帘子是湘帘（大约是湘妃竹做的帘子），如此自然也该是绿色的。至于那不多的一点点红，则是后来加在窗纱上的霞影纱。

说笑一会，贾母因见窗上纱的颜色旧了，便和王夫人说道："这个纱新糊上好看，过了后来就不翠了。这个院子里头又没有个桃杏树，这竹子已是绿的，再拿这绿纱糊上反不配。我记得咱们先有四五样颜色糊窗的纱呢，明儿给他把这窗上的换了。"

贾母笑道："你能够活了多大，见过几样没处放的东西，就说嘴来了。那个软烟罗只有四样颜色：一样雨过天晴，一样秋香色，一样松绿的，一样就是银红的，若是做了帐子，糊了窗屉，远远的看着，就似烟雾一样，所以叫作'软烟罗'。那银红的又叫作'霞影纱'。如今上用的府纱也没有这样软厚轻密的了。"（第四十回）

生活空间是人的外化和延伸。潇湘馆不仅仅从景观布局上和林黛玉的精神气质相契合，其中的陈设、配色也都与林黛玉的诗情和灵性相容相通。刘姥姥评价潇湘馆，说"满屋里的东西都只好看，都不知叫什么"，这话一方面符合刘姥姥乡下村妇的身份特点，另一方面也体现了作者虚写一笔的用心。

读完这些内容，你会觉得潇湘馆真的很精巧、很诗意，但里面具体有些什么，读者其实说不上来，记住的只是一种感觉：这个天仙一般的妹妹，真是飘然出尘啊。不过，作者在描写大观园的时候，也不是全然都用写意的手法，也有笔笔写实的住所。探春的秋爽斋就是这样。

舒朗大气的秋爽斋

和黛玉的房间正好相反，在探春这里，屋子里放着什么是一目了然的。

这三间屋子并不曾隔断。当地放着一张花梨大理石大案，案上磊着各种名人法帖，并数十方宝砚，各色笔筒，笔海内插的笔如树林一般。那一边设着斗大的一个汝窑花囊，插着满满的一囊水晶球儿的白菊。西墙上当中挂着一大幅米襄阳《烟雨图》，左右挂着一副对联，乃是颜鲁公墨迹……案上设着大鼎。左边紫檀架上放着一个大观窑的大盘，盘内盛着数十个娇黄玲珑大佛手。右边洋漆架上悬着一个白玉比目磬，旁边挂着小锤。（第四十回）

在这样具体的描写中，我们可以知道，探春的房间非常通透、舒朗。在色彩搭配上，飒爽的探春使用的是大块的黑白（山水画）

和一点亮黄（数十个大佛手），整体效果更让人神气舒朗、心明眼亮。这样的房间陈设和配色，也正和探春的性格、气度、才华相配。

如果你要问众姐妹里面，谁的文采最好，答案必然是林黛玉。可要是问谁的书法最好，那则必然是探春。"探春和黛玉一样有才华，但她有黛玉没有的健康。探春和宝钗一样有胸怀，但她有宝钗没有的热情。探春和湘云一样渴望快乐，但她有湘云没有的精致。探春和王熙凤一样精明能干，但她有凤姐没有的学识与修养。"①正是这样的探春，才值得拥有稳重、大气又不失活泼与明艳的秋爽斋吧！

简约与丰富并存的蘅芜苑

蘅芜苑的设计深谙"藏"的艺术，你看贾政初入蘅芜苑，只觉得无味。细看之后才恍然大悟：这原来是一个异常丰富的院子！

忽见柳阴中又露出一个折带朱栏板桥来，度过桥去，诸路可通，便见一所清凉瓦舍，一色水磨砖墙，清瓦花堵。那大主山所分之脉，皆穿墙而过。贾政道："此处这所房子，无味的很。"因而步入门时，忽迎面突出插天的大玲珑山石来，四面群绕各式石块，竟把里面所有房屋悉皆遮住，而且一株花木也无。只见许多异草：或有牵藤的，或有引蔓的，或垂山巅，或穿石隙，甚至垂檐绕柱，萦砌盘阶，或如翠带飘飘，或如金绳盘屈，或实若丹砂，或花如金桂，味芬气馥，

---

① 于鸿雁，白楠茁. 细读《红楼梦》：末世里的深情与荒唐 [M]. 北京：教育科学出版社，2019.

非花香之可比。贾政不禁笑道："有趣！只是不大认识。"

贾政、贾宝玉游览大观园（第十七回）

同时，蘅芜苑还力求营造一种"反差"的效果：你看院子里，绿色层层叠叠、深深浅浅，红色星星点点、热烈丰富；里面却是极简的风格，家居设计的用色也以青白为主。

只觉异香扑鼻，那些奇草仙藤，愈冷愈苍翠，都结了实，似珊瑚豆子一般，累垂可爱。及进了房屋，雪洞一般，一色玩器全无。案上只有一个土定瓶中供着数枝菊花，并两部书，茶奁茶杯而已。床上只吊着青纱帐幔，衾褥也十分朴素。

贾母、刘姥姥游览大观园（第四十回）

乏味和生动、清冷与热烈同时存在的蘅芜苑，倒是比别的地方更适合薛宝钗，毕竟她是一个身上带着"热毒"的冷美人！

对宝钗的家居设计，作者有一个精妙的比喻，叫作"雪洞"，用来形容其净、素、简的个人风格，这个词不由得令人联想到最近几年家居设计中很火的佗寂风。你可还记得薛姨妈送出去的宫花吗？你可还记得宝姐姐不爱戴花儿粉儿的举动吗？再看看这雪洞一般的住所，你或许便在电光石火之间，明白了为什么《红楼梦》第二十八回的题目叫作"薛宝钗羞笼红麝串"。宝玉十三年，贾元春刚刚赏赐完端午节的礼物，宝钗雪白的胳膊上便正好就出现了红麝串。那礼物，只有她和宝玉才有。

宝钗是一个很含蓄的少女，她的心事也只有在这种幽微的地方才会流露吧！毕竟，当我们读《红楼梦》的时候，又何曾看到过宝钗戴过什么呢！仔细想想，到底也不过一个贴身的金锁和这个贴身的香串儿罢了。但每一件，又都和宝玉有关呢。

繁复的迷宫：怡红院

怡红院用绿，同时也用红，给人一种富丽繁杂、眼花缭乱的感觉，是红尘世界中"富贵场""温柔乡"的缩微景观，也该是富贵公子的居处。

因说半日腿酸，未尝歇息，忽又见前面又露出一所院落来，贾政笑道："到此可要进去歇息歇息了。"说着，一径引人绕着碧桃花，穿过一层竹篱花障编就的月洞门，俄见粉墙环护，绿柳周垂。贾政与众人进去。一入门，两边都是游廊相接。院中点衬几块山石，一边种着数本芭蕉；那一边乃是一颗西府海棠，其势若伞，丝垂翠缕，葩吐丹砂。众人赞道："好花，好花！从来也见过许多海棠，那里有这样妙的。"

……

只见这几间房内收拾的与别处不同，竟分不出间隔来的。原来四面皆是雕空玲珑木板，或"流云百蝠"，或"岁寒三友"，或山水人物，或翎毛花卉，或集锦，或博古，或卍福卍寿。各种花样，皆是名手雕镂，五彩销金嵌宝的。一槅一槅，或有贮书处，或有设鼎处，或安置笔砚处，或供花设瓶、安放盆景处。其槅各式各样，或天圆地方，或葵花蕉叶，或连环半璧。真是花团锦簇，剔透玲珑。倏尔五色纱糊就，竟系小窗；倏尔彩绫轻覆，竟系幽户。且满墙满壁，皆系随依古董玩器之形抠成的槽子。诸如琴、剑、悬瓶、桌屏之类，虽悬于壁，却都是与壁相平的。众人都赞："好精致想头！难为怎么想来！"

原来贾政等走了进来，未进两层，便都迷了旧路，左瞧也有门可通，右瞧又有窗暂隔，及到了跟前，又被一架书挡住。回头再走，又有窗纱明透，门径可行；及至门前，忽见迎面也进来了一群人，都与自己形相一样，——却是一架玻璃大镜相照。及转过镜去，益发见门子多了。贾珍笑道："老爷随我来。从这门出去，便是后院，从后院出去，倒比先近了。"说着，又转了两层纱橱锦槅，果得一门出去，院中满架蔷薇、宝相。转过花障，则见青溪前阻。众人诧异："这股水又是从何而来？"贾珍遥指道："原从那闸起流至那洞口，从东北山坳里引到那村庄里，又开一道岔口，引到西南上，共总流到这里，仍旧合在一处，从那墙下出去。"众人听了，都道："神妙之极！"说着，忽见大山阻路。众人都道："迷了路了。"贾珍笑道："随我来。"仍在前导引，众人随他，直由山脚边忽一转，便是平坦宽阔大路，豁然大门前见。众人都道："有趣，有趣，真搜神夺巧之至！"

贾政、贾宝玉游览大观园（第十七回）

另外，怡红院里有一个特别的镜子门，这更加使得宝玉的居所如同迷宫一般复杂。无论是贾政还是刘姥姥，到了这儿，结果都是迷路而归。

刘姥姥掀帘进去，抬头一看，只见四面墙壁玲珑剔透，琴剑瓶炉皆贴在墙上，锦笼纱罩，金彩珠光，连地下踩的砖，皆是碧绿凿花，竟越发把眼花了。找门出去，那里有门？左一架书，右一架屏。

……便心下忽然想起："常听大富贵人家有一种穿衣镜，这别是我在镜子里头呢罢？"说毕伸手一摸，再细一看，可不是，四面雕空紫檀板壁将镜子嵌在中间。

……掩过镜子，露出门来。刘姥姥又惊又喜，迈步出来，忽见有一副最精致的床帐。

贾母、刘姥姥游览大观园（第四十一回）

我们知道，《红楼梦》还有一个名字——《风月宝鉴》。"鉴"的意思就是镜子。风月宝鉴，就是风月宝镜。这面具有警示意味的镜子，在书里曾经真的出现过：

那道士叹道："你这病非药可医。我有个宝贝与你，你天天看时，此命可保矣。"说毕，从褡裢中取出一面镜子来——两面皆可照人，镜把上面錾着"风月宝鉴"四字——递与贾瑞道："这物出自太虚幻境空灵殿上，警幻仙子所制，专治邪思妄动之症，有济世保生之功。所以带他到世上，单与那些聪明杰俊、风雅王孙等看照。千万不可照正面，只照他的背面，要紧，要紧！三日后吾来收取，管叫你好了。"说毕，佯常而去，众人苦留不住。贾瑞收了镜子，想道：

"这道士倒有意思，我何不照一照试试。"想毕，拿起"风月鉴"来，向反面一照，只见一个骷髅立在里面，唬得贾瑞连忙掩了，骂："道士混帐，如何吓我！——我倒再照正面是什么。"想着，又将正面一照，只见凤姐站在里面招手叫他。（第十二回）

正面是美好，背面是虚空。一切繁华终将逝去。作者反反复复提醒着读者，还把结局写在开头，执着地告诉所有未曾经历的人：

到头一梦，万境归空。

或许贾宝玉屋子中的镜子门，也正是一面巨大的风月宝鉴吧！

林黛玉的成长变化

接下来，让我们再次把目光转向宝玉和黛玉。

秋高气爽的时候，宝黛的故事是从众人面前一个默契的眼神开始的。宝玉十三年，刘姥姥离开大观园后，黛玉又拿刘姥姥开起了玩笑，众人听了哄然大笑，一个个笑得前仰后合，场面一度不可收拾。这时候，黛玉因为闹得太凶，一时间乱了发型。这样微小的变化，竟也一点不落都被宝玉看在眼里。

宝玉和黛玉使个眼色儿。黛玉会意，便走至里间将镜袱揭起，照了一照，只见两鬓略松了些，忙开了李纨的妆奁，拿出抿子来，对镜抿了两抿，仍旧收拾好了，方出来，指着李纨道："这是叫你带着我们作针线教道理呢，你反招我们来大顽大笑的。"李纨笑道："你们听他这刁话。他领着头儿闹，引着人笑了，倒赖我的不是。真真恨的我只保佑明儿你得一个利害婆婆，再得几个千刀万恶的大姑子小姑子，试试你那会子还这么刁不刁了。"（第四十二回）

在欢笑的群像塑造中夹写的这一笔，虽然并不起眼，可是其中宝黛二人的默契却显得格外的动人。

又是一个黄昏，雨意绵绵。病中的黛玉写完一首《秋窗风雨夕》，倦倦地才要睡觉。宝玉白天已经来过几次，到了晚间，他不放心，冒雨又来一趟，冲进来就问：

"今儿好些？吃了药没有？今儿一日吃了多少饭？"一面说，一面摘了笠，脱了蓑衣，忙一手举起灯来，一手遮住灯光，向黛玉脸上照了一照，觑着眼细瞧了一瞧，笑道："今儿气色好了些。"（第四十五回）

读到"忙一手举起灯来"，正担心他唐突了佳人，就又见他"一手遮住灯光"，再向黛玉脸上小心地照了一照。要走的时候，他还是那样不放心，去而复顾，进来追问道："你想什么吃，告诉我，我明儿一早回老太太，岂不比老婆子们说得明白？"

此时的黛玉，也极关心宝玉。外头秋雨声声，她一心想着让他赶紧回去。先问"可有人跟着没有"，听说已有人"外面拿着伞点着灯笼"也不放心，又问："这样的天，可还要点灯笼吗？"

宝玉道："不相干，是明瓦的，不怕雨。"黛玉听说，回手向书架上把个玻璃绣球灯拿了下来，命点一支小蜡来，递与宝玉，道："这个又比那个亮，正是雨里点的。"宝玉道："我也有这么一个，怕他们失脚滑倒了打破了，所以没点来。"黛玉道："跌了灯值钱，跌了人值钱？你又穿不惯木屐子。那灯笼命他们前头照着。这个又轻巧又亮，原是雨里自己拿着的，你自己手里拿着这个，岂不好？明儿再送来。就失了手也有限的，怎么忽然又变出这'剖腹藏珠'的脾气来！"宝玉听说，连忙接了过来，前头两个婆子打着伞提着明瓦灯，后头还有两个小丫鬟打着伞。（第四十五回）

秋霖脉脉，夜是冷的，而宝黛二人的心都是暖的。从这个秋夜开始，她和宝玉的关系又悄然发生了变化。秋雨还在淅淅沥沥、细细密密地下着。那些"不放心"都淡了，他和她的心早就暗通如灵犀。从此，她和宝玉相知、相爱，互相关怀。那些我们读者早已知道的前世情缘，此时终于造就了一对人间的知己。

实际上，作者在第四十五回中，并不是只写了宝黛关系的变化，他还不动声色地写了黛玉在待人接物方面的变化：无论是对宝钗还是对蘅芜苑的婆子，都有很明确的体现。

先说宝钗。在宝玉来探病之前，宝钗是先来过的。且钗、黛二人还有一番推心置腹的交谈：

这日宝钗来望他，因说起这病症来。宝钗道："这里走的几个太医虽都还好，只是你吃他们的药总不见效，不如再请一个高明的人来瞧一瞧，治好了岂不好？每年间闹一春一夏，又不老又不小，成什么？不是个常法。"黛玉道："不中用。我知道我这样病是不能好的了。且别说病，只论好的日子我是怎么形景，就可知了。"宝钗点头道："可正是这话。古人说'食谷者生'，你素日吃的竟不能添养精神气血，也不是好事。"黛玉叹道："'死生有命，富贵在天'，也不是人力可强的。今年比往年反觉又重了些似的。"说话之间，已咳嗽了两三次。宝钗道："昨儿我看你那药方上，人参肉桂觉得太多了。虽说益气补神，也不宜太热。依我说，先以平肝健胃为要，肝火一平，不能克土，胃气无病，饮食就可以养人了。每日早起拿上等燕窝一两，冰糖五钱，用银铫子熬出粥来，若吃惯了，比药还强，最是滋阴补气的。"

黛玉叹道："你素日待人，固然是极好的，然我最是个多心的人，只当你心里藏奸。从前日你说看杂书不好，又劝我那些好话，竟大感激你。往日竟是我错了，实在误到如今。细细算来，我母亲去世的早，又无姊妹兄弟，我长了今年十五岁，竟没一个人像你前日的话教导我。怨不得云丫头说你好，我往日见他赞你，我还不受用，昨儿我亲自经过，才知道了。比如若是你说了那个，我再不轻放过你的；你竟不介意，反劝我那些话，可知我竟自误了。若不是从前日看出来，今日这话，再不对你说。你方才说叫我吃燕窝粥的话，虽然燕窝易得，但只我因身上不好了，每年犯这个病，也没什么要紧的去处。请大夫，熬药，人参肉桂，已经闹了个天翻地覆，这会子我又兴出新文来熬什么燕窝粥，老太太、太太、凤姐姐这三个人便没话说，那些底下的婆子丫头们，未免不嫌我太多事了。你看这里这些人，因见老太太多疼了宝玉和凤丫头两个，他们尚虎视眈眈，背地里言三语四的，何况于我？况我又不是他们这里正经主子，原是无依无靠投奔了来的，他们已经多嫌着我了。如今我还不知进退，何苦叫他们咒我？"

宝钗道："这样说，我也是和你一样。"黛玉道："你如何比我？你又有母亲，又有哥哥，这里又有买卖地土，家里又仍旧有房有地。你不过是亲戚的情分，白住了这里，一应大小事情，又不沾他们一文半个，要走就走了。我是一无所有，吃穿用度，一草一纸，皆是和他们家的姑娘一样，那起小人岂有不多嫌的。"宝钗笑道："将来也不过多费得一副嫁妆罢了，如今也愁不到这里。"黛玉听了，不觉红了脸，笑道："人家才拿你当个正经人，把心里的烦难告诉你听，你反拿我取笑儿。"宝钗笑道："虽是取笑儿，却也是真话。你放心，我在这里一日，我与你消遣一日。你有什么委屈烦难，只管告诉我，我能解的，自然替你解一日。我虽有个哥哥，你也是知道的，只有个母亲比你略强些。咱们也算同病相怜。你也是个明白人，何必作'司马牛之叹'？你才说的也是，多一事不如省一事。我明日家去和妈妈说了，只怕我们家里还有，与你送几两，每日叫丫头们就熬了，又便宜，又不惊师动众的。"黛玉忙笑道："东西事小，难得你多情如此。"宝钗道："这有什么放在口里的！只愁我人人跟前失于应候罢了。只怕你烦了，我且去了。"黛玉道："晚上再来和我说句话儿。"宝钗答应着便去了，不在话下。（第四十五回）

若黛玉不够真诚，必然说不出"我最是个多心的人，只当你心里藏奸"这样的话。若宝钗不够宽和，日后必然会变得疏远黛玉。可是她们两个的关系却是一天比一天好了。如何知道二人的关系"好"了呢？

宝玉十三年的冬天，大观园里又新添了姐姐妹妹，其中宝琴姑娘尤其得人喜爱。当时大观园中下了一场大雪，贾母见了，便把一件金翠辉煌的野鸭子毛斗篷给宝琴穿——这个衣服很珍贵，别人可都没有。宝琴来和姐妹们玩，贾母还特意派跟前人去嘱咐，让宝钗别管紧了琴姑娘，让宝琴"爱怎么样就怎么样"。

结果，当大家开玩笑地说黛玉会吃醋时，下面这一幕发生了：

宝钗忙起身答应了，又推宝琴笑道："你也不知是那里来的福气！你倒去罢，仔细我们委曲着你。我就不信我那些儿不如你。"说话之间，宝玉黛玉都进来了，宝钗犹自嘲笑。湘云因笑道："宝姐姐，你这话虽是顽话，恰有人真心是这样想呢。"琥珀笑道："真心恼的再没别人，就只是他。"口里说，手指着宝玉。宝钗湘云都笑道："他倒不是这样人。"琥珀又笑道："不是他，就是他。"说着又指着黛玉。湘云便不则声。宝钗忙笑道："更不是了。我的妹妹和他的妹妹一样。他喜欢的比我还疼呢，那里还恼？你信云儿混说。他的那嘴有什么实据。"

宝玉素习深知黛玉有些小性儿，且尚不知近日黛玉和宝钗之事，正恐贾母疼宝琴他心中不自在，今见湘云如此说了，宝钗又如此答，再审度黛玉声色亦不似往时，果然与宝钗之说相符，心中闷闷不解。

因想："他两个素日不是这样的好，今看来竟更比他人好十倍。"（第四十九回）

还回到这个秋天的晚上。宝钗热心地说，要给黛玉一些燕窝吃。当天晚上下了雨，宝玉走后，从蘅芜苑那里，便如约来了一个送燕窝的婆子。

黛玉是这样表现的：

黛玉道："回去说'费心'。"命他外头坐了吃茶。婆子笑道："不吃茶了，我还有事呢。"黛玉笑道："我也知道你们忙。如今天又凉，夜又长，越发该会个夜局，痛赌两场。"婆子笑道："不瞒姑娘说，今年我大沾光儿了。横竖每夜各处有几个上夜的人，误了更也不好，不如会个夜局，又坐了更，又解闷儿。今儿又是我的头家，如今园门关了，就该上场了。"黛玉听说笑道："难为你。误了你发财，冒雨送来。"命人给他几百钱，打些酒吃，避避雨气。（第四十五回）

咱们再把目光转向宝玉十三年的冬天吧。黛玉正和宝玉闲话，谁知道赵姨娘来了：

宝玉因让诸姊妹先行，自己落后。黛玉便又叫住他问道："袭人到底多早晚回来。"宝玉道："自然等送了殡才来呢。"黛玉还有话说，又不曾出口，出了一回神，便说道："你去罢。"宝玉也觉心里有许多话，只是口里不知要说什么，想了一想，也笑道："明日再说罢。"一面下了阶矶，低头正欲迈步，复又忙回身问道："如今的夜越发长了，你一夜咳嗽几遍？醒几次？"黛玉道："昨儿夜里好了，只嗽了两遍，却只睡了四更一个更次，就再不能睡了。"宝玉又笑道："正是有句要紧的话，这会子才想起来。"一面说，一面便挨过身来，悄悄道："我想宝姐姐送你的燕窝——"一语未了，只见赵姨娘走了进来瞧黛玉，问："姑娘这两天好？"黛玉便知他是从探春处来，从门前过，顺路的人情。黛玉忙陪笑让坐，说："难得姨娘想着，怪冷的，亲身走来。"又忙命倒茶，一面又使眼色与宝玉。宝玉会意，便走了出来。（第五十二回）

赵姨娘绝不是一个讨喜的角色。聪慧如黛玉，也早看出她来探望自己不过是顺水人情。以前的黛玉，是可以直接让周瑞家的下不来台的。这次却不一样。她和宝玉说话，你一言我一语，多么亲爱和谐。这样的谈话氛围被赵姨娘一下子打断了。黛玉不急不恼，反而"忙"赔笑，"忙"说客气话，"忙"命倒茶。

猛地读到这里，读者还真有点难以置信呢！这么一个和气体贴，甚至有几分世故的女孩，还是我们曾经认识的那个敏感多刺，一赌气就喜欢剪东西的黛玉吗？

宝玉十五年的中秋佳夜，黛玉和湘云两个共赏明月，谈到各自的家境：

黛玉湘云见熄了灯，湘云笑道："倒是他们睡了好。咱们就在这卷棚底下近水赏月如何？"二人遂在两个湘妃竹墩上坐下。只见天上一轮皓月，池中一轮水月，上下争辉，如置身于晶宫鲛室之内。微风一过，粼粼然池面皱碧铺纹，真令人神清气净。湘云笑道："怎得这会子坐上船吃酒倒好。这要是我家里这样，我就立刻坐船了。"黛玉笑道："正是古人常说的好'事若求全何所乐'。据我说，这也罢了，偏要坐船起来。"湘云笑道："得陇望蜀，人之常情。可知那些老人家说的不错。说贫穷之家自为富贵之家事事称心，告诉他说竟不能遂心，他们不肯信的；必得亲历其境，他方知觉了。就如咱们两个，虽父母不在，然却也忝在富贵之乡，只你我竟有许多不遂心的事。"黛玉笑道："不但你我不能称心，就连老太太、太太以至宝玉、探丫头等人，无论事大事小，有理无理，其不能各遂其心者，同一理也，何况你我旅居客寄之人哉！"（第七十六回）

这么一个豁达、宽和，甚至有几分超然的女孩，还是我们曾经认识的黛玉吗？

回到第四十五回。

第四十五回是一个承上启下的篇章。宝黛之情由春天的缠绵到夏天的激烈，再经过"黛玉题帕诗"（第三十四回）、"宝玉情悟梨香院"（第三十六回）两处，终于达到了最高峰：从进入宝玉十三年这个清冷、静谧的秋天开始，二人便开启了一个极其默契、和谐的新阶段。黛玉自己的内心也渐渐平和、柔软、通透了很多，她和宝钗的关系也越来越好了。这些变化，或许就是爱情和友情给她带来的成长吧！

我们最后来总结一下：

从柔情暗生到暧昧试探，再到剖白心迹。宝黛之间的感情在大观园第一年的春夏，是一个过程的展现。

彼此一直相互心疼、默契相知。宝黛之间的感情从大观园第一年秋冬始，是一个状态的展现。

经过了这个阶段的黛玉，也渐渐从一个敏感多刺的女孩变成了一个冷静、通达、超然的少女。我们常常习惯用一个词概括一个文学人物，殊不知，当我们带着更开放的心态看待他们时，往往会看到一个不断成长的、日益丰富的灵魂。

○○○○○ ─────────────

阅读延伸与写作

生活空间往往是人的外化和延伸。你认同这句话吗？和大家分享下你在日常生活中观察到的例子，谈谈你的感受吧。

扫码听音频

与万老师一起学红楼

镜像的写作手法：贾赦与薛蟠

第四十六回写了大老爷贾赦和小男孩薛蟠的羞愧。

先说贾赦。贾赦看上了鸳鸯，自己不便和贾母说，反怂恿着媳妇邢夫人去要。邢夫人不敢贸然开口，拉着凤姐商议，讨了没趣也并不甘心，执意要去探鸳鸯的口风。不想鸳鸯是个有见识、有气性的姑娘，顶住压力拒绝了贾赦。

在这一回里，作者细写了鸳鸯的四次拒绝。第一次是当着邢夫人的面。邢夫人是大夫人，鸳鸯一开始不好表态，只是再三低头不语。第二次是当着其他丫头的面。她拒绝了邢夫人后，走进大观园散心。结果先后遇到了平儿、袭人。她们几个人年纪相当，平时的关系也好，这次私下里凑在一起，说话的时候，每个人也都很坦诚。

在《红楼梦》的时代，固然有不少人觉得，给豪门做姨太太就是攀上了高枝。鸳鸯却不这么想，她打定了主意不做大老爷的姨娘。因此，借由这几个年轻女孩的对话，读者可以看到鸳鸯的坚持。当着好朋友，她的话说得很决绝：

"别说大老爷要我做小老婆，就是太太这会子死了，他三媒六聘的娶我去作大老婆，我也不能去。"

"老太太在一日，我一日不离这里。若是老太太归西去了，他横竖还有三年的孝呢，没个娘才死了他先放小老婆的！等过三年，知道又是怎么个光景，那时再说。纵到了至急为难，我剪了头发作姑子去；不然，还有一死。一辈子不嫁男人，又怎么样？乐得干净呢！"（第四十六回）

因为她"家生女儿"的奴隶身份，平儿和袭人便担心她未来不能遂愿。鸳鸯听了这话，反驳说："家生女儿怎么样？'牛不吃水强按头'？我不愿意，难道杀我的老子娘不成？"

鸳鸯的第三次拒绝，对象是她的嫂子。这次，她骂得畅快极了。

"什么'好话'！宋徽宗的鹰，赵子昂的马，都是好画儿。什么'喜事'！状元痘儿灌的浆儿——又满是喜事。怪道成日家羡慕人家女儿作了小老婆，一家子都仗着他横行霸道的，一家子都成了小老婆了！看的眼热了，也把我送在火坑里去。我若得脸呢，你们在外头横行霸道，自己就封自己是舅爷了。我若不得脸败了时，你们把忘八脖子一缩，生死由我。"（第四十六回）

最后一次，是不甘心的贾赦要鸳鸯的哥哥金文翔再行威逼之事。这一次，鸳鸯假意应允了，还哄着他们一起到了贾母面前。她边哭边说，一面发毒誓，一面剪发明志：

"因为不依，方才大老爷越性说我恋着宝玉，不然要等着往外聘，我到天上，这一辈子也跳不出他的手心去，终久要报仇。我是横了心的，当着众人在这里，我这一辈子莫说是'宝玉'，便是'宝金''宝银''宝天王''宝皇帝'，横竖不嫁人就完了！就是老太太逼着我，我一刀抹死了，也不能从命！若有造化，我死在老太太之先；若没造化，该讨吃的命，服侍老太太归了西，我也不跟着我老子娘哥哥去，我或是寻死，或是剪了头发当尼姑去！若说我不是真心，暂且拿话来支吾，日后再图别的，天地鬼神，日头月亮照着嗓子，从嗓子里头长疔烂了出来，烂化成酱在这里！"（第四十六回）

闹到把贾母都惊动了，这次好歹收了场。

鸳鸯是个好姑娘，长得也美。人们称赞《红楼梦》对于细节的描绘，总爱举小说中描写鸳鸯长相的这段例子——"只见他穿着半新的藕合色的绫袄，青缎掐牙背心，下面水绿裙子。蜂腰削背，鸭蛋脸面，乌油头发，高高的鼻子，两边腮上微微的几点雀斑。"（第四十六回）

《西游记》里，观音菩萨是美的，女儿国国王是美的，玉面公主也是美的，可是作者描写她们的用语却大致是固定的，人物的外貌因此也难免千人一面，众美归一，像鸳鸯一样可爱而真实的美人实在是很少的。比较一下两部作品中对诸位美人的写法，便能更见《红楼梦》作者的笔力了。

回到故事情节上来。被一再拒绝的贾赦发了狠，让鸳鸯的哥哥金文翔去传话。他说，若是鸳鸯存着日后找个人做平常夫妻的想法，便不会有任何好下场。原话是这样说的，"凭他嫁到谁家去，也难出我的手心。除非他死了，或是终身不嫁男人，我就服了他！"

（第四十六回）

"有日月朝暮悬，有鬼神掌着生死权。"可这人间还有天理吗？心高气傲的鸳鸯别无他法，只好当着众人的面，对着贾府的"天地"立誓：

"就是老太太逼着我，我一刀抹死了，也不能从命！若有造化，我死在老太太之先；若没造化，该讨吃的命，服侍老太太归了西，我也不跟着我老子娘哥哥去，我或是寻死，或是剪了头发当尼姑去！若说我不是真心，暂且拿话来支吾，日后再图别的，天地鬼神，日头月亮照着嗓子，从嗓子里头长疔烂了出来，烂化成酱在这里！"

（第四十六回）

她奋力抗婚，用一个极有爆发力的瞬间，激烈地宣告了自己的不屈从。她成功了。虽然这成功要用青灯古佛下一辈子的寂寞去换。

刚刚写完鸳鸯的反抗后，作者又顺着写了柳湘莲的反抗。

宝玉十三年的九月十四日，管家赖大家的修建了花园。贾府上上下下的许多人应邀去游玩，柳湘莲也在其中。他爱唱戏，人也生得秀气，扮起旦角儿来，样子总是很美。这便自然而然触动了薛蟠别样的念头。眼见薛蟠不住地撩拨，柳湘莲便有了回避的打算。没想到才准备走，薛蟠便已经大呼小叫起来："谁放了小柳儿走了？"

柳湘莲听了，火星乱迸，恨不得一拳打死，复思酒后挥拳，又碍着赖尚荣的脸面，只得忍了又忍。薛蟠忽见他走出来，如得了珍宝，忙趔趄着上来一把拉住，笑道："我的兄弟，你往那里去了？"湘莲道："走走就来。"薛蟠笑道："好兄弟，你一去都没兴了，好歹坐一坐，你就疼我了。凭你有什么要紧的事，交给哥，你只别忙，有你这个哥，你要做官发财都容易。"

湘莲见他如此不堪，心中又恨又愧，早生一计，便拉他到避人之处，笑道："你真心和我好，假心和我好呢？"薛蟠听这话，喜的心痒难挠，乜斜着眼忙笑道："好兄弟，你怎么问起我这话来？我要是假心，立刻死在眼前！"湘莲道："既如此，这里不便。等坐一坐，我先走，你随后出来，跟到我下处，咱们替另喝一夜酒。我那里还有两个绝好的孩子，从没出门。你可连一个跟的人也不用带，到了那里，服侍的人都是现成的。"薛蟠听如此说，喜得酒醒了一半，说："果然如此？"湘莲道："如何！人拿真心待你，你倒不信了！"薛蟠忙笑道："我又不是呆子，怎么有个不信的呢！既如此，我又不认得，你先去了，我在那里找你？"湘莲道："我这下处在北门外头，你可舍得家，城外住一夜去？"薛蟠笑道："有了你，我还要家做什么！"湘莲道："既如此，我在北门外头桥上等你。咱们席上且吃酒去。你看我走了之后你再走，他们就不留心了。"薛蟠听了，连忙答应。于是二人复又入席，饮了一回。那薛蟠难熬，只拿眼看湘莲，心内越想越乐，左一壶右一壶，并不用人让，自己便吃了又吃，不觉酒已八九分了。

　　湘莲便起身出来，瞅人不防去了，至门外，命小厮杏奴："先家去罢，我到城外就来。"说毕，已跨马直出北门，桥上等候薛蟠。没顿饭时工夫，只见薛蟠骑着一匹大马，远远的赶了来，张着嘴，瞪着眼，头似拨浪鼓一般不住左右乱瞧。及至从湘莲马前过去，只顾望远处瞧，不曾留心近处，反踩过去了。湘莲又是笑，又是恨，便也撒马随后赶来。薛蟠往前看时，渐渐人烟稀少，便又圈马回来再找，不想一回头见了湘莲，如获奇珍，忙笑道："我说你是个再不失信的。"湘莲笑道："快往前走，仔细人看见跟了来，就不便了。"说着，先就撒马前去，薛蟠也紧紧的跟来。

　　湘莲见前面人迹已稀，且有一带苇塘，便下马，将马拴在树上，向薛蟠笑道："你下来，咱们先设个誓，日后要变了心，告诉人去的，便应了誓。"薛蟠笑道："这话有理。"连忙下了马，也拴在树上，便跪下说道："我要日久变心，告诉人去的，天诛地灭！"一语未了，只听"噌"的一声，颈后好似铁锤砸下来，只觉得一阵黑，满眼金星乱迸，身不由己，便倒下来。

　　湘莲走上来瞧瞧，知道他是个笨家，不惯挨打，只使了三分气力，向他脸上拍了几下，登时便开了果子铺。薛蟠先还要挣挫起来，又被湘莲用脚尖点了两点，仍旧跌倒，口内说道："原是两家情愿，你不依，只好说，为什么哄出我来打我？"一面说，一面乱骂。湘莲道："我把你瞎了眼的，你认认柳大爷是谁！你不说哀求，你还伤我！我打死你也无益，只给你个利害罢。"说着，便取了马鞭过来，从背至胫，打了三四十下。薛蟠酒已醒了大半，觉得疼痛难禁，不禁有"嗳哟"之声。湘莲冷笑道："也只如此！我只当你是不怕打的。"一面说，一面又把薛蟠的左腿拉起来，朝苇中泞泥处拉了几步，滚的满身泥水，又问道："你可认得我了？"薛蟠不应，只伏着哼哼。

湘莲又掷下鞭子，用拳头向他身上擂了几下。薛蟠便乱滚乱叫，说："肋条折了。我知道你是正经人，因为我错听了旁人的话了。"湘莲道："不用拉别人，你只说现在的。"薛蟠道："现在没什么说的。不过你是个正经人，我错了。"湘莲道："还要说软些才饶你。"薛蟠哼哼着道："好兄弟。"湘莲便又一拳。薛蟠"嗳哟"了一声道："好哥哥。"湘莲又连两拳。薛蟠忙"嗳哟"叫道："好老爷，饶了我这没眼睛的瞎子罢！从今以后我敬你怕你了。"湘莲道："你把那水喝两口。"薛蟠一面听了，一面皱眉道："那水脏得很，怎么喝得下去！"湘莲举拳就打。薛蟠忙道："我喝，喝。"说着说着，只得俯头向苇根下喝了一口，犹未咽下去，只听"哇"的一声，把方才吃的东西都吐了出来。湘莲道："好脏东西，你快吃尽了饶你。"薛蟠听了，叩头不迭道："好歹积阴功饶我罢！这至死不能吃的。"湘莲道："这样气息，倒熏坏了我。"说着丢下薛蟠，便牵马认镫去了。这里薛蟠见他已去，方放下心来，后悔自己不该误认了人。待要挣挫起来，无奈遍身疼痛难禁。（第四十七回）

鸳鸯之所以反抗，是因为贾赦越礼，为老不尊，偌大年纪了还要强娶美娇娘小妾，她的反抗既决绝又悲情。柳湘莲之所以反抗，是因为薛蟠越礼，旧性不改。读者读了这段，却多少觉得爽快有趣。

薛蟠这个小男孩，从小娇生惯养，天生是个小霸王。刚一出场就沾了一条人命。冯渊死了，贾雨村正要装腔作势地拿他，他却早大模大样地带着母亲和妹妹进京城逛去了。十几岁的他，举止粗疏，四处浪荡，从头到脚沾染的都是坏习气。好不容易去上学了，"又犯了旧病"（这里指断袖之癖），把学堂搞了个乌烟瘴气。

薛蟠当然是个有着一身毛病的纨绔少年。可若平心而论，和贾赦比起来，他倒也不是一无可取之处。咱们早就知道了，作者惯用镜像手法表现千姿百态的世情。同样都是被拒绝，我们来对比一下贾赦和薛蟠的表现。

贾赦是极尽威胁之事，不达目的誓不罢休。薛蟠则是在遭受痛打后，耿直而委屈地问："原是两家情愿，你不依，只好说，为什么哄出我来打我？"柳湘莲让他说些软和话，他还试图保留几分男人的硬气，先是不应，后迂回地说，"肋条折了"，看对方并不停手，也只是说："现在没什么说的，不过你是个正经人，我错了。"柳湘莲口口声声说着"好脏东西"，却一个劲儿让他去喝苇塘里的脏水，这个呆子也捏着鼻子喝了。于是，柳湘莲潇洒而去，留下薛蟠母猪一般在泥坑里哼哼不止。此时这般狼狈的境地反倒让读者打心眼儿里对薛蟠生出几分怜惜。

同样都是被拒绝，我们还可以对比的是二人被拒绝之后的态度：贾赦虽然也在母亲面前臊眉耷眼了几天，可到底"又各处遣人购求寻觅"，费了八百两银子，买了个十七岁的女子嫣红来收在屋内。薛蟠被打之后回家里虽然也闹起来，在妈妈、小厮面前大嚷，口口声声要拆掉柳湘莲的房子，还要"打死他，和他打官司"，可终究不过是小儿混赖之举，很快就内悔外愧起来。躺了半个月后，越发有了自省之意，甚至还有了出门历练历练的想法：

"我如今捱了打，正难见人，想着要躲个一年半载，又没处去躲。天天装病，也不是事。况且我长了这么大，文又不文，武又不武，虽说做买卖，究竟戥子算盘从没拿过，地土风俗远近道路又不知道，不如也打点几个本钱，和张德辉逛一年来。赚钱也罢，不赚钱也罢，且躲躲羞去。二则逛逛山水也是好的。"（第四十八回）

妈妈担心他在外受委屈，劝他不要去，他却深谋远虑起来：

"天天又说我不知世事，这个也不知，那个也不学。如今我发狠把那些没要紧的都断了，如今要成人立事，学习着做买卖，又不准我了，叫我怎么样呢？我又不是个丫头，把我关在家里，何日是个了日？况且那张德辉又是个年高有德的，咱们和他世交，我同他去，怎么得有舛错？我就一时半刻有不好的去处，他自然说我劝我。就是东西贵贱行情，他是知道的，自然色色问他，何等顺利，倒不叫我去。过两日我不告诉家里，私自打点了一走，明年发了财回家，那时才知道我呢。"（第四十八回）

慷慨激昂地做完了发财梦，母亲却不允许他出门。薛蟠一赌气，竟睡觉去了，可见其意甚坚。

薛蟠终究还是去了。这一去，直到春夏之际方才回来 ①。而且让读者大跌眼镜的是，他回来的时候并不是一个人，身边还跟着柳湘莲！原来薛蟠在路上遇到了强盗，是柳湘莲及时出现，赶散贼人，夺回货物，这才救了薛蟠等一行人的性命。回来时，二人一起遇见贾琏后，薛蟠还激动地剖白：

"我谢他又不受，所以我们结拜了生死弟兄，如今一路进京。从此后我们是亲弟亲兄一般。到前面岔口上分路，他就分路往南二百里有他一个姑妈，他去望候望候。我先进京去安置了我的事，然后给他寻一所宅子，寻一门好亲事，大家过起来。"（第六十六回）

薛蟠要谢湘莲，是真心实意；认他作亲兄弟，也是真心实意；替他操心着买房子、娶媳妇，一起好好把日子过起来，更是真心实意、率真可爱。

倒是那个贾赦，我们可要说他什么好呢？

---

① 事见《红楼梦》第六十六回。

反复的写作手法：贾琏挨打

《红楼梦》里，除了宝玉挨打，还有贾瑞、薛蟠和贾琏挨打。

原来贾瑞父母早亡，只有他祖父代儒教养。那代儒素日教训最严，不许贾瑞多走一步，生怕他在外吃酒赌钱，有误学业。今忽见他一夜不归，只料定他在外非饮即赌，嫖娼宿妓，那里想到这段公案，因此气了一夜。贾瑞也撰着一把汗，少不得回来撒谎，只说："往舅舅家去了，天黑了，留我住了一夜。"代儒道："自来出门，非禀我不敢擅出，如何昨日私自去了？据此亦该打，何况是撒谎。"因此，发狠到底打了三四十板，不许吃饭，令他跪在院内读文章，定要补出十天的工课来方罢。贾瑞直冻了一夜，今又遭了苦打，且饿着肚子，跪着在风地里读文章，其苦万状。（第十二回）

打贾瑞的是贾代儒。打薛蟠的是柳湘莲——这个已经说过了。打贾琏的是贾赦。作者在处理这三场挨打事件的时候，有时详尽，有时简省。详尽的如宝玉挨打，则读者记忆深刻，简省的如贾瑞、贾琏挨打，则极易被读者忽略。其实薛蟠被打之后，作者起笔写的就是贾琏被打的事件。

咱们回到故事里看一看：这边，薛宝钗一家才忙忙碌碌，将立志自新的薛蟠送出了城。那边，平儿便来宝钗这里闲聊，问薛家人可曾听见贾府的什么新闻没有。二人一时交谈起来，说起贾琏挨打的事：

"今年春天，老爷不知在那个地方看见了几把旧扇子，回家看家里所有收着的这些好扇子都不中用了，立刻叫人各处搜求。谁知就有一个不知死的冤家，混号儿世人叫他作石呆子，穷的连饭也没的吃，偏他家就有二十把旧扇子，死也不肯拿出大门来。二爷好容易烦了多少情，见了这个人，说之再三，把二爷请到他家里坐着，拿出这扇子略瞧了一瞧。据二爷说，原是不能再有的，全是湘妃、棕竹、麋鹿、玉竹的，皆是古人写画真迹，因来告诉了老爷。老爷便叫买他的，要多少银子给他多少。偏那石呆子说：'我饿死冻死，一千两银子一把我也不卖！'老爷没法子，天天骂二爷没能为。已经许了他五百两，先兑银子后拿扇子。他只是不卖，只说：'要扇子，先要我的命！'姑娘想想，这有什么法子？谁知雨村那没天理的听见了，便设了个法子，讹他拖欠了官银，拿他到衙门里去，说所欠官银，变卖家产赔补，把这扇子抄了来，作了官价送了来。那石呆子如今不知是死是活。老爷拿着扇子问着二爷说：'人家怎么弄了来？'二爷只说了一句：'为这点子小事，弄得人坑家败业，也不算什么能为！'老爷听了就生了气，说二爷拿话堵老爷，因此这是第一件大的。这几日还有几件小的，我也记不清，所以都凑在一处，

就打起来了。也没拉倒用板子棍子，就站着，不知拿什么混打一顿，脸上打破了两处。"（第四十八回）

古代的父亲"教育"起儿子来，格外天经地义。贾赦要打贾琏，做儿子的贾琏横竖就只能受着。

但是我们做读者的，于情于理，心都在贾琏那一边。贾琏虽然和他爹一样好色浪荡，可这个年轻人身上，有时候分明有一种朴素的正义感。才不久前，他父亲一门心思想要逼迫鸳鸯，一时有了主意，就叫来贾琏商议："南京的房子还有人看着，不止一家，即刻叫上金彩（鸳鸯的父亲）来。"

贾琏回道："上次南京信来，金彩已经得了痰迷心窍，那边连棺材银子都赏了，不知如今是死是活，便是活着，人事不知，叫来也无用。他老婆子又是个聋子。"贾赦听了，喝了一声，又骂："下流囚攮的，偏你这么知道，还不离了我这里！"唬得贾琏退出，一时又叫传金文翔。贾琏在外书房伺候着，又不敢家去，又不敢见他父亲，只得听着。（第四十六回）

那时候读到这里，尚且觉察不出。待贾琏结结实实挨了老爹的一顿抓挠之后，我们才心中一动：贾琏当初对父亲说的话，既有可能是据实汇报，也有可能是对父亲无声的抗议，以及对鸳鸯暗暗地回护——本来依平儿来看，贾琏挨的这几下子，就是贾赦多重愤怒综合作用的结果。我们这些做读者的，若是因此觉得，这一顿打里，到底还勾连着强纳鸳鸯不成的恼意，也不算太牵强吧？

贾琏的正义除了这几处，后头还有几处：后来，旺儿儿子强娶彩霞，求到贾琏、凤姐夫妻处。因听人说起，那小子吃酒赌钱，在外头无所不为，殊非良配。故贾琏对凤姐说：

> "我原要说的，打听得他小儿子大不成人，故还不曾说。若果然不成人，且管教他两日，再给他老婆不迟。"（第七十二回）

对待尤二姐，他也发自肺腑地痛惜惦念：因受凤姐辖制，自己又无钱给二姐备办丧事，他伤心不已，收拾了二姐遗留下的几只折簪烂花，并几件半新不旧的绸绢衣裳，不用小厮、丫头，自己提着去烧，好歹祭奠了一番。如此来看，也算是个情真意切的汉子。

这世上有烈性的人，也有柔和的人。有的人豁得出去，愿意一死以明志。但有的人，不过是在百般忍耐的生活中尽一点绵薄之力。

若是改变不了，也就算了。

贾琏和身为大多数的我们一样，都是这样的人。

冬天的故事：大观园里的美好生活

香菱学诗、惜春作画

薛蟠离开家以后，香菱便迎来了难得的单身生活。宝钗懂得她，知道她心里羡慕大观园里的生活不是一天两天了，便带了她到蘅芜苑中暂住。

薛蟠是十四日离开京都的。他走了，蘅芜苑的月亮也圆了。香菱也就跟着黛玉认认真真地望月写诗。她一共写了三首诗，写到第三首，众人才都说好。

香菱写过诗后，大观园里的生活就再次成了红楼世界的主线。

对了，大观园为什么叫大观园呢？

原来，元春省亲时，题过一首诗：

衔山抱水建来精，多少工夫筑始成。

天上人间诸景备，芳园应锡大观名。

（第十七回——第十八回）

这下我们就知道了，大观园之所以叫大观园，是因为这里集天下美景之大成。

值得关注的是，作者对于园中美景的描绘，并非只有第十七至十八回才有，接下来，随着四时的变化，他都或明或暗地，对其中的美丽景色做着细致的点染。

首先，宝玉初进大观园，就写了四首即事诗。姊妹们联句作诗，也多借眼前之景。这既是作者有意的安排，也是古人生活情趣的体现。

惜春曾应贾母之命，要把大观园画下来，而且还要有人物、有情景：

黛玉忙拉他笑道："我且问你，还是单画这园子呢，还是连我们众人都画在上头呢？"惜春道："原说只画这园子的，昨儿老太太又说，单画了园子成个房样子了，叫连人都画上，就像'行乐'似的才好。"（第四十二回）

原来，贾母最在意画上是不是画了最好看的风景和人。所以，雪天雪地中，当她看到宝琴披着凫靥裘站在山坡上，身后一个丫鬟抱着瓶红梅跟着，便再难掩喜悦之情："你们瞧！这山坡上配上他的这个人品，又是这件衣裳，后头又是这梅花，像个什么？"

"就像老太太屋里挂的仇十洲画的《艳雪图》。"

"那画的那里有这件衣裳？人也不能这样好！"

刘姥姥是秋天来的，画也是那个时候起心动念开始画的。

到了这一年冬天，大家仍旧在兴致勃勃地讨论着画的事。一方面,自然是因为大观园的景色太好了;另一方面,我们也不难感受到,作者为了留住大观园的美景而做的努力。他先在文学的世界构建了一个美好的园子,接着又用"画画"的情节再一次强调了园子的美。最后,他又在字里行间,不厌其烦地展开了一次次细致的描摹,如同一个织女不厌其烦地编织着她的云锦。

幸运的是,作者的努力没有白费,那个最初存在于他自己精神世界里的大观园,如今已经成了文学世界里至美至善的永恒。

大观园中有多少值得被定格的画面?

那一日正当三月中浣,沁芳闸桥边一块石上,坐着十三岁的宝玉和十二岁的林妹妹。《西厢记》里故事缠绵、辞藻警人。桃花树下飞红成阵、落英缤纷,随着流水向外而去。春日迟迟,花锄、花帚、绢袋儿,一切都那么安静。两个读书的少年,都那样多情。(第二十三回)

那一日宝玉顺着沁芳溪看了一回金鱼,闲闲来到潇湘馆的院门。凤尾森森,龙吟细细。湘帘垂地,悄无人声。一缕幽香和一声细细的长叹从碧纱窗中暗暗透入宝玉的心,是黛玉午睡憨甜,一时用情,说了句"每日家情思睡昏昏"。(第二十四回)

那一日滴翠亭畔,一双玉色蝴蝶大如团扇,迎风而飞,翩跹而来,向来端庄的宝钗忽然也有了少女的活泼,小心翼翼地从袖中取出扇子,蹑手蹑脚地去赶蝴蝶。那蝴蝶一上一下,穿花度柳;那宝钗香汗淋漓,娇喘微微。(第二十七回)

那一日僻静处有个姑娘,枕着绢帕包的芍药花瓣,醉卧在一片芍药花雨中。香梦憨甜,她手中的扇子掉在地下,也半被落花埋了。

一群蜂蝶围着她，听她喃喃说着梦话："玉碗盛来琥珀光，直饮到梅梢月上。"那酒醉的湘云，如此忘情。（第六十二回）

......

单是春天，就有宝黛共读、黛玉春困、宝钗扑蝶、湘云醉卧这么多美好的画面。单是秋天，那园子里的可赏之处就有第三十八回的藕香榭赏桂花，第四十回的缀锦阁听昆曲，第四十五回的风雨夕制风雨词。

别的且不谈，单就说第四十五回的风雨夕制风雨词吧！这片段实在太美，很值得一读再读：

不想日未落时天就变了，淅淅沥沥下起雨来。秋霖脉脉，阴晴不定，那天渐渐的黄昏，且阴的沉黑，兼着那雨滴竹梢，更觉凄凉。知宝钗不能来，便在灯下随便拿了一本书，却是《乐府杂稿》，有《秋闺怨》《别离怨》等词。黛玉不觉心有所感，亦不禁发于章句，遂成《代别离》一首，拟《春江花月夜》之格，乃名其词曰《秋窗风雨夕》。

其词曰：

秋花惨淡秋草黄，耿耿秋灯秋夜长。已觉秋窗秋不尽，那堪风雨助凄凉！

助秋风雨来何速，惊破秋窗秋梦绿。抱得秋情不忍眠，自向秋屏移泪烛。

泪烛摇摇爇短檠，牵愁照恨动离情。谁家秋院无风入，何处秋窗无雨声！

　　罗衾不奈秋风力，残漏声催秋雨急。连宵脉脉复飕飕，灯前似伴离人泣。

　　寒烟小院转萧条，疏竹虚窗时滴沥。不知风雨几时休，已教泪洒窗纱湿。

　　吟罢搁笔，方要安寝，丫鬟报说："宝二爷来了。"一语未完，只见宝玉头上带着大箬笠，身上披着蓑衣。黛玉不觉笑了："那里来的渔翁！"宝玉忙问："今儿好些？吃了药没有？今儿一日吃了多少饭？"一面说，一面摘了笠，脱了蓑衣，忙一手举起灯来，一手遮住灯光，向黛玉脸上照了一照，觑着眼细瞧了一瞧，笑道："今儿气色好了些。"黛玉看脱了蓑衣，里面只穿半旧红绫短袄，系着绿汗巾子，膝下露出油绿绸撒花裤子，底下是掐金满绣的绵纱袜子，趿着蝴蝶落花鞋。黛玉问道："上头怕雨，底下这鞋袜子是不怕雨的？也倒干净。"宝玉笑道："我这一套是全的。有一双棠木屐，才穿了来，脱在廊檐上了。"黛玉又看那蓑衣斗笠不是寻常市卖的，十分细致轻巧，因说道："是什么草编的？怪道穿上不像那刺猬似的。"宝玉道："这三样都是北静王送的。他闲了下雨时在家里也是这样。你喜欢这个，我也弄一套来送你。别的都罢了，惟有这斗笠有趣，竟是活的。上头的这顶儿是活的，冬天下雪，带上帽子，就把竹信子抽了，去下顶子来，只剩了这圈子。下雪时男女都戴得，我送你一顶，冬天下雪戴。"黛玉笑道："我不要他。戴上那个，成个画儿上画的和戏上扮的渔婆了。"及说了出来，方想起话未忖夺，与方才说宝玉的话相连，后悔不及，羞的脸飞红，便伏在桌上嗽个不住。

　　宝玉却不留心，因见案上有诗，遂拿起来看了一遍，又不禁叫好。黛玉听了，忙起来夺在手内，向灯上烧了。宝玉笑道："我已背熟了，烧也无碍。"黛玉道："我也好了许多，谢你一天来几次瞧我，下雨还来。这会子夜深了，我也要歇着，你且请回去，明儿再来。"宝玉听说，回手向怀中掏出一个核桃大小的一个金表来，瞧了一瞧，那针已指到戌末亥初之间，忙又揣了，说道："原该歇了，又扰的你劳了半日神。"说着，披蓑戴笠出去了，又翻身进来问道："你想什么吃，告诉我，我明儿一早回老太太，岂不比老婆子们说的明白？"黛玉笑道："等我夜里想着了，明儿早起告诉你。你听雨越发紧了，快去罢。可有人跟着没有？"

有两个婆子答应："有人，外面拿着伞点着灯笼呢。"黛玉笑道："这个天点灯笼？"宝玉道："不相干，是明瓦的，不怕雨。"黛玉听说，回手向书架上把个玻璃绣球灯拿了下来，命点一支小蜡来，递与宝玉，道："这个又比那个亮，正是雨里点的。"宝玉道："我也有这么一个，怕他们失脚滑倒了打破了，所以没点来。"黛玉道："跌了灯值钱，跌了人值钱？你又穿不惯木屐子。那灯笼命他们前头照着。这个又轻巧又亮，原是雨里自己拿着的，你自己手里拿着这个，岂不好？明儿再送来。就失了手也有限的，怎么忽然又变出这'剖腹藏珠'的脾气来！"宝玉听说，连忙接了过来，前头两个婆子打着伞提着明瓦灯，后头还有两个小丫鬟打着伞。宝玉便将这个灯递与一个小丫头捧着，宝玉扶着他的肩，一径去了。

就有蘅芜苑的一个婆子，也打着伞提着灯，送了一大包上等燕窝来，还有一包子洁粉梅片雪花洋糖，说："这比买的强。姑娘说了：姑娘先吃着，完了再送来。"黛玉道："回去说'费心'。"

命他外头坐了吃茶。（第四十五回）

如果把这段情景画成画，也该给它取个名字。可该叫作什么呢？

或许叫作"雨夕夜照图"罢。

这静谧唯美的画面在读者心里留下的惊艳感，要到第四十九回，才能被那一幅更美的踏雪行路图来淡化——

宝玉便邀着黛玉同往稻香村来。黛玉换上掐金挖云红香羊皮小靴，罩了一件大红羽纱面白狐狸里的鹤氅，束一条青金闪绿双环四合如意绦，头上罩了雪帽。二人一齐踏雪行来。（第四十九回）

《红楼梦》以前，风仪不凡的魏晋名士也着过鹤氅。《晋书·王恭传》中写道：（王恭）尝被鹤氅裘，涉雪而行，孟昶窥见之，叹曰："此真神仙中人也。"《世说新语·企羡》也记载了孟昶的惊叹，"孟昶未达时，家在京口，尝见王恭乘高舆，服鹤氅裘。于时微雪，昶于篱间窥之，叹曰：'此真神仙中人。'"踏雪而行的黛玉，难道不也正是这样一个神仙中人吗？

宝玉十三年的冬天。旧历十月的大观园迎来了本年度的第一场新雪，也迎来了从未有过的热闹与兴旺——除宝钗、黛玉、探春、迎春、惜春外，园中又添湘云、李纹、李绮、宝琴、邢岫烟等几个美丽可爱的女孩。

大观园是红楼世界中美的放大与富集，这冬天的大观园则更是如此。第四十九回描述这一巅峰时刻时，说：

此时大观园中比先更热闹了多少。李纨为首，馀者迎春、探春、惜春、宝钗、黛玉、湘云、李纹、李绮、宝琴、邢岫烟，再添上凤姐儿和宝玉，一共十三个。叙起年庚，除李纨年纪最长，他十二个人皆不过十五六七岁，或有这三个同年，或有那五个共岁，或有这两个同月同日，那两个同刻同时，所差者大半是时刻月分而已。连他们自己也不能细细分晰，不过是"弟""兄""姊""妹"四个字随便乱叫。（第四十九回）

看到这一段你就明白了：为什么《红楼梦》中的时间忽虚忽实？为什么有些人物的年纪忽大忽小？为什么时间在有的人那里过得快，而在有的人那里过得慢？[1]原来，作者极尽设计之巧思，为的不过是让主人公十五六岁的时光长一些，再长一些罢了。

意识到了这一点，我们就找到了解开人物年龄之谜的钥匙。回到红楼的世界里，当宝黛二人踏雪走向对面十五六岁的年轻人时，我们看到的是这样一幅画面：

只见众姊妹都在那边，都是一色大红猩猩毡与羽毛缎斗篷，独李纨穿一件青哆罗呢对襟褂子，薛宝钗穿一件莲青斗纹锦上添花洋线番耙丝的鹤氅；邢岫烟仍是家常旧衣，并无避雪之衣。

一时史湘云来了，穿着贾母与他的一件貂鼠脑袋面子大毛黑灰

---

[1] 第三十九回时，贾母大约七十出头；第七十一回过了八十大寿。与之对应的是：宝玉却只是从十三岁长到了十五岁。

鼠里子里外发烧大褂子，头上带着一顶挖云鹅黄片金里大红猩猩毡昭君套，又围着大貂鼠风领。（第四十九回）

白雪配红颜，华服配青春，这一幅雪中众美图真是好看极了！

湘云烤肉、妙玉赠梅

这个冬天，大观园里的女孩子虽然多，但耀眼的则非湘云和妙玉莫属。

明朝的张岱说："人无癖，不可与交，以其无深情也；人无疵，不可与交，以其无真气也。"史湘云就是一位因其瑕疵和癖好，兼具了真气与深情的女孩子。

先说她的瑕疵。

第二十回，湘云出场，作者不写其人容貌，而先摹其口吃之状貌。宝玉和黛玉正说着话，湘云迎面走来，笑道："爱哥哥，林姐姐，你们天天一处玩，我好容易来了，也不理我一理儿。"

当代作家马伯庸的小说《长安十二时辰》里，拯救了长安城的英雄张小敬是一个独眼，习惯性的动作是"用手指弹眼窝里的灰"。《红楼梦》里，即便美如鸳鸯，脸上也要有几点雀斑，而湘云呢，也必须得口吃，总是有几个字，说得不清不楚。

那些不尽善尽美的人物，往往是小说作品中最打动人的形象。许多年前脂评就已经很认同这一点，甚至觉得同时期那些粗制滥造

179

的流行小说，大可当擦屁股纸："今见'咬舌'二字加之湘云，是何大法手眼敢用此二字哉？不独不见其陋，且更觉轻巧娇媚，俨然一娇憨湘云立于纸上，掩卷合目思之，其'爱''厄'娇音如入耳内。然后将满纸莺啼燕语之字样填粪窖可也。"

李希凡先生则超越了艺术技巧的范畴，直接看到了人物的可爱之处。他说：

从艺术审美角度看，曹雪芹之所以能使"俨然一娇憨湘云立于纸上"，并不在于脂评所谓"真正美人方有一陋处"，而在于这"爱厄娇音"声中走出的，是史湘云娇憨性格形象的基本确立。那与林黛玉斗嘴应对中所显露出的童心意趣和聪明灵秀；那要"爱"哥哥和林姐姐同她顽儿，又搬出宝姐姐，要黛玉挑毛病的童稚心理和孩子话；那"保佑明儿得一个咬舌的林姐夫"的调皮的反诮；那看到宝玉已拦住黛玉便"好姐姐，饶我这遭儿"的假求饶等等，都会让人忍俊不禁！

这些极富个性化的言行举止，使我们如闻其声，如见其形，活泼俏皮的史湘云焉能不跃然纸上？

——李希凡、李萌《李希凡文集（第二卷）：＜红楼梦＞人物论》

有口吃毛病的湘云，说话本应比别人都慢，但她偏说话比别人都快。她爱说爱笑，开朗豪爽，乐观阳光，活得真实、舒展，因而也令人格外喜欢——这是她的真气之所在。

再说她的癖好。湘云的第一个爱好是喜穿男装。众人于雪中集会，各自穿得齐齐整整，偏就她一个穿得最是与众不同：

一时史湘云来了，穿着贾母与他的一件貂鼠脑袋面子大毛黑灰鼠里子里外发烧大褂子，头上带着一顶挖云鹅黄片金里大红猩猩毡昭君套，又围着大貂鼠风领。黛玉先笑道："你们瞧瞧，孙行者来了。他一般的也拿着雪褂子，故意装出个小骚达子来。"湘云笑道："你们瞧我里头打扮的。"一面说，一面脱了褂子。只见他里头穿着一件半新的靠色三镶领袖秋香色盘金五色绣龙窄裉小袖掩衿银鼠短袄，里面短短的一件水红妆缎狐肷褶子，腰里紧紧束着一条蝴蝶结子长穗五色宫绦，脚下也穿着麂皮小靴，越显的蜂腰猿臂、鹤势螂形。众人都笑道："偏他只爱打扮成个小子的样儿，原比他打扮女儿更俏丽了些。"（第四十九回）

是有一些女孩，穿上男装更夺人眼目，《红楼梦》中的湘云就是一个。

湘云的第二个爱好是喝酒吃肉。第四十九回的"脂粉香娃割腥啖膻"说的是吃鹿肉，第六十二回中经典的"醉眠芍药裀"说的是喝酒行令。

咱们且说吃鹿肉这一回。雪天，贾府得了新鲜的鹿肉。是湘云主动提出："有新鲜鹿肉，不如咱们要一块，自己拿了园里弄着，又顽又吃。"她的主意很快得到了宝玉的支持。除了鹿肉，少年们又让人准备了铁炉、铁叉、铁丝蒙，几个人在大观园里围火烤肉起来。有了肉，就还要有酒。不然，谁还能作得出诗？

　　那边宝钗黛玉平素看惯了，不以为异，宝琴等及李婶深为罕事。探春与李纨等已议定了题韵。探春笑道："你闻闻，香气这里都闻见了，我也吃去。"说着，也找了他们来。李纨也随来说："客已齐了，你们还吃不够？"湘云一面吃，一面说道："我吃这个方爱吃酒，吃了酒才有诗。若不是这鹿肉，今儿断不能作诗。"说着，只见宝琴披着凫靥裘站在那里笑。湘云笑道："傻子，过来尝尝。"宝琴笑说："怪脏的。"宝钗笑道："你尝尝去，好吃的。你林姐姐弱，吃了不消化，不然他也爱吃。"宝琴听了，便过去吃了一块，果然好吃，便也吃起来。（第四十九回）

　　果然，有了这块鹿肉的助攻，接下来，"芦雪广争联即景诗"时，湘云妙语连珠，十分抢戏。作者描写整个场面时，最爱使用的字是"忙"，可见整个场面的紧张、刺激与欢快。

　　我们关注下湘云的整体表现：

　　宝钗命宝琴续联，只见湘云站起来道：龙斗阵云销。野岸回孤棹，宝琴也站起道：吟鞭指灞桥。赐裘怜抚戍，湘云那里肯让人，且别人也不如他敏捷，都看他扬眉挺身的说道：加絮念征徭。坳垤审夷险，宝钗连声赞好，也便联道：枝柯怕动摇。皑皑轻趁步，黛玉忙联道：翦翦舞随腰。煮芋成新赏，一面说，一面推宝玉，命他联。宝玉正看宝钗、宝琴、黛玉三人共战湘云，十分有趣，那里还顾得联诗，今见黛玉推他，方联道：撒盐是旧谣。苇蓑犹泊钓，湘云笑道："你快下去，你不中用，倒耽搁了我。"一面只听宝琴联道：

林斧不闻樵。伏象千峰凸，湘云忙联道：盘蛇一径遥。花缘经冷聚，宝钗与众人又忙赞好。探春又联道：色岂畏霜凋。深院惊寒雀，湘云正渴了，忙忙的吃茶，已被岫烟联道：空山泣老鸮。阶墀随上下，湘云忙丢了茶杯，忙联道：池水任浮漂。照耀临清晓，黛玉联道：缤纷入永宵。诚忘三尺冷，湘云忙笑联道：瑞释九重焦。僵卧谁相问，宝琴也忙笑联道：狂游客喜招。天机断缟带，湘云又忙道：海市失鲛绡。林黛玉不容他出，接着便道：寂寞对台榭，湘云忙联道：清贫怀箪瓢。宝琴也不容情，也忙道：烹茶冰渐沸，湘云见这般，自为得趣，又是笑，又忙联道：煮酒叶难烧。黛玉也笑道：没帚山僧扫，宝琴也笑道：埋琴稚子挑。湘云笑的弯了腰，忙念了一句，众人问："到底说的什么？"湘云喊道：石楼闲睡鹤，黛玉笑的握着胸口，高声嚷道：锦罽暖亲猫。宝琴也忙笑道：月窟翻银浪，湘云忙联道：霞城隐赤标。黛玉忙笑道：沁梅香可嚼，宝钗笑称好，也忙联道：淋竹醉堪调。宝琴也忙道：或湿鸳鸯带，湘云忙联道：时凝翡翠翘。黛玉又忙道：无风仍脉脉，宝琴又忙笑联道：不雨亦潇潇。湘云伏着已笑软了。众人看他三人对抢，也都不顾作诗，看着也只是笑。黛玉还推他往下联，又道："你也有才尽之时。我听听还有什么舌根嚼了！"湘云只伏在宝钗怀里，笑个不住。宝钗推他起来道："你有本事，把'二萧'的韵全用完了，我才服你。"湘云起身笑道："我也不是作诗，竟是抢命呢。"众人笑道："倒是你说罢。"探春早已料定没有自己联的了，便早写出来，因说："还没收住呢。"李纨听了，接过来便联了一句道：欲志今朝乐，李绮收了一句道：凭诗祝舜尧。李纨道："够了，够了。虽没作完了韵，

賸的字若生扭用了，倒不好了。"说着，大家来细细评论一回，独湘云的多，都笑道："这都是那块鹿肉的功劳。"（第五十回）

由此可知，"枕霞旧友"真是风流倜傥，不拘小节，诗思敏锐，才情超逸。有人说，史湘云的形象是作者以魏晋名士为模板塑造的。细看湘云，果然是有几分名士的风范。

即景联诗后，湘云赢了，而宝玉输了。嫂子李纨便罚他去栊翠庵折一枝红梅插瓶。这惩罚又雅致又有趣，众人都说好，宝玉便去取来。之后，大家又商量着一起吟梅作诗。因天冷，各房中的丫鬟都来给众人送衣裳。

一时之间，好不开心热闹！

作者一边写冬日闺中的欢乐，一边轻描淡写地点出了李纨对妙玉、袭人的态度。"我才看见栊翠庵的红梅有趣，我要折一枝来插瓶。可厌妙玉为人，我不理他。如今罚你去取一枝来。"这话是李纨当着众人的面对宝玉说的，可见她有多不喜欢妙玉的为人。后来，各房丫鬟来了，李纨见了，唯独命人将蒸的大芋头盛了一盘，又将朱橘、黄橙、橄榄鲜物盛了两盘，带与袭人——这对比倒甚是鲜明。

若说妙玉之"疵"，想来便就是这份清高与孤介了。宝玉也曾经评价说："他为人孤僻，不合时宜，万人不入他目。"

若说妙玉之"癖"，则是超越常人的洁癖。

作者第一次写妙玉的洁癖，是在宝玉十三年秋天。那时节刘姥姥随贾母等人来栊翠庵吃茶。刘姥姥用了她的成窑五彩小盖钟，她便嫌脏不要了，还忙命道婆将茶杯搁在外头。宝玉深知妙玉，故想了个两全之法，要她把那杯子送给刘姥姥：

宝玉和妙玉陪笑道："那茶杯虽然脏了，白撂了岂不可惜？依我说，不如就给那贫婆子罢，他卖了也可以度日。你道可使得？"妙玉听了，想了一想，点头说道："这也罢了。幸而那杯子是我没吃过的，若是我吃过的，我就砸碎了也不能给他。你要给他，我也不管你，只交给你，快拿了去罢。"宝玉笑道："自然如此，你那里和他说话授受去，越发连你也脏了。只交与我就是了。"妙玉便命人拿来递与宝玉。

宝玉接了，又道："等我们出去了，我叫几个小幺儿来河里打几桶水来洗地如何？"妙玉笑道："这更好了，只是你嘱咐他们，抬了水只搁在山门外头墙根下，别进门来。"宝玉道："这是自然的。"说着，便袖着那杯，递与贾母房中小丫头拿着，说："明日刘姥姥家去，给他带去罢。"交代明白，贾母已经出来要回去。妙玉亦不甚留，送出山门，回身便将门闭了。不在话下。（第四十一回）

杯子也就罢了，人走了也还要洗地。

这让人想到另一个以洁癖闻名的人，元末明初的大画家——倪瓒。在中国绘画史上，倪瓒与黄公望、王蒙、吴镇并称为"元四家"。孤山、瘦水、枯树、空亭，俱是倪瓒画作中的常见之物。据说，明代书画名家董其昌临摹完毕，都要忍不住感叹一声"十指皆仙"，可见他不染片尘的高洁与孤介。

倪瓒曾经写诗，说"只傍清水不染尘"。事实上，他也正是这样做的：洗澡时，水要换十几次；每天穿戴的衣帽要不断拂拭；屋外的梧桐树也要天天擦拭。更绝无仅有的是，因为担心挑水时仆人放屁，他会要求下人们标注清楚前后桶——后桶的水，他是不吃的。

顾元庆的《云林遗事》曾专门记载了倪瓒家的厕所。书中说，倪瓒家的厕所高高地架在二楼。地上是敞口的木格子，里面还铺上洁白的鹅毛，"凡便下，则鹅毛起覆之，不闻有秽气也"。

朋友在他家留宿咳嗽了一声，倪瓒就一夜未眠。天一亮，他便派人去寻找痰迹。还有一次，去朋友家赴宴，倪瓒看见厨子胡须不洁，便担心饭菜不洁，最后拂袖而去。

倪瓒是画家，也是个美食家。他的菜谱中，最常看见的是"净"字。烧萝卜，食材要"置净器中"；腌制生姜，要"净布揩去嫩芽"；酿酒，米要用水"淘极净"。曹雪芹用"可怜金玉质，终陷淖泥中"来暗示妙玉的结局，这两句话用来形容倪瓒也极合适。

世上流传着倪瓒的两种死法，一种是被锁在臭气熏天的马桶旁，一种是溺死在粪坑之中。当然，无论是哪一种死法，对他来说都是人生中的至暗时刻。

妙玉和倪瓒一样出身高贵，和倪瓒一样冰清玉洁。在她面前，宝玉看不出绿玉斗，黛玉品不出梅花茶，就只能是被她嘲笑的对象。宝玉在她面前屡屡赔笑也就罢了，连黛玉在她面前，也少不了许多拘谨的时刻。因为这个，那些喜欢黛玉的读者，多多少少会有些气不过。

黛玉因问："这也是旧年的雨水？"妙玉冷笑道："你这么个人，

竟是大俗人，连水也尝不出来。这是五年前我在玄墓蟠香寺住着，收的梅花上的雪，共得了那一鬼脸青的花瓮一瓮，总舍不得吃，埋在地下，今年夏天才开了。我只吃过一回，这是第二回了。你怎么尝不出来？隔年蠲的雨水那有这样轻浮，如何吃得。"（第四十一回）

这一段接下来有两个很有意思的版本，一个写道：

黛玉知他天性怪僻，不好多话，亦不好多坐，吃完茶，便约着宝钗走了出来。

一个则写道：

宝钗知他天性怪僻，不好多话，亦不好多坐，吃完茶，便约着黛玉走了出来。

到底是黛玉善于劝解自己呢？还是宝钗善于体恤人心呢？但无论你最终认可的是哪个版本，黛玉的尴尬总是可想而知的，而妙玉的孤高自许也就更加明白无误了。

妙玉出身官宦世家，因为自小多病，按当时的习俗，找了许多替身替她出家，可惜都不管用。直到她自己出家入了空门，身体才好了。可见，妙玉并不是什么纯粹的佛教信徒，不过是迫于无奈才遁入空门。她"气质美如兰，才华阜比仙"，始终自矜自贵，故而纵然遁入空门，也一直不肯剪去一头青丝。

现实处境和内心欲望之间的矛盾，让她不可能心静如水，安守佛门。但身处那样一个时代背景和社会环境，她又没有其他的选择与可能。于是，她便用极端的孤傲对抗着世界的不公。其中的挣扎和痛苦，正是她身上种种怪癖的来源。最终，也带来了这个人物身上独特的魅力。

妙玉的这份孤高难道不也很像许由吗？尧帝把君位让给许由，他推辞不受，逃于箕山；后来，尧推他做九州长官，他便到颍水边去洗耳朵，因为不想受到尧说的那些世俗浊言的污染。

有人不喜《红楼梦》，觉得《红楼梦》满纸莺莺燕燕、儿女情长。

其实不然。

那些闺阁之中的女儿，往往带着名士的放荡不羁与风流雅范。就比如这个雪天，因为有了史湘云，有了妙玉，《红楼梦》中也藏了一部《世说新语》，大观园中也有了名士风流。

有人说妙玉暗恋宝玉。不然她为何要拿自己用过的绿玉斗给宝玉喝茶？不然她为何要在宝玉过生日时送贺帖？不然为何只宝玉才要得来庵中开放的梅花？这样理解，就把人间之情理解得太单一、太绝对了。宝玉和妙玉之间的感情，难道不能是一种超越了性别的、一个灵魂对另一个灵魂的惺惺相惜吗？

《晋书·阮籍传》里有这样一条记载："兵家女有才色，未嫁而死。籍不识其父兄，径往哭之，尽哀而还。其外坦荡而内淳至，皆此类也。"我们不知道兵家女叫什么名字，只知道她才貌一流，知道她未嫁而死的不幸身世。按照古代礼法，阮籍与其父兄不识，断然没有去参加葬礼的理由，但阮籍不管世俗的想法如何，就是要在那灵堂之上，大哭不止。

若按常理揣测，岂不是也要觉得二人有什么私情？

但他们之间，确实没什么私情。

世人只觉得阮籍的感伤令人惊愕和费解，但实际上，阮籍抒发的，不过是一份为所有美好生命的凋零而油然生出的苦痛。兵家女也罢，王家女也罢，无论认不认识，和自己有没有关系，阮籍都会由衷地叹息，并产生深深的共情。若说湘云有名士的风流，妙玉有名士的孤介，我们细想一想，宝玉又何尝没有名士的坦荡和真淳呢？

《红楼梦》中，宝玉和湘云、妙玉都很亲近。但这份亲近不是男女之情，而是名士和名士之间的精神互通啊。

晴雯补裘

《红楼梦》的写法非常丰富。有些人物是集中在一个相对紧凑、完整的篇幅中塑造的，比如贾瑞、贾芸。有些人物则是先将与之有关的事珍珠一般散在各处，然后等读者通读了全书后才会发现的：

哦，原来这些"珍珠"竟然可以串联起一个丰富的人物。

在晴雯身上，作者正是这样用笔的。当怡红院的女管家袭人因为各种各样的原因缺席时，"千伶百俐、嘴尖性大"的晴雯便生动地来到了我们的面前。

宝玉十三年的端午节前后，宝玉生气踢伤了袭人后，晴雯失手跌坏了一个扇子。宝玉不过说了她两句，她便当众说出袭人和宝玉的"秘密"，惹得一个面红耳赤，一个火冒三丈，口口声声要赶走她。可是接下来，宝玉要派人去给黛玉送定情的手帕，请的却并不是袭人，而是这个磨牙的、让人着恼的晴雯。也就是在这个过程中，读者记住了晴雯的泼辣与直言，以及撕扇子时的娇俏与动人。

晴雯第二次给读者留下深刻的印象，是这一年的冬天。大雪天里，袭人的母亲不幸去世了。袭人因为去奔母丧，只得短暂地离开了。没想到，她的离开并没有让怡红院混乱而失序。怡红院里的气氛，竟一时变得轻松、活泼、温馨、有趣，故而有红学家说，这一幕是怡红院里"旖旎的小诗"。

这是小说中宝玉和晴雯唯一一次亲近的接触，但二人仍然纯情以对。这一对怡红院的小儿女，自由欢畅、清新美好。

麝月笑道："你们两个别睡，说着话儿，我出去走走回来。"晴雯笑道："外头有个鬼等着你呢。"宝玉道："外头自然有大月亮的，我们说话，你只管去。"一面说，一面便嗽了两声。

麝月便开了后门，揭起毡帘一看，果然好月色。晴雯等他出去，便欲唬他玩耍。仗着素日比别人气壮，不畏寒冷，也不披衣，只穿着小袄，便蹑手蹑脚的下了熏笼，随后出来。宝玉笑劝道："看冻着，不是玩的。"晴雯只摆手，随后出了房门。只见月光如水，忽然一阵微风，只觉侵肌透骨，不禁毛骨悚然。心下自思道："怪道人说热身子不可被风吹，这一冷果然利害。"一面正要唬麝月，只听宝玉高声在内道："晴雯出去了！"晴雯忙回身进来，笑道："那里就唬死了他？偏你惯会这蝎蝎螫螫老婆汉像的！"宝玉笑道："倒不为唬坏了他，头一则你冻着也不好；二则他不防，不免一喊，倘或唬醒了别人，不说咱们是玩意，倒反说袭人才去了一夜，你们就见神见鬼的。你来把我的这边被掖一掖。"晴雯听说，便上来掖了掖，伸手进去渥一渥时，宝玉笑道："好冷手！我说看冻着。"一面又见晴雯两腮如胭脂一般，用手摸了一摸，也觉冰冷。宝玉道："快进被来渥渥罢。"

一语未了，只听咯噔的一声门响，麝月慌慌张张的笑了进来，说道："吓了我一跳好的。黑影子里，山子石后头，只见一个人蹲着。我才要叫喊，原来是那个大锦鸡，见了人一飞，飞到亮处来，我才看真了。若冒冒失失一嚷，倒闹起人来。"一面说，一面洗手，又笑道："晴雯出去我怎么不见？一定是要唬我去了。"宝玉笑道："这不是他，在这里渥呢！我若不叫的快，可是倒唬一跳。"晴雯笑道："也不用我唬去，这小蹄子已经自怪自惊的了。"一面说，一面仍回自己被中去了。麝月道："你就这么'跑解马'似的打扮得伶伶俐俐的出去了不成？"宝玉笑道："可不就这么出去了。"麝月道："你死不拣好日子！你出去站一站，把皮不冻破了你的。"说着，又将火盆上的铜罩揭起，拿灰锹重将熟炭埋了一埋，拈了两块素香放上，仍旧罩了，至屏后重剔了灯，方才睡下。（第五十一回）

有人说，此生此夜不长好，明月明年何处看？有人说，月本无今古，情缘自浅深。有人说，此情可待成追忆，当时只道是寻常。没错，有时候，你和有些人之间的缘分就那么多，用完了，以后就再也没有了。就像宝玉和晴雯一样。待到下一次两个人再四目相对时，已经是宝玉十五年的秋天，但这已经是晴雯去世之前的事了。宝玉看着她，一面心痛，一面流泪，问她："你有什么说的，趁着没人告诉我。"而病榻上的晴雯只是呜咽。

"有什么可说的！不过挨一刻是一刻，挨一日是一日。我已知横竖不过三五日的光景，就好回去了。只是一件，我死也不甘心的：我虽生的比别人略好些，并没有私情密意勾引你怎样，如何一口死咬定了我是个狐狸精！我太不服。今日既已担了虚名，而且临死，不是我说一句后悔的话，早知如此，我当日也另有个道理。不料痴心傻意，只说大家横竖是在一处。不想平空里生出这一节话来，有冤无处诉。"说毕又哭。

宝玉拉着他的手，只觉瘦如枯柴，腕上犹戴着四个银镯，因泣道："且卸下这个来，等好了再戴上罢。"因与他卸下来，塞在枕下。又说："可惜这两个指甲，好容易长了二寸长，这一病好了，又损好些。"晴雯拭泪，就伸手取了剪刀，将左手上两根葱管一般的指甲齐根铰下；又伸手向被内将贴身穿着的一件旧红绫袄脱下，并指甲都与宝玉道："这个你收了，以后就如见我一般。快把你的袄儿脱下来我穿。我将来在棺材内独自躺着，也就像还在怡红院的一样了。论理不该如此，只是担了虚名，我可也是无可如何了。"宝玉听说，忙宽衣换上，藏了指甲。晴雯又哭道："回去他们看见了要问，不必撒谎，就说是我的。既担了虚名，越性如此，也不过这样了。"（第七十七回）

还是回到宝玉十三年那个人生中最美好的时候吧！

看完月亮后，最能体现晴雯性格的，是"勇晴雯病补雀金裘"。《红楼梦》中，晴雯最为人称道的举动有一勇一怒。"怒"是后来抄检大观园时，拿着自己的箱子在众人面前的尽情一倒："你们去看吧，我向来没什么见不得人的东西。""勇"则正是在袭人暂时离开大观园的这一夜皓月之后，她病补雀金裘的举动。贾母送给宝玉的雀金裘被火星儿烫了个洞，外头的织补匠人、裁缝绣工等人都不敢做这个活儿，可这衣服宝玉第二天却还要穿。病中的晴雯便坚持补裘，赶着一夜做了极细密、复杂的针线活，把雀金裘补得跟以前一模一样，旁人再也看不出什么异样。

值得读者注意的是，与此同时，袭人尽心竭力的好名声可是早已人尽皆知，甚至得到王夫人的首肯了。也正因如此，宝玉十三年夏天快要结束时，王夫人早就含着热泪在薛姨妈、王凤姐等人面前称赞袭人："你们哪里知道袭人那孩子的好处？比我的宝玉强十倍！宝玉果然是有造化的，能够得他长长远远的服侍他一辈子，也就罢了。"（第三十六回）但在那个孤独而僻静的夜晚，晴雯对宝玉的心疼，却没什么人知道。晴雯也不许人知道。甚至连宝玉，她也冷面冷心，不必他领自己的情：

晴雯听了半日，忍不住翻身说道："拿来我瞧瞧罢。没个福气穿就罢了。这会子又着急。"宝玉笑道："这话倒说的是。"说着，便递与晴雯，又移过灯来，细看了一会。晴雯道："这是孔雀金线织的，如今咱们也拿孔雀金线就像界线似的界密了，只怕还可混得过去。"麝月笑道："孔雀线现成的，但这里除了你，还有谁会界线？"晴雯道："说不得，我挣命罢了。"宝玉忙道："这如何使得！才好了些，如何做得活。"

晴雯道："不用你蝎蝎螫螫的，我自知道。"一面说，一面坐起来，挽了一挽头发，披了衣裳，只觉头重身轻，满眼金星乱迸，实实撑不住。若不做，又怕宝玉着急，少不得恨命咬牙捱着。便命麝月只帮着拈线。晴雯先拿了一根比一比，笑道："这虽不很像，若补上，也不很显。"宝玉道："这就很好，那里又找俄罗斯国的裁缝去。"晴雯先将里子拆开，用茶杯口大的一个竹弓钉牢在背面，再将破口四边用金刀刮的散松松的，然后用针纫了两条，分出经纬，亦如界线之法，先界出地子后，依本衣之纹来回织补。补两针，又看看，织补两针，又端详端详。无奈头晕眼黑，气喘神虚，补不上三五针，伏在枕上歇一会。

宝玉在旁，一时又问："吃些滚水不吃？"一时又命："歇一歇。"一时又拿一件灰鼠斗篷替他披在背上，一时又命拿个拐枕与他靠着。急的晴雯央道："小祖宗！你只管睡罢。再熬上半夜，明儿把眼睛抠搂了，怎么处！"宝玉见他着急，只得胡乱睡下，仍睡不着。

一时只听自鸣钟已敲了四下，刚刚补完；又用小牙刷慢慢的剔出绒毛来。麝月道："这就很好，若不留心，再看不出的。"宝玉忙要了瞧瞧，说道："真真一样了。"晴雯已嗽了几阵，好容易补完了，说了一声："补虽补了，到底不像，我也再不能了！"嗳哟了一声，便身不由主倒下了。（第五十二回）

古往今来，为什么那么多读者爱晴雯？因为她比别人好看吗？可是红楼中还是有比她好看的女孩。细想，人们之所以爱晴雯，是爱她的"真"、爱她的"直"、爱她的"清"。

书中说她平素使力不使心，可知晴雯的心思单纯。她的喜怒哀乐从来都是写在脸上，藏不住半分，故难听的话常常张口就来。她生病吃药，不见病退，嘴里就一时乱骂大夫："只会骗人的钱，一剂好药也不给人吃。"宝玉生病，按照规定，该吃些清淡的饮食，她就埋怨："这稀饭咸菜闹到多晚？"（第五十八回）

大观园里短了哪一处的饮食，也必然不会短了怡红院这里。况且小厨房的柳妈向来对怡红院偏心讨好，可晴雯偏要大叫大嚷，说病中的饭菜都是"稀饭咸菜"。看见麝月和平儿出去，她就说"两人鬼鬼祟祟的，不知说什么"，一定说自己的坏话——其实，平儿她们是因为虾须镯的事，不想让她着急。知道坠儿偷了虾须镯，晴雯就使劲儿拿起一丈青乱戳。连日后王夫人提起她，脑海中也只是她在大观园里打骂小丫头的"狂样子"。

纵然做了对别人好的事，晴雯也从不寄希望于别人领情。她生了病，想要让秋纹休息，便"撵了她去吃饭"，没有一点温柔的样子。

被宝玉说了几句，又听袭人说"我们"两个字，她就把他们的事一股脑儿抖搂出来：

"我倒不知道你们是谁，别教我替你们害臊了！便是你们鬼鬼祟祟干的那事儿，也瞒不过我去，那里就称起'我们'来了。明公正道，连个姑娘还没挣上去呢，也不过和我似的，那里就称上'我们'了！"袭人羞的脸紫胀起来，想一想，原来是自己把话说错了。宝玉一面说："你们气不忿，我明儿偏抬举他。"（第三十一回）

袭人是个什么样的女孩？

她善解人意，常会顺着宝玉——即使她自己心里不这么想。比如，宝玉十三年日夜悬心的二十四小时过去以后，王夫人提升她的薪水，并半公开了她的身份。得知这个消息，宝玉很高兴，两个人凑在一处聊天。袭人只是顺着宝玉，单挑宝玉喜欢的话说。

袭人深知宝玉性情古怪，听见奉承吉利话又厌虚而不实，听了这些尽情实话又生悲感，便悔自己说冒撞了，连忙笑着用话截开，只拣那宝玉素喜谈者问之。先问他春风秋月，再谈及粉淡脂莹，然后谈到女儿如何好，又谈到女儿死，袭人忙掩住口。

宝玉谈至浓快时，见他不说了，便笑道："人谁不死，只要死的好。那些个须眉浊物，只知道文死谏，武死战，这二死是大丈夫死名死节。竟何如不死的好！必定有昏君他方谏，他只顾邀名，猛拼一死，将来弃君于何地！必定有刀兵他方战，猛拼一死，他只顾图汗马之名，将来弃国于何地！所以这皆非正死。"袭人道："忠臣良将，出于不得已他才死。"宝玉道："那武将不过仗血气之勇，疏谋少略，他自己无能，送了性命，这难道也是不得已！那文官更不可比武官了，他念两句书汙在心里，若朝廷少有疵瑕，他就胡弹乱谏，只顾他邀忠烈之名，浊气一涌，即时拼死，这难道也是不得已！还要知道，那朝廷是受命于天，他不圣不仁，那天也断不把这万几重任与他了。可知那些死的都是沽名，并不知大义。比如我此时若果有造化，该死于此时的，趁你们在，我就死了，再能够你们哭我的眼泪流成大河，把我的尸首漂起来，送到那鸦雀不到的幽僻之处，随风化了，自此再不要托生为人，就是我死的得时了。"袭人忽见说出这些疯话来，忙说困了，不理他。（第三十六回）

晴雯却不是这样的人。当着面，她没一句好听话，把能得罪的人都得罪光了，故而从婆子到丫鬟，嫉恨她的人不少。可是背地里，她却从没对谁使过一点坏心。她嘴上毒辣，心里却是一片光明，不屑于做那些讨好别人的事。

虽然不过是个丫头，可是她始终有自己做人的正义感和不肯放松的原则。当年，初识人事的宝玉，一定要袭人和自己共领警幻所训云雨之事，袭人含羞掩面、伏身而笑，自己说服自己道，"贾母已将自己与了宝玉，今便如此，亦不为越礼"，后来才有了二人的肌肤之亲。但据贾母的意思，真正与了宝玉的，并不是袭人，而恰恰是晴雯。

"不过晴雯那丫头我看他甚好，怎么就这样起来。我的意思，这些丫头的模样爽利言谈针线多不及他，将来只他还可以给宝玉使唤得……"（第七十八回）

不过晴雯并不屑于做这样的事。宝玉十三年的端午，准备洗澡的宝玉开玩笑道："我才又吃了好些酒，还得洗一洗（澡）。你既没有洗，拿了水来咱们两个洗。"不管宝玉是纯然童真也罢，是别有居心也罢。晴雯则全然不顺着他的意：澡是一定不能去洗的，水果也不配吃的。但是如果要是让撕扇子呢？这样最解气，也就开心地这么做了。

"罢，罢，我不敢惹爷。还记得碧痕打发你洗澡，足有两三个时辰，也不知道作什么呢。我们也不好进去的。后来洗完了，进去瞧瞧，地下的水淹着床腿，连席子上都汪着水，也不知是怎么洗了，叫人笑了几天。我也没那工夫收拾，也不用同我洗去。今儿也凉快，那会子洗了，可以不用再洗。我倒舀一盆水来，你洗洗脸通通头。才刚鸳鸯送了好些果子来，都湃在那水晶缸里呢，叫他们打发你吃。"宝玉笑道："既这么着，你也不许洗去，只洗洗手来拿果子来吃罢。"

晴雯笑道："我慌张的很，连扇子还跌折了，那里还配打发吃果子。倘或再打破了盘子，还更了不得呢。"宝玉笑道："你爱打就打，这些东西原不过是借人所用，你爱这样，我爱那样，各自性情不同。比如那扇子原是扇的，你要撕着玩也可以使得，只是不可生气时拿他出气。就如杯盘，原是盛东西的，你喜听那一声响，就故意的碎了也可以使得，只是别在生气时拿他出气。这就是爱物了。"晴雯听了，笑道："既这么说，你就拿了扇子来我撕。我最喜欢撕的。"宝玉听了，便笑着递与他。晴雯果然接过来，嗤的一声，撕了两半，接着嗤嗤又听几声。宝玉在旁笑着说："响的好，再撕响些！"

正说着，只见麝月走过来，笑道："少作些孽罢。"宝玉赶上来，一把将他手里的扇子也夺了递与晴雯。晴雯接了，也撕了几半子，二人都大笑。麝月道："这是怎么说，拿我的东西开心儿？"宝玉笑道："打开扇子匣子你拣去，什么好东西！"麝月道："既这么说，就把匣子搬了出来，让他尽力的撕，岂不好？"宝玉笑道："你就搬去。"麝月道："我可不造这孽。他也没折了手，叫他自己搬去。"晴雯笑着，倚在床上说道："我也乏了，明儿再撕罢。"宝玉笑道："古人云，'千金难买一笑'，几把扇子能值几何！"（第三十一回）

所以你看这一个冬天的夜晚，晴雯见宝玉凑过来关心自己，还是照例一点和软的话也没有，反而硬邦邦地斥责他，"不用你蝎蝎螫螫的，我自知道"。可她一旦做起活儿来，又是那么尽忠竭力、细致用心。

第二天，宝玉重新穿上了雀金裘，那破洞再也看不出补过的痕迹，一如晴雯表露过就再也不需要为人知道的情义。脂评说，"晴有林风"。的确，晴雯率真、灵动秀丽、伶牙俐齿，确有几分黛玉的风范，还多了几分黛玉没有的果敢。

晴雯去世后，宝玉作《芙蓉女儿诔》以祭奠。诗中有这样的句子："其为质则金玉不足喻其贵，其为性则冰雪不足喻其洁，其为神则星日不足喻其精，其为貌则花月不足喻其色。"（第七十八回）这固然可以理解成作者借宝玉之手，送给所有美好女性的赞歌，但是当宝玉写下这些话的时候，他首先想到的不是别人，而是那个人间唯一的、独特的晴雯。大概是只有这样的晴雯，才最配得上这样高洁的诗句吧！

几年前，当宝玉在梦中遇到了警幻仙子，看到了许多人的命运时——他首先看到的是晴雯的判词：

霁月难逢，彩云易散。心比天高，身为下贱。风流灵巧招人怨。寿夭多因毁谤生，多情公子空牵念。（第五回）

脂批说，许多年后，宝玉甚至沦落到"寒冬噎酸齑，雪夜围破毡"的地步。不知那时候潦倒困窘的宝玉，可还会想起当年他和晴雯的最后一场对谈呢？

虽然他是个贵公子，而她只是个"贱丫头"，可是他们最后的处境，却是一样的。

○○○○○——————————

阅读延伸与写作

1. 在你看来，大观园行乐图中还应该画上什么呢？

2. 你的生活中，有没有哪些因特殊癖好而可爱的人呢？

3. 哪个文学人物的死亡，曾让你有过想哭的冲动？

最隐蔽的暗线：乌进孝汇报庄田收入

腊月大雪：远方的人们正在经受苦难

转眼到了腊月。年底了，宁荣二府的人和读者一样，到了这个时候，都在忙着过年。

下雪了，雪花真大，落在地上厚厚的一层，少年人玩得很开心。不过，在大家的欢笑之后，作者很快跟上了写实的一笔，淡淡地描绘了成年人的辛酸。这个时候我们才意识到：原来，大观园里那美得不像话的大雪，在赶着年底来宁国府交租子的乌进孝那儿，不过是一场灾难的开始。

宝玉他们赏玩的雪，是十月下的初雪；而乌进孝是腊月到的宁国府，路上整整走了一个月零两日。这雪也就陆陆续续，从十月下到了腊月。路上的大雪足足积累了四五尺，乌进孝是紧赶慢赶才来的。

贾珍问起今年的年成，乌进孝便简短地回顾了宝玉十三年的日子，汇报了一切。

古人说，"春有百花秋有月，夏有凉风冬有雪。若无闲事挂心头，便是人间好时节"。对于"孩子"宝玉而言，十三岁的春夏秋冬，的确是无忧无虑的好时节。

可是对于像"大人"乌进孝这样的庄稼人来说呢？这一年"年成实在不好。从三月下雨起，接接连连直到八月，竟没有一连晴过五日。九月里一场碗大的雹子，方近一千三百里地，连人带房并牲口粮食，打伤了上千上万的，所以才这样"。十月呢，又这样"搓绵扯絮一般"，下了极厚的一场雪。

从三月到八月，大雨成灾；九月的冰雹如碗，十月又是一场铺天盖地的雪灾。这一年，在宝玉他们看不到的地方，是用人间地狱来形容也不过分的。

乌进孝描述的，是他自家的庄田，也是贾府赖以生存的经济来源。这些雨灾、冰雹、雪灾怎么会和宁荣二府、和大观园的未来，毫无关系呢？那些欢乐的少年不曾料到的未来，到底露出了不可忽视的征兆。花柳繁华、温柔富贵的背后，是远方的土地上，人们饱受痛苦、泪水斑斑的生活景象，更是作者为贾府日后巨大经济困境埋下的伏笔。

《红楼梦》的作者特别喜欢用"镜像"这一手法来交织推进故事的发展，这一点在本书的开篇便已经交代过了。人的悲欢并不相通。我们都认为自己是一个有同情心和同理心的人，实际上却往往没耐心看到贫穷、看到衰老、看到苦难。但《红楼梦》在一遍遍地用自己特有的方式提醒着我们，要学会"看见"。

为了引出荣国府的热闹，刘姥姥出场了。为了引出荣国府的危机，乌进孝出现了。

希望作者这份含蓄的心思，大家都能看得见。

元宵佳节："荷叶灯"后的贾府危机

红楼梦的世界像一个巨大的琳琅宝库，里面有无数让人眼花缭乱的好东西。其中尤显华美的，是大观园全盛时期的元宵夜宴。

这边贾母花厅之上共摆了十来席。每一席旁边设一几，几上设炉瓶三事，焚着御赐百合宫香。又有八寸来长四五寸宽二三寸高的点着山石布满青苔的小盆景，俱是新鲜花卉。又有小洋漆茶盘，内放着旧窑茶杯并十锦小茶吊，里面泡着上等名茶。一色皆是紫檀透雕，嵌着大红纱透绣花卉并草字诗词的璎珞。

原来绣这璎珞的也是个姑苏女子，名唤慧娘。因他亦是书香宦门之家，他原精于书画，不过偶然绣一两件针线作耍，并非市卖之物。凡这屏上所绣之花卉，皆仿的是唐、宋、元、明各名家的折枝花卉，故其格式配色皆从雅，本来非一味浓艳匠工可比。每一枝花侧皆用古人题此花之旧句，或诗词歌赋不一，皆用黑绒绣出草字来，且字迹勾踢、转折、轻重、连断皆与笔草无异，亦不比市绣字迹板强可恨。他不仗此技获利，所以天下虽知，得者甚少，凡世宦富贵之家，无此物者甚多，当今便称为"慧绣"。竟有世俗射利者，近日仿其针迹，愚人获利。偏这慧娘命夭，十八岁便死了，如今竟不能再得一件的了。凡所有之家，纵有一两件，皆珍藏不用。有那一干翰林文魔先生们，因深惜"慧绣"之佳，便说这"绣"字不能尽其妙，这样笔迹说一"绣"字，反似乎唐突了，便大家商议了，将"绣"字便隐去，换了一个"纹"字，所以如今都称为"慧纹"。

若有一件真"慧纹"之物，价则无限。贾府之荣，也只有两三件，上年将那两件已进了上，目下只剩这一副璎珞，一共十六扇，贾母爱如珍宝，不入在请客各色陈设之内，只留在自己这边，高兴摆酒时赏玩。又有各色旧窑小瓶中都点缀着"岁寒三友""玉堂富贵"等新鲜花草。

上面两席是李婶薛姨妈二位。贾母于东边设一透雕夔龙护屏矮足短榻，靠背引枕皮褥俱全。榻之上一头又设一个极轻巧洋漆描金小几，几上放着茶吊、茶碗、漱盂、洋巾之类，又有一个眼镜匣子。贾母歪在榻上，与众人说笑一回，又自取眼镜向戏台上照一回，又向薛姨妈李婶笑说："恕我老了，骨头疼，容我放肆些，歪着相陪罢。"因又命琥珀坐在榻上，拿着美人拳捶腿。

榻下并不摆席面，只有一张高几，却设着璎珞花瓶香炉等物。外另设一精致小高桌，设着酒杯匙箸，将自己这一席设于榻旁，命宝琴、湘云、黛玉、宝玉四人坐着。每一馔一果来，先捧与贾母看了，喜则留在小桌上尝一尝，仍撤了放在他四人席上，只算他四人是跟着贾母坐。故下面方是邢夫人王夫人之位，再下便是尤氏、李纨、凤姐、贾蓉之妻。西边一路便是宝钗、李纹、李绮、岫烟、迎春姊妹等。两边大梁上，挂着一对联三聚五玻璃芙蓉彩穗灯。每一席前竖一柄漆干倒垂荷叶，叶上有烛信插着彩烛。这荷叶乃是錾珐琅的，活信可以扭转，如今皆将荷叶扭转向外，将灯影逼住全向外照，看戏分外真切。窗格门户一齐摘下，全挂彩穗各种宫灯。廊檐内外及两边游廊罩棚，将各色羊角、玻璃、戳纱、料丝或绣、或画、或堆、或抠、或绢、或纸诸灯挂满。（第五十三回）

一馔一果鱼贯而来，贾母带着一干年轻人闲坐着，偶尔挑些合口的尝一尝，不时看看戏台上的表演，宝琴、湘云、黛玉、宝玉等人正在说说笑笑。这时，一个徐徐的长镜头推过来，带着读者进入花厅，去细看元宵夜宴上的陈设：从小盆景到大红纱透绣花卉并草字诗词的璎珞，从透雕夔龙护屏矮足短榻到洋漆描金小几。接着，镜头向上一推，让读者留意那大梁上的玻璃荷叶灯。最后，镜头再一推，又从花厅出去，一路沿着各色宫灯看过去，再看过去……

此处算是作者浓墨重彩、详尽叙述的一处《红楼梦》中的生活场景。除此之外，《红楼梦》中一笔淡淡带过的细节，更是数不胜数。其中，那一件件在读者眼前一闪而过的器物，共同组成了精美绝伦的红楼世界。这些物品不仅仅是红楼世界中一个个静态陈设，通过对它们的细腻描写，大观园和宁荣二府的繁盛也随之一一展现了出来。只是耐人寻味的是，不知从何时开始，这些漂亮的物件儿也开始渐渐透露出贾府的衰败与危机了。初读者第一次鲜明地意识到这个问题的严重性，大约应该是在大观园第三年的秋天。

那一年的秋天，贾母动怒，雷厉风行地在大观园里抓赌。这一次，老祖宗共抓到三个领头的，各自痛打了四十大板，其中有一个人正是迎春强势的乳母。邢夫人知道此事后，特意到迎春处狠狠说了她一顿："如今他犯了法，你就该拿出小姐的身份来。""再者，只他去放头儿，还恐怕他巧言花语的和你借贷些簪环衣履作本钱，你这心活面软，未必不周接他些。若被他骗去，我是一个钱没有的，看你明日怎么过节。"

没想到被邢夫人说中了。待她走后，丫头绣桔便告诉迎春，早先不见的攒珠累丝金凤，果真是被乳母拿去当掉还赌债了。

绣桔建议迎春到王熙凤面前挑明这件事，然后想办法把首饰赎回来。迎春为人和软，觉得多一事不如少一事，不打算计较这些事。结果那奶妈的儿媳妇来时，不仅金凤没有要回来，反而被她夹枪带棒抢白了一顿。那媳妇还大言不惭地说，自己一家日常照料迎春起居的时候，填补了不少钱进去呢。迎春固然不争不抢，房中的绣桔、司棋等丫头却早忍不住，几个人争论起来。

一时间闹得不可开交。幸而探春很快来了，这才一边控制住局面，一边悄悄让自己的丫头去请了平儿来。三姑娘的性子，读者都知道。我们记忆中的探春怎么能忍气吞声、息事宁人？果然她来了后，毫不客气地对平儿说：

"我且告诉你，若是别人得罪了我，倒还罢了。如今那住儿媳妇和他婆婆仗着是妈妈，又瞅着二姐姐好性儿，如此这般私自拿了首饰去赌钱，而且还捏造假帐折算，威逼着还要去讨情，和这两个丫头在卧房里大嚷大叫，二姐姐竟不能辖治，所以我看不过，才请你来问一声：还是他原是天外的人，不知道理？还是谁主使他如此，先把二姐姐制伏，然后就要治我和四姑娘了？"

平儿忙陪笑道："姑娘怎么今日说这话出来？我们奶奶如何当得起！"

探春冷笑道："俗语说的'物伤其类'，'齿竭唇亡'，我自然有些惊心。"（第七十三回）

迎春房里的一场鸡声鹅叫，探春的一次冷笑与惊心，透过这样的细节，便足以让读者意识到：此时的大观园早已不再是原先那个无忧无虑的大观园了。

大观园中的器物是从什么时候开始混乱失序的？细读之后你会发现：原来，大观园的衰败与危机早就在元宵盛宴五光十色的宫灯后，草蛇灰线地暗暗潜伏着了。而元宵夜宴的前一回，正是"俏平儿情掩虾须镯，勇晴雯病补雀金裘"！

究竟虾须一般细的镯子能有多重？究竟雀裘上的一个补好的烧眼儿能有多明显？但这一点混乱和残缺的影子，绝不是好事者的捕风捉影，而是明眼人的见微知著。宝玉身上的坠儿经常会被别人摸走，那么名贵的扇子一不高兴就被撕坏了。那盛宴上准备汤的模子好久不用了——若不是宝玉挨了打，再不会有人想起来要用一用。府库中存着凤姐也没有见过的霞影纱。那样尊贵的老年四楞象牙镶金的筷子不见在大宴席上使用过，也就是刘姥姥来了，才权当作搞笑的道具，偶尔亮一亮相罢了。

虾须镯丢了，孔雀裘破了。
茉莉粉乱了，蔷薇硝残了。

宝玉生日时候的酒不知怎么就没了，黛玉的燕窝也开始有人暗戳戳地说闲话了。尤二姐用金块结束了自己的生命。攒珠累丝金凤被奶妈拿去还债了。不该出现的绣春囊却出现了。

宝玉十三年，烟花燃尽。宝玉十四年，那大观园里春天的风筝远远飘去。最后的中秋节，宁荣二府的家宴依然那样热闹。可是热闹背后，乱象早已丛生。迎春房中为没了节日必须戴的首饰而吵吵嚷嚷；王熙凤为了不让婆婆再挑自己的不是，悄悄当了自己的金项圈。你再也想不到，黛玉和妙玉赏月作诗，那场景美得那样让人心醉，丫鬟们却只想着过来收杯子。而有一天，象征着晴雯的秋海棠也会凋零……

大观园不只是大观园，它还是宁荣二府的缩影。大观园的器物也不只是器物，它们是一个家族兴衰亡败的见证。

所以你看大观园外的生活，也不全是繁华。终于有一天，宁荣二府的餐桌上忽然少了一碗米饭；贾母珍藏的陈年老人参还没来得及用，就碎成不能用的渣渣……

王国维说："最是人间留不住，朱颜辞镜花辞树。"白居易说："大都好物不坚牢，彩云易散琉璃脆。"而《红楼梦》的作者说："霁月难逢，彩云易散。"这些句子有多漂亮，也就有多伤感。

唉，不知不觉，《红楼梦》最漫长也最丰富的宝玉十三年就这样结束了，是时候要为这过去的一年作一个总结了。可是要说些什么呢？

我想了又想，最终还是写下这样一段话：

那元宵家宴上荷叶灯把戏台照得分外逼真，可与此同时，全盛时期的大观园正以难以觉察的方式，一步步地走向被抄检的大结局。就算那么多看懂了这个真相的人一遍遍来提醒，也没有用。

○○○○○ ————————————

阅读延伸与写作

小说中还有哪些让你印象深刻的伏笔呢？

贾府的下人们

初读者读《红楼梦》，一定会注意浪漫的少年时代，一定会注意美好的大观园，但很少会有人注意到他们背后那些默默无闻的下人。这一次，我们把目光从主人公身上挪开，去看看那些"无足轻重"的小人物。

先从宝玉一次上厕所的经历说起。

宝玉十三年的冬天，正月十五的晚上举行了家宴。酒席上，《赵氏孤儿》演得正热闹，晋国的赵盾和屠岸贾斗得正激烈，宝玉突然下了席，要回怡红院小便。

宝玉回去后，看见袭人正和鸳鸯说话，体贴的他便不进去，转头到外头的山石后头方便。

宝玉便走过山石之后去站着撩衣，麝月秋纹皆站住背过脸去，口内笑说："蹲下再解小衣，仔细风吹了肚子。"后面两个小丫头子知是小解，忙先出去茶房预备去了。

……那几个婆子虽吃酒斗牌，却不住出来打探，见宝玉来了，也都跟上了。来至花厅后廊上，只见那两个小丫头一个捧着小沐盆，一个搭着手巾，又拿着沤子壶在那里久等。秋纹先忙伸手向盆内试了一试，说道："你越大越粗心了，那里弄的这冷水。"小丫头笑道："姑娘瞧瞧这个天，我怕水冷，巴巴的倒的是滚水，这还冷了。"

正说着，可巧见一个老婆子提着一壶滚水走来。小丫头便说："好奶奶，过来给我倒上些。"那婆子道："哥哥儿，这是老太太泡茶的，劝你走了舀去罢，那里就走大了脚。"秋纹道："凭你是谁的，你不给？我管把老太太茶吊子倒了洗手。"那婆子回头见是秋纹，忙提起壶来就倒。秋纹道："够了。你这么大年纪也没个见识，谁不知是老太太的水！要不着的人就敢要了。"婆子笑道："我眼花了，没认出这姑娘来。"宝玉洗了手，那小丫头子拿小壶倒了些沤子在他手内，宝玉沤了。秋纹麝月也趁热水洗了一回，沤了，跟进宝玉来。（第五十四回）

宝玉之所以要在山石后上厕所，为的是不打扰鸳鸯和袭人两个大丫头聊天——她们都刚刚经历过丧亲之痛，正在相互安慰。

对任何身份的人，都能有一份发自内心的尊重和体贴——这是宝玉身上最值得现代人欣赏的地方。可与此同时，终究不得不让人注意的是：他到底还是个旧时代的贵公子——不过是解个手而已，他惊动的人可真是不少。宝玉上一次厕所，需要"麻烦"多少人，又要怎么服侍呢？

我们一起来看看：

先是麝月、秋纹二人"皆站住背过脸去"。

这是在干什么呢？

这是在做人肉屏障，替他挡着，以免走光，被闲杂人等看了去。

接着，两个小丫头去茶房预备了热水，捧着小沐盆，搭着手巾，拿着沤子（润肤霜）、壶，做起了人肉脸盆架，二人等了很久，才侍候他便后洗了手。

不过上个厕所而已，已经这样兴师动众。这还不算完，贾母犹然不放心，故派了几个婆子跟在后面。因宝玉不要她们近身侍奉，故而一面"摸鱼"，一面打探。直等宝玉这边整理得差不多，她们才小心地跟了过来。

由当代作家马伯庸的小说《长安十二时辰》改编的热播剧中有一个细节：上元节时，小官僚的元载，雇了几个胖婆娘团团围住他——这是在干什么呢？镜头一转，元载从唐时女子藕节一般的身躯中露出一张满意的脸。啊，原来她们是在用体温给他取暖。这想法可真是绝了！

唐传奇《虬髯客传》里，杨素也曾经这样"享受"过生活：

> 每公卿入言，宾客上谒，未尝不踞床而见，令美人捧出，侍婢罗列。

隋炀帝巡幸扬州，让当时的司空杨素留在都城长安管理事务。杨素掌握了大权，渐渐变得骄奢淫逸起来，未免就有些礼异人臣的举动。于是，每当有公卿来进言，宾客来拜望，杨素总是踞床而见。

"踞"是一个傲慢的姿势，杨素不仅"踞"于床上，还要在婢女的众星捧月中，让一众美女"捧"他出来。杨素是一个超级大胖子，那得要多少位弱不禁风的美人才能"捧"出呢？

　　原来，无论少年的世界多么令人神往，红楼的世界都不是一个纯粹的理想国，更不是一个无忧的桃花源。在诗歌、爱情、青春与自我之外，红楼世界还有一个现实的有些残酷的旧世界。这样我们也就明白了《红楼梦》的可贵之处了。一方面，作者极其热烈地展现了他心中的理想国、桃花源、乌托邦；另一方面，对于那个作者的肉身无法脱离的残酷时代，也给予了细致的展现。就比如，闲适的元宵夜宴里，这一次不起眼的上厕所事件。借由这一事件，我们充分感受到了旧时代贵族的奢靡。在字里行间，作者也把他的关心给予了那些也同样在过节的人们——虽然，他们不过都是些并不高贵的小人物。

　　上完厕所后，宝玉回来献了酒，快快乐乐吃过了元宵。这时，两个常来贾府演出的女说书艺人来说书，还正好讲了一个赶考公子偶遇宰相小姐，后花园私相授受的故事。贾母听了便说，这故事多半是没有经过富贵的人编了出来的。

　　"既说是世宦书香大家小姐都知礼读书，连夫人都知书识礼，便是告老还家，自然这样大家人口不少，奶母丫鬟服侍小姐的人也不少，怎么这些书上，凡有这样的事，就只小姐和紧跟的一个丫鬟？你们白想想，那些人都是管什么的，可是前言不答后语？"

　　……

　　"何尝他知道那世宦读书家的道理！别说他那书上那些世宦书礼大家，如今眼下真的，拿我们这中等人家说起，也没有这样的事，别说是那些大家子。可知是诌掉了下巴的话。"（第五十四回）

这话足可以佐证，封建大家族的日常生活中，有许多专门为他们服务的人。别的不谈，便就说这一夜，我们看到的就有才九岁就登台演出的小演员：

此时正唱《西楼·楼会》这出将终，于叔夜因赌气去了，那文豹便发科诨道："你赌气去了，恰好今日正月十五，荣国府中老祖宗家宴，待我骑了这马，赶进去讨些果子吃是要紧的。"说毕，引的贾母等都笑了。薛姨妈等都说："好个鬼头孩子，可怜见的。"凤姐便说："这孩子才九岁了。"贾母笑说："难为他说的巧。"便说了一个"赏"字。早有三个媳妇已经手下预备下小簸箩，听见一个"赏"字，走上去向桌上的散钱堆内，每人便撮了一簸箩，走出来向戏台说："老祖宗、姨太太、亲家太太赏文豹买果子吃的！"说着，向台上便一撒，只听豁啷啷满台的钱响。

贾珍贾琏已命小厮们抬了大簸箩的钱来，暗暗的预备在那里。

（第五十三回）

有说书先生和梨香院的十二个女官。有母亲刚刚去世，却仍坚守在工作一线的袭人，以及同样母亲也去世了的鸳鸯。

贾母因说："袭人怎么不见？他如今也有些拿大了，单支使小女孩子出来。"王夫人忙起身笑回道："他妈前日没了，因有热孝，不便前头来。"贾母听了点头，又笑道："跟主子却讲不起这孝与不孝。若是他还跟我，难道这会子也不在这里不成？皆因我们太宽

213

了，有人使，不查这些，竟成了例了。"凤姐儿忙过来笑回道："今儿晚上他便没孝，那园子里也须得他看着，灯烛花炮最是耽险的。这里一唱戏，园子里的人谁不偷来瞧瞧。他还细心，各处照看照看。况且这一散后宝兄弟回去睡觉，各色都是齐全的。若他再来了，众人又不经心，散了回去，铺盖也是冷的，茶水也不齐备，各色都不便宜，所以我叫他不用来，只看屋子。散了又齐备，我们这里也不耽心，又可以全他的礼，岂不三处有益。老祖宗要叫他，我叫他来就是了。"

贾母听了这话，忙说："你这话很是，比我想的周到，快别叫他了。但只他妈几时没了，我怎么不知道。"凤姐笑道："前儿袭人去亲自回老太太的，怎么倒忘了。"贾母想了一想笑说："想起来了。我的记性竟平常了。"众人都笑说："老太太那里记得这些事。"贾母因又叹道："我想着，他从小儿服侍了我一场，又服侍了云儿一场，末后给了一个魔王宝玉，亏他魔了这几年。他又不是咱们家的根生土长的奴才，没受过咱们什么大恩典。他妈没了，我想着要给他几两银子发送，也就忘了。"凤姐儿道："前儿太太赏了他四十两银子，也就是了。"

贾母听说，点头道："这还罢了。正好鸳鸯的娘前儿也死了，我想他老子娘都在南边，我也没叫他家去守孝，如今叫他两个一处作伴儿去。"又命婆子将些果子菜馔点心之类与他两个吃去。琥珀笑说："还等这会子呢，他早就去了。"说着，大家又吃酒看戏。

（第五十四回）

虽然都是仆人，但袭人和鸳鸯的身份是不同的：袭人是花钱买来的奴才，而鸳鸯则是"家生子"——这奴才的身份是世袭的。和袭人一样，被买来的丫头还有晴雯；和鸳鸯一样的家生子，还有小红。因为侍奉的是主子，所以有时候看上去也很有"人"的尊严：

李纨道："大小都有个天理。比如老太太屋里，要没那个鸳鸯如何使得。从太太起，那一个敢驳老太太的回，现在他敢驳回。偏老太太只听他一个人的话。老太太那些穿戴的，别人不记得，他都记得，要不是他经管着，不知叫人诓骗了多少去呢。那孩子心也公道，虽然这样，倒常替人说好话儿，还倒不依势欺人的。"（第三十九回）

平时养尊处优，可以养指甲，穿的戴的也很体面，生病了大夫来看时，也被认作小姐：

正说时，人回大夫来了。宝玉便走过来，避在书架之后。只见两三个后门口的老嬷嬷带了一个大夫进来。这里的丫鬟都回避了，有三四个老嬷嬷放下暖阁上的大红绣幔，晴雯从幔中单伸出手去。那大夫见这只手上有两根指甲，足有三寸长，尚有金凤花染的通红的痕迹，便忙回过头来。有一个老嬷嬷忙拿了一块手帕掩了。那大夫方诊了一回脉，起身到外间，向嬷嬷们说道："小姐的症是外感内滞，近日时气不好，竟算是个小伤寒。幸亏是小姐素日饮食有限，风寒也不大，不过是血气原弱，偶然沾带了些，吃两剂药疏散疏散就好了。"说着，便又随婆子们出去。

彼时，李纨已遣人知会过后门上的人及各处丫鬟回避，那大夫只见了园中的景致，并不曾见一女子。一时出了园门，就在守园门的小厮们的班房内坐了，开了药方。老嬷嬷道："你老且别去，我们小爷罗唆，恐怕还有话说。"大夫忙道："方才不是小姐，是位爷不成？那屋子竟是绣房一样，又是放下幔子来的，如何是位爷呢？"老嬷嬷悄悄笑道："我的老爷，怪道小厮们才说今儿请了一位新大夫来了，真不知我们家的事。那屋子是我们小哥儿的，那人是他屋里的丫头，倒是个大姐，那里的小姐？若是小姐的绣房，小姐病了，你那么容易就进去了？"说着，拿了药方进去。（第五十一回）

但归根结底，这些富贵都是贾府的，至于下人们自己，什么都没有：大老爷贾赦看上了鸳鸯，平素里俨然贾母代言人的鸳鸯，仍然不得不直面自己的卑微。晴雯平时是个多么"嚣张跋扈"的姑娘，可是被赶走的时候，衣服和钗环等物品，她并没资格带走。买来的人可以再被卖掉，家生的奴仆则往往要世代为贾府效力，婚姻也是一样没什么自由。这样看来，第五十四回细写的，的确是贵族家庭中一年又一年的过年场景，但与此同时，作者的目光还越过了锦衣玉食，越过了繁华绮丽，以不露痕迹的方式，关注着同一个屋檐下，同一个时间段里，那一个又一个卑微的下人角色。

按照中国的民俗，过完旧历的正月十五，年才算真正结束。于是，当夜空中的烟花绽放起来的时候，元宵节迎来了这一天最让人期待的部分，同时也宣告了宝玉十三年彻底的结束。

　　贾蓉听了，忙出去带着小厮们就在院内安下屏架，将烟火设吊齐备。这烟火皆系各处进贡之物，虽不甚大，却极精巧，各色故事俱全，夹着各色花炮。林黛玉禀气柔弱，不禁毕驳之声，贾母便搂他在怀中。薛姨妈搂着湘云。湘云笑道："我不怕。"宝钗等笑道："他专爱自己放大炮仗，还怕这个呢。"王夫人便将宝玉搂入怀内。凤姐儿笑道："我们是没有人疼的了。"尤氏笑道："有我呢，我搂着你。也不怕臊，你这会子又撒娇了，听见放炮仗，吃了蜜蜂儿屎的，今儿又轻狂起来。"凤姐儿笑道："等散了，咱们园子里放去。我比小厮们还放的好呢。"

　　说话之间，外面一色一色的放了又放，又有许多的满天星、九龙入云、一声雷、飞天十响之类的零碎小爆竹。放罢，然后又命小戏子打了一回"莲花落"，撒了满台的钱，命那些孩子们满台抢钱取乐。又上汤时，贾母说道："夜长，觉的有些饿了。"凤姐儿忙回说："有预备的鸭子肉粥。"贾母道："我吃些清淡的罢。"凤姐儿忙道："也有枣儿熬的粳米粥，预备太太们吃斋的。"贾母笑道："不是油腻腻的就是甜的。"凤姐儿又忙道："还有杏仁茶，只怕也甜。"贾母道："倒是这个还罢了。"说着，又命人撤去残席，外面另设上各种精致小菜。大家随便随意吃了些，用过漱口茶，方散。（第五十四回）

　　在这热闹的烟花中，宝玉的十三岁就这样过去了。但贾府中忙忙碌碌的下人，却没有一点下班的意思——他们还是那样辛苦。

○○○○○ ────────────────────

阅读延伸与写作

以"我的十三岁"为话题，以贾宝玉的视角，写写宝玉十三年让你印象深刻的事。

扫码听音频

与万老师一起学红楼

大观园时代第二年

宝玉 14 岁

从探春改革到贾府纷争

宝玉十四年。

刚出了正月，有孕在身的凤姐因为太操劳，不幸早产了。王夫人命李纨执事，并请探春、宝钗共同照看大观园。起初，三个人有商有量，效果一时颇为可观：

他二人（李纨、探春）便一日皆在厅上起坐。宝钗便一日在上房监察，至王夫人回方散。每于夜间针线暇时，临寝之先，坐了小轿带领园中上夜人等各处巡察一次。他三人如此一理，更觉比凤姐儿当权时倒更谨慎了些。因而里外下人都暗中抱怨说："刚刚的倒了一个'巡海夜叉'，又添了三个'镇山太岁'，越性连夜里偷着吃酒顽的工夫都没了。"（第五十五回）

然而，时间不长，问题还是出现了：

这日王夫人正是往锦乡侯府去赴席，李纨与探春早已梳洗，伺候出门去后，回至厅上坐了。刚吃茶时，只见吴新登的媳妇进来回说："赵姨娘的兄弟赵国基昨日死了。昨日回过太太，太太说知道了，叫回姑娘奶奶来。"说毕，便垂手旁侍，再不言语。（第五十五回）

王夫人明知赵国基与探春的关系，却没明确地表态，而是仍旧让下人来李纨和探春处"裁夺"，可见，她此时多多少少有一些对探春的试探：

彼时来回话者不少，都打听他二人办事如何：若办得妥当，大家则安个畏惧之心；若少有嫌隙不当之处，不但不畏伏，出二门还要编出许多笑话来取笑。吴新登的媳妇心中已有主意，若是凤姐前，他便早已献勤说出许多主意，又查出许多旧例来任凤姐儿拣择施行。如今他藐视李纨老实，探春是年轻的姑娘，所以只说出这一句话来，试他二人有何主见。

探春便问李纨。李纨想了一想，便道："前儿袭人的妈死了，听见说赏银四十两。这也赏他四十两罢了。"吴新登家的听了，忙答应了是，接了对牌就走。探春道："你且回来。"吴新登家的只得回来。探春道："你且别支银子。我且问你：那几年老太太屋里的几位老姨奶奶，也有家里的也有外头的这两个分别。家里的若死了人是赏多少，外头的死了人是赏多少，你且说两个我们听听。"

一问，吴新登家的便都忘了，忙陪笑回说："这也不是什么大事，赏多少谁还敢争不成？"探春笑道："这话胡闹。依我说，赏一百倒好。若不按例，别说你们笑话，明儿也难见你二奶奶。"

吴新登家的笑道："既这么说，我查旧帐去，此时却记不得。"探春笑道："你办事办老了的，还记不得，倒来难我们。你素日回你二奶奶也现查去？若有这道理，凤姐姐还不算利害，也就算是宽厚了！还不快找了来我瞧。再迟一日，不说你们粗心，反像我们没主意了。"吴新登家的满面通红，忙转身出来。众媳妇们都伸舌头。这里又回别的事。

　　一时，吴家的取了旧帐来。探春看时，两个家里的赏过皆二十两，两个外头的皆赏过四十两。外还有两个外头的，一个赏过一百两，一个赏过六十两。这两笔底下皆注有原故：一个是隔省迁父母之柩，外赏六十两；一个是现买葬地，外赏二十两。探春便递与李纨看了。探春便说："给他二十两银子。把这帐留下，我们细看看。"吴新登家的去了。（第五十五回）

　　老实说，吴新登家的一番话说得既不客气，也很无情——赵姨娘的兄弟赵国基是探春的亲舅舅，现在发生"昨日突然死了"这样不幸的事，表示安慰、感伤应该是人之常情，此人反而拿出公事公办的态度——若是有一点尊敬，有谁会直截了当地当着一个人的面说她的母亲和舅舅——"赵姨娘的兄弟赵国基昨日死了"这样的话，说完了之后还不发一语？她并不主动提供解决方案，这是故意要给探春难堪的意思。二十两银子虽不是大数目，却鲜明地提示着探春的出身，于不动声色之处向她强调着嫡庶的分别。论理，探春的处理很得当。这一关，可以算是平稳度过了，不比凤姐当日，非要闹到打了谁二十个板子不可。

谁知平地又起波折，这方案才通知下去，赵姨娘就来搅扰自己的亲闺女。

这样一闹，反而越发没了转圜的可能。为了树立自己的权威，探春处理此事，实在不能不果断坚决，这也是没办法的事。除了自己的生身母亲，这一段时间里，探春"得罪"的人还有贾环、贾兰、凤姐、平儿等。好在一干人中，最理解探春也最支持探春的，恰恰是过来人凤姐。因此，在听了平儿的汇报后，王熙凤还特意关照平儿：

"如今俗语说'擒贼必先擒王'。他如今要作法开端，一定是先拿我开端。倘或他要驳我的事，你可别分辩，你只越恭敬，越说驳的是才好。千万别想着怕我没脸，和他一犟，就不好了。"（第五十五回）

接下来，探春主持了好几项开源节流的工作：

一是取消宝玉、贾环等上学所领的八两银子的文具费和零食费；二是免除买办们每月为姑娘们买化妆品的二两银子；三是同李纨、宝钗一起商议，最后决定将园内的花草、园圃、河池等承包给会侍弄的婆子们种植养护——只这一项，不但能生利，每年还能节省出四百两银子的开销。仔细想想，探春的创新能力、组织能力，其实早就有迹可循。在这之前，不就是她提议和成立大观园诗社的吗？不过，若我们再仔细想想，虽然探春在李纨、宝钗、凤姐和平儿的帮扶下，锐意改革，把大观园打理得井井有条。但是不也正是她的改革，间接引发了后续一系列的矛盾吗？

你看，探春改革→仆人纷争→主人矛盾→抄检大观园……

这条情节链让我们明白了，探春的改革竟然是后续一系列问题的开端！有了这样的认识，再看探春此刻的举动，就会有这样的发现：原来，大观园的革新并不是探春工作职责之必需，而是个人主动施展能力的结果。改革是成功的，可若放长远了看，她的改革却也正是失败链上的一环。

探春的提案也好，宝钗的修正案也罢，归根结底是开源，而不是节流。大观园中的这次变革，没有降低待遇标准，没有裁员降薪，只是通过调动已有人员的积极性来从事生产，最终希望达到减少开支的目的。这毕竟只是一次仅限于大观园内部的革新，效益总归也不过只有几百两银子罢了。对整个荣国府而言，这无疑是杯水车薪，可以忽略不计。

说到底，荣国府的经济体系是庞大的，弊病是深重的。上至管事的贾琏、王熙凤，下至柳五儿的舅舅、司棋的婶子，人人想的都是如何多占些贾府中的公共财产。这个中饱私囊的根本问题得不到解决，节省四百两银子的举动不过是螳臂当车罢了。

我们的读者可还记得宝玉十三年的大观园吗？那时，岁月流转，风景四时可赏。曾几何时，这样一个集人间众美于一处的园子竟然开始搞创收了。那潇湘馆的竹林，不再是"明月来相照"的幽篁里，而是除了生笋还可以再赚些钱财的农田；那蘅芜苑里的香草，不再是来自楚辞里的绿植，而是可以出售到茶叶铺、药铺、香料铺的商品。

接下来，仆人们吵吵嚷嚷，你方唱罢我登场。

这样的复杂局面，探春、李纨等人，可是再也无法控制住了！

○○○○○ ───────────

阅读延伸与写作

看过了探春管家的成功与失败，你可以说说小说中其他人管家的成功与失败吗？

大观园中的八起纷争

从第五十八回到第六十一回，小说主要写了仆人之间的矛盾。

一直忙着平息事端的平儿感叹说，"这三四日的工夫，一共大小出了八九件事"。不到一个星期的时间，吵吵嚷嚷、琐琐屑屑的大观园中到底都发生了什么事？咱们一起看一看。

首先，对古人来说，婚丧嫁娶是生活里头一等的大事——秦可卿去世时，读者已经尽知了。如今老太妃薨逝，丧事便成了国家大事。贾府中的婆媳祖孙等都需要入朝随祭、按爵守制。人们忙忙碌碌，一个月内连个休息的时间也没有。故而宁荣二府从主人到管家，都没有多余的精力照顾家中的事。

针对这个情况，贾家做了这样几项比较大的安排：第一，给尤氏请了假，专门把她腾挪出来协理宁荣二府的大小事务。第二，委托薛姨妈搬进大观园照管孩子们。第三，因为国丧期间一年不得设宴奏乐，所以和其他的官宦人家一样，遣散了戏班。那些不愿意离开的，就被分配到贾母及大观园宝玉等人的房中——这也算是尤氏管家后，最重要的变革吧！

贾母留下了文官，将正旦芳官指与宝玉，小旦蕊官送了宝钗，小生藕官指给了黛玉，大花面葵官送与湘云，小花面荳官送给宝琴，艾官送给探春；尤氏自己则讨了老旦茄官去。由于前几年学唱戏的特殊经历，这些女孩子"或心性高傲，或倚势凌下，或拣衣挑食，或口角锋芒，大概不安分守理者多"。如今生活方式突然改变了，矛盾的产生便就变成了自然而然之事。曹雪芹正是从她们身上落笔，一步步展现贾府纷争的。

梨香院解散后，负责管理的婆子们（被戏班的女孩子们称作"干娘"）也随着进入大观园。这样算起来，大观园内的人一下子多了几十个。人多了以后，事情也就杂了。单清明节这一天，就总共发生了两起纷争。

第一起纷争是"藕官烧纸"。清明节藕官不顾规矩，在大观园中烧纸祭奠菂官，被自己的干娘夏婆子发现。（第五十八回）

第二起纷争是"芳官洗头"。芳官的干娘何妈过分地节约和偏心，让芳官用自己女儿春燕洗过头的水洗头，故两人在怡红院大叫大嚷；晴雯羞辱了何妈一顿。（第五十九回）

接下来，矛盾不可避免地升级了。

不久后的一天（作品中未明说具体日期），又发生了第三起纷争，"莺儿编花"。（第五十九回）

春天来了，湘云犯了桃花癣，为了给她治皮肤病，宝钗的丫鬟莺儿、蕊官二人去黛玉处取蔷薇硝。路上大家边走边玩，心灵手巧的莺儿摘了花草，编成一个花篮送给黛玉，回来的路上又编了一个。遇见春燕后，几个人一起玩耍。不久，春燕的姑妈（夏婆子）来了，因为见莺儿摘了许多花草，特别心疼，打骂了春燕一顿。何妈因为前几天受了晴雯的羞辱，也赶过来打骂了女儿一顿，以发泄怨恨。

第四起纷争是"姨娘撒泼"。（第六十回）

宝玉知道了这事以后，让何妈、春燕母女二人去找莺儿赔罪。二人回来时，蕊官请春燕给芳官带了蔷薇硝擦脸。赶上贾环来问候宝玉，见了这硝，便趁着机会问宝玉讨要。蔷薇硝是蕊官所赠的，芳官舍不得转送，就去找了些常用的蔷薇硝。恰好一时没有了，且大家又赶着吃饭，便胡乱包了些茉莉粉给了贾环。

贾环是为彩云而要的护肤品。王夫人房中一个丫鬟叫彩云，一个叫彩霞。这个彩云可能是彩霞的姐姐，正如金钏儿是玉钏儿的姐姐一般，二人都和贾环交好。女孩子总是对化妆品更有研究。彩云一眼看出，贾环拿的不是硝。

赵姨娘听了这话，怒气冲冲地进了大观园。再加上正好又被夏婆子怂恿了一番，劈头便把茉莉粉摔在芳官脸上，还打了芳官两个嘴巴。

平时和这些年轻女孩们有矛盾的婆子都很高兴，藕官、蕊官、葵官、荳官等人则抱成一团，一齐跑入怡红院中打起来：

荳官先便一头，几乎不曾将赵姨娘撞了一跌。那三个也便拥上来，放声大哭，手撕头撞，把个赵姨娘裹住。晴雯等一面笑，一面假意去拉。急的袭人拉起这个，又跑了那个，口内只说："你们要死！有委曲只好说，这没理的事如何使得！"赵姨娘反没了主意，只好乱骂。蕊官藕官两个一边一个，抱住左右手；葵官荳官前后头顶住。四人只说："你只打死我们四个就罢！"芳官直挺挺躺在地下，哭得死过去。

后来，艾官告诉探春，赵姨娘是被夏婆子挑唆的。探春听了，也未十分当真，但在下人之间，这件事却没有完结，直接引发了下人与下人之间的矛盾。

这就是接下来的第五起纷争，"芳官掷糕"。（第六十回）

夏婆子的外孙女蝉姐儿在探春处当役，常与房中丫鬟们买东西呼唤人，众女孩都和她要好。探春的丫头翠墨便把艾官"告密"的事告诉了蝉姐儿。蝉姐儿趁着找人买糕的工夫，在大观园的小厨房中找到夏婆子，强调了此事。

正说着，恰好芳官走来，向小厨房柳家的要东西给宝玉吃。这时忽有一个婆子手里托了一碟糕来，芳官随口开了个玩笑："谁买的热糕？我先尝一块儿。"心中有怨念的蝉姐儿不给。柳家的为了缓和矛盾，自己拿了糕点给芳官吃。

芳官拿着热糕，问到蝉姐儿脸上说："稀罕吃你那糕，这个不是糕不成？我不过说着顽罢了，你给我磕个头，我也不吃。"说着，便将手内的糕一块一块的掰了，掷着打雀儿顽，口内笑说："柳嫂子，你别心疼，我回来买二斤给你。"

第六起纷争是"司棋泼蛋"。（第六十一回）

柳家的之所以和芳官关系好，一是她原来在梨香院工作，和芳官有旧交情；二是因为柳家的希望芳官能帮女儿在怡红院安排个好工作。

相反地，她对迎春房里的人，就没那么热心了。故小丫头莲花儿来找她给司棋炖鸡蛋时，柳家的絮絮叨叨，只是不肯炖。司棋听说了，带着小丫头们大闹了小厨房，最后还把柳家的特意做给她的鸡蛋泼了一地。

第七起纷争是"五儿受审"。（第六十一回）

柳家的女儿五儿这一年十六岁，因排行第五，故名五儿。

五儿的身体不是很好，和她关系好的芳官便问宝玉要了玫瑰露给她吃。玫瑰露是贡品，难得一见——夏天生病的时候吃了，对身体有特别的好处。之前宝玉挨了打，袭人去找王夫人回话时，说起宝玉嫌玫瑰膏"絮烦"，王夫人拿出来让宝贝儿子服用的，就是一瓶珍藏的玫瑰露。当时，那玫瑰露装在三寸大小的玻璃瓶子中，盖子是螺丝银盖，名字用的是鹅黄笺写的，露的颜色则像胭脂一样。

芳官问宝玉要的，正是这个王夫人再三嘱咐后才"舍得"给宝贝儿子的玫瑰露。她一下拿走的，是一个"五寸来高的小玻璃瓶"的半瓶。因为一下子拿来的多了，柳家的还不顾女儿的反对，送了半盏给自己的侄子，对方恰巧也病着呢。

柳家的侄子没吃完，放了半盏在桌子上，可巧几个朋友来看望他。来人中有一个叫钱槐的，是赵姨娘的内亲、贾环的伴读——他一直中意五儿。五儿可不喜欢他，所以没有同意他的提亲。因为这层关系，柳家的觉得和他见面比较尴尬，于是便起身离开。柳家的嫂子见她要走，便拿了茯苓霜给她。

这茯苓霜是外省官员孝敬贾府的礼物，是柳家的哥哥做门房时

230

的灰色收入。五儿一心想着，好东西要和芳官分享，便拿着茯苓霜进了大观园。只是没想到，她在回家的路上，遇见林之孝家的——她负责大观园里的安全工作。因为人一紧张说话也含糊，再加上最近王夫人那儿正好丢了玫瑰露和其他几样东西，林之孝家的便怀疑是五儿所偷。蝉姐儿、莲花儿等人也来陷害五儿。

大家去小厨房一搜，竟然还真找到了玫瑰露和茯苓霜两样东西，这可不得了！因几位主事的媳妇、姑娘都不得空，无辜的五儿便被看夜的婆子软禁了起来。

五儿哭了一夜。

那些平常和柳家的不和睦的人，第二天一清早便赶着找平儿送礼，希望平儿可以严肃处理。林之孝家的带着众人，把柳家的也押解起来，还急忙找了司棋的婶娘——秦显家的接管小厨房。

第八起纷争是"彩云偷露"。（第六十一回）

王夫人房里的玫瑰露又是怎么回事呢？

玫瑰露是彩云偷拿给贾环的。她一开始不承认，负责看管的玉钏儿没办法，急得直哭，彩云反说她贼喊捉贼。两个人也吵起来。

表 4-1

次数	纷争
1	藕官烧纸
2	芳官洗头
3	莺儿编花
4	姨娘撒泼

次数	纷争
5	芳官掷糕
6	司棋泼蛋
7	五儿受审
8	彩云偷露

事后来看，这八起纷争，不是孤立的事件，而是"你中有我，我中有你"的一个复杂线团。一件事挤着一件事，一件事套着一件事，是"攒"在一起，共同把鸡毛蒜皮的小事攒成了婆子与婆子、丫鬟与丫鬟、婆子与丫鬟之间的冲突与矛盾。从事情发展的常理来看，从小说世界的艺术效果来看，这八起纷争最后应该引爆一个大矛盾才是。不过，在《红楼梦》中，这一幕却没有出现。正在事情闹得不可开交之时，善良的宝玉终结了这场纷乱。他说："只求姐姐们以后少生些事，这次就都应在我身上罢了。"

值得注意的是，从第三起纷争到第八起纷争，作者从春日里某一天的早上，一口气写到次日早上，涉及的内容从第五十九回一直连贯到第六十一回，整整三回。

从时间跨度上来看，又是整整二十四小时。

作者这样的设计，之前就有王熙凤协理宁国府的二十四小时，有花袭人日夜悬心的二十四小时。我们读来早已不陌生。还是那句话：知道了故事中时间的跨度，我们这些读者也就明白了矛盾的浓度和冲突的强度。

《红楼梦》中的故事往往与气候、节气相伴。这不禁让人浮想联翩，这未能明言的春天里的"一日"，到底是哪一天呢？有没有可能是清明之后下一个节气——谷雨呢？小说中说："一日清晓，宝钗春困已醒，搴帷下榻，微觉轻寒，启户视之，见园中土润苔青，原来五更时落了几点微雨。"（第五十九回）或许，这五更时分落下的几点微雨，正是谷雨节的暗示和证明吧！

隐忍不发的矛盾不会暗暗消解，只会在合适的时机卷土重来，并且愈演愈烈。但是接下来，不如暂且就让矛盾暗暗蓄势吧。因为宝玉十四岁的生日，那红楼世界里最热闹、最美好的时刻就要到了。我们读者也该换一换心情，去尽情体会大观园里那些青春中欢笑的时辰啦！

极琐碎之后，是极繁华之事——这是作者的惯常手法。这"冷热金针"的手法，我们早就知道了。

宁国府的第二场葬礼

贾敬去世时，宁国府主持了府中的第二场葬礼。值得注意的是，秦可卿去世时，宝玉十一岁。这一年，宝玉不过十四岁。短短三年的工夫，宁府的变化可真不小：

秦可卿去世时使用的是一千两银子的棺木，买的是一千五百两银子的龙禁尉。按说这次大老爷去世，场面应该更壮观才对。可是这次的丧事，多少给人一种潦草的感觉：作者不仅没写什么宏大的场面，反而细细写了一笔数额为六百零十两银子的欠款。

一日，有小管家俞禄来回贾珍道："前者所用棚杠孝布并请杠人青衣，共使银一千一百十两，除给银五百两外，仍欠六百零十两。昨日两处买卖人俱来催讨，小的特来讨爷的示下。"贾珍道："你且向库上领去就是了，这又何必来回我。"俞禄道："昨日已曾上库上去领，但只是老爷宾天以后，各处支领甚多，所剩还要预备百日道场及庙中用度，此时竟不能发给。所以小的今日特来回爷，或者爷内库里暂且发给，或者挪借何项，咐吩了小的好办。"贾珍笑道："你还当是先呢，有银子放着不使。你无论那里借了给他罢。"

俞禄笑回道：“若说一二百，小的还可以挪借；这五六百，小的一时那里办得来。”

贾珍想了一回，向贾蓉道：“你问你娘去，昨日出殡以后，有江南甄家送来打祭银五百两，未曾交到库上去，你先要了来，给他去罢。”贾蓉答应了，连忙过这边来回了尤氏，复转来回他父亲道：“昨日那项银子已使了二百两，下剩的三百两令人送至家中交与老娘收了。”贾珍道：“既然如此，你就带了他去，向你老娘要了出来交给他。再也瞧瞧家中有事无事，问你两个姨娘好。下剩的俞禄先借了添上罢。”

贾蓉与俞禄答应了，方欲退出，只见贾琏走了进来。俞禄忙上前请了安。贾琏便问何事，贾珍一一告诉了。贾琏心中想道：“趁此机会正可至宁府寻二姐。”一面遂说道：“这有多大事，何必向人借去。昨日我方得了一项银子还没有使呢，莫若给他添上，岂不省事。”贾珍道：“如此甚好。你就吩咐了蓉儿，一并令他取去。”贾琏忙道：“这必得我亲身取去。再我这几日没回家了，还要给老太太、老爷、太太们请请安去。到大哥那边查查家人们有无生事，再也给亲家太太请请安。”贾珍笑道：“只是又劳动你，我心里倒不安。”贾琏也笑道：“自家兄弟，这有何妨呢。”贾珍又吩咐贾蓉道：“你跟了你叔叔去，也到那边给老太太、老爷、太太们请安，说我和你娘都请安，打听打听老太太身上可大安了？还服药呢没有？”贾蓉一一答应了，跟随贾琏出来，带了几个小厮，骑上马一同进城。（第六十四回）

曾经的宁国府是何等气派！如今，上上下下却为了一笔有整有零的银子犯了愁。要经过几次的周转，才勉强补上。正是从这一笔钱上，我们可以看出：那一开篇就被冷子兴、秦可卿等人反复预言的危机，终于在宝玉十四年的夏天，变成了现实，而贾府也终于由繁盛转向了衰落。

"我算定了你至少也有五千两银子来，这够作什么的！如今你们一共只剩了八九个庄子，今年倒有两处报了旱涝，你们又打擂台，真真是又教别过年了。"（第五十三回）

还记得去年乌进孝来交租子时宁府的抱怨吗？"只剩了"三个字说明贾府往日的庄田财产远比如今的丰厚。宁国府的危机已经来了，荣国府的衰落还会远吗？而眼下一年比一年收入惨淡，正在告诉读者：这不仅是宁国府的状况，更是荣国府的难题。

"（荣国府）这几年添了许多花钱的事，一定不可免是要花的，却又不添些银子产业。"（第五十三回）"凡百大小事仍是照着老祖宗手里的规矩，却一年进的产业又不及先时。"（第五十五回）

山雨欲来风满楼。荣国府的危机，终于愈演愈烈了！

人物群像之尤氏姐妹篇

　　虽然国丧是一件隆重的大事，但毕竟不是自己紧要的人，所以年轻人很快就又回到了自己的世界中。第六十四回至六十九回中，作者一共写了三个年轻女性世界的情与爱，一位是黛玉，篇幅很少；另外两位是尤二姐和尤三姐，着墨很重。

　　宝玉十四年七月的瓜果节，黛玉在自己的屋子里祭祀了五个历史上可敬、可爱、可悲、可叹的女孩子，并为她们作了五首诗。宝玉给这五首诗起了一个总名——《五美吟》。

表 4-2

历史人物	黛玉创作的诗歌	相关故事
西施	一代倾城逐浪花，吴宫空自忆儿家。效颦莫笑东村女，头白溪边尚浣纱。	春秋时期，越国称臣于吴国。越王勾践卧薪尝胆，想伺机复国。西施是越国一个天生丽质的村女，传说是在溪边浣沙时被发现后献给吴王的女间谍。后来她忍辱负重，以身救国

历史人物	黛玉创作的诗歌	相关故事
虞姬	肠断乌骓夜啸风,虞兮幽恨对重瞳。 黥彭甘受他年醢,饮剑何如楚帐中。	虞姬是西楚霸王项羽的爱妾,容貌倾城,舞姿美艳,才艺并重。她常随项羽出征。项羽深陷围城之际,她自刎于楚营,断绝了项羽的后顾之情,激发了项羽的奋战之志
明妃	绝艳惊人出汉宫,红颜命薄古今同。 君王纵使轻颜色,予夺权何畀画工?	明妃是汉元帝时的宫女王昭君。传说,她入宫后,不愿在选秀环节贿赂宫廷画师毛延寿,因此未能被元帝选中。后来,单于向汉求亲,她自主选择远嫁匈奴
绿珠	瓦砾明珠一例抛,何曾石尉重娇娆。 都缘顽福前生造,更有同归慰寂寥。	西晋泰康年间,石崇以三斛明珠聘绿珠为妾。绿珠是个聪颖伶俐、能歌善舞的女子。赵王司马伦的党羽孙秀垂涎绿珠,向失势的石崇索要她。绿珠宁死不从,坠楼自尽
红拂	长揖雄谈态自殊,美人具眼识穷途。 尸居馀气杨公幕,岂得羁縻女丈夫。	红拂是隋朝大司空杨素的家伎。李靖面见杨素时虽然还未发迹,但阅人无数的红拂却已经看到了他的豪杰之气。当天夜晚,红拂盛装夜奔,去李靖的住处大胆表白

　　这五个女孩子身上,有一个共同的特质:她们都是在人生的关键时刻做出了重大选择的、有血性的女孩子。她们有的深情款款,

有的独立自主，都是令人既敬且爱的人。这五首诗，与其说是黛玉写给历史上值得纪念的女孩子的，不如说是作者借了黛玉之笔，写给了红楼世界中所有他怀念的女性。

耐人寻味的是，继《五美吟》之后，作者就写了两个可敬、可羡、可悲、可叹的女孩子：尤二姐和尤三姐。

宝玉十四年七月，贾敬送殡以后。贾琏借了丧事集会的时机，和尤二姐渐生情愫，于是把自己的汉玉九龙珮送给尤二姐以传情。后来贾蓉索性就说媒，把尤二姐介绍给贾琏作二房。几个人商量妥了，瞒着凤姐就暗暗操办起来。

大约到了八月初二时，贾琏就跟尤二姐成了亲。两个人在贾府之外的别院居住，和和睦睦地过了两个月。尤二姐看自己有了归宿，不免替妹妹担心。于是托贾琏给妹妹尤三姐说亲。这才知道，早在五年前，尤三姐就喜欢上了柳湘莲，也早就下定决心：除了他，谁也不嫁。巧的是，贾琏有事出远差，路上正好遇到了柳湘莲。两个人便把婚事定了下来。柳湘莲有一把祖传的鸳鸯剑，这时便托贾琏转交给尤三姐作定情信物。本来一切都很顺遂，没想到柳湘莲进京都后，听了些风言风语，有了后悔的念头，便找了个理由去悔婚，还要求贾琏把鸳鸯剑还给自己。

贾琏还想劝柳湘莲想一想，没想到屋里头的尤三姐却早听见了他们的对话：

那尤三姐在房明明听见。好容易等了他来，今忽见反悔，便知他在贾府中得了消息，自然是嫌自己淫奔无耻之流，不屑为妻。今若容他出去和贾琏说退亲，料那贾琏必无法可处，自己岂不无趣。一听贾琏要同他出去，连忙摘下剑来，将一股雌锋隐在肘内，出来便说："你们不必出去再议，还你的定礼。"一面泪如雨下，左手将剑并鞘送与湘莲，右手回肘只往项上一横。可怜：

揉碎桃花红满地，玉山倾倒再难扶。

芳灵蕙性，渺渺冥冥，不知那边去了。当下唬得众人急救不迭。尤老一面嚎哭，一面又骂湘莲。贾琏忙揪住湘莲，命人捆了送官。

尤二姐忙止泪反劝贾琏："你太多事，人家并没威逼他死，是他自寻短见。你便送他到官，又有何益，反觉生事出丑。不如放他去罢，岂不省事。"贾琏此时也没了主意，便放了手命湘莲快去。湘莲反不动身，泣道："我并不知是这等刚烈贤妻，可敬，可敬。"湘莲反伏尸大哭一场。等买了棺木，眼见入殓，又抚棺大哭一场，方告辞而去。

出门无所之，昏昏默默，自想方才之事。原来尤三姐这样标致，又这等刚烈，自悔不及。正走之间，只见薛蟠的小厮寻他家去，那湘莲只管出神。那小厮带他到新房之中，十分齐整。忽听环珮叮当，尤三姐从外而入，一手捧着鸳鸯剑，一手捧着一卷册子，向柳湘莲泣道："妾痴情待君五年矣。不期君果冷心冷面，妾以死报此痴情。妾今奉警幻之命，前往太虚幻境修注案中所有一干情鬼。妾不忍一别，故来一会，从此再不能相见矣。"说着便走。湘莲不舍，忙欲上来拉住问时，那尤三姐便说："来自情天，去由情地。前生误被情惑，今既耻情而觉，与君两无干涉。"说毕，一阵香风，无踪无影去了。（第六十六回）

这个自己决定要嫁给谁的尤三姐，这个被质疑后以死证明清白的尤三姐，难道不像虞姬、不像绿珠吗？

尤三姐自刎殉情后，程乙本里的柳湘莲是这样的：

湘莲反不动身，拉下手绢，拭泪道："我并不知是这等刚烈人，真真可敬！是我没福消受！"

如果你明白《五美吟》中歌颂的是怎样的女性，也就应该明白，这样的女性到底爱的应该是怎样的一个男子。那一定不是"拉下手绢"哭泣，后悔自己"没福消受"美色的柳湘莲，而最好是一个"大哭一场"，为失去刚烈贤妻扼腕叹息的大丈夫。

所以看来看去，还是庚辰本的相关部分写得最好——

湘莲反不动身，泣道："我并不知是这等刚烈贤妻，可敬！可敬！"

纸包不住火，尤三姐去世后不多久，王熙凤便知道了贾琏和尤二姐的事。

到了十月十四日左右，凤姐穿了一身素裙，戴着银首饰①去见尤二姐，又是送礼物，又是道委屈，柔风细雨地劝尤二姐随她到贾府去居住。尤二姐同意后，她借口国丧家丧期间婚娶名不正言不顺，

---

① 凤姐的意图是强调此时正值国丧，以此给二姐压力。

先把尤二姐送到大观园。接下来，凤姐按部就班，开始施展起她的计谋。这厢自己总是和颜悦色的；那厢却又使唤心腹去外头安排原来和尤二姐定过亲的张华家到衙门告贾琏。等事情闹出来了，亲自到宁国府里对着贾蓉、尤氏等人又哭又骂。直到大家都认了错，她才把尤二姐的事告诉贾母。

贾琏不是这时候正在外面办事吗？待他办完事回来后，贾赦一高兴，又把丫头秋桐送给儿子当妾了。这下可好，贾琏身边的女人一下子多了两个。凤姐见了，脸上一点不满也没有，还带了秋桐去见贾母与王夫人等，这样就在家中留下了贤惠的好名声。背地里的她却又冷酷又无情，只愿意给尤二姐吃些残羹冷炙。而贾琏此时一颗心只在秋桐身上，秋桐偏偏又是个狂傲的人，常对尤二姐冷言冷语。尤二姐只好忍气吞声，自己一个人默默掉眼泪。纵然人问了，也不说。

很快，秋桐也开始出言陷害。贾母信以为真，慢慢也就不喜欢尤二姐了，下人们见人下菜碟，也就越发欺负起无依无靠的尤二姐来。

到了十一月左右，受了一个月暗气的尤二姐病了，此时她已怀了三个月左右的身孕。小厮请了当年乱给晴雯看病的胡太医来给尤二姐看病。贾琏明明已经提醒说，尤二姐可能已经怀孕；太医胡君荣却还是误诊了，用一副虎狼之药，就这样把一个男胎打了下来。

凤姐烧香礼拜，祷告不止，还"热心"地去找人算命。这下好了，算命的人说是属兔的女人冲了尤二姐。找来找去，身边唯一属兔的女人只有秋桐。秋桐听了这话，很是生气，便又去骂尤二姐。

孩子去了，尤二姐再没了牵挂，这骂声不会再让尤二姐伤心了。

当天晚上，尤二姐就吞金自尽了——有的故事，常跟读者使障眼法，故意制造悬念。尤二姐的故事则不是这样，读者读到这里，心里都明镜似的，看得懂凤姐的阴毒。反倒是书里的人浑然不觉，都只称赞凤姐的贤良，更加让读者无限唏嘘。

《红楼梦》中，情与景常常是交融的。故而在宝玉十四年的秋天和冬天中，发生的都是些悲伤的事：尤三姐命丧鸳鸯剑，柳湘莲绝情入空门，尤二姐吞金自尽，柳五儿无辜遭监禁后病一天比一天重。这个故事如果有颜色的话，该是一片惨淡的鱼肚白吧！

在《红楼梦》的开篇，作者曾开宗明义地交代自己的创作初衷：

今风尘碌碌，一事无成，忽念及当日所有之女子，一一细考较去，觉其行止见识，皆出于我之上。

我之罪固不免，然闺阁中本自历历有人，万不可因我之不肖，自护己短，一并使其泯灭也。

虽我未学，下笔无文，又何妨用假语村言，敷演出一段故事来，亦可使闺阁昭传，复可悦世之目，破人愁闷，不亦宜乎？（第一回）

从这些话中，我们可以看出这部小说具有的自传性质。当然，也不难看出作者"为闺阁昭传"的目的是：然闺阁中本自历历有人，万不可因我之不肖，自护己短，一并使其泯灭也。

他所写的高贵、美好的生命，不仅仅是宝钗、黛玉，甚至也不仅仅是金陵十二钗，也是尤氏姐妹这般年轻又卑微的女性。她们虽然美丽、深情，可终究也是这世上两个微不足道的人。

时光匆匆流逝，一去永不回头。如果不是有一个叫曹雪芹的人，曾经用最真诚的眼睛凝视过"她们"散发出来的光芒，后来的人们便再也不会知道这一切了。让我们记住尤三姐最美丽的时刻吧：

这尤三姐松松挽着头发，大红袄子半掩半开，露着葱绿抹胸，一痕雪脯。底下绿裤红鞋，一对金莲或翘或并，没半刻斯文。两个坠子却似打秋千一般，灯光之下，越显得柳眉笼翠雾，檀口点丹砂。（第六十五回）

那时候，贾珍和贾琏都看呆了。他们都觉得，自己从小到大见过许多女人，却从未见过像尤三姐这样风流的女人。

大观园时代第三年

宝玉 15 岁

人物群像之司棋彩霞篇

第七十一至七十二回作者写了两个谋爱的丫头：司棋与彩霞。

宝玉十五年的秋天，角门虚掩，犹未上闩；灯光掩映，微月半天。大丫头鸳鸯在大观园办完了事，来到院门前。此时正是起更的时刻，园门马上要关了。值夜人的屋子里透出一些微光，淡淡的月牙挂在半空。读者读到这里，或许要会心一笑：噫！那赌钱的庄家怕不是早已准备好了吧？

鸳鸯下了甬道，走到一块湖山石后面的一棵大桂树下，想要小解。这时候，一阵衣衫的响动传了过来，这让她吃惊不小。

定睛看时，恍惚之间，面前出现了两个人影。她看清其中一个是身材高大、丰满的司棋，是迎春房里的大丫头。另外一个她没太看得真，还以为是和司棋闹着玩的女孩呢。司棋却不这么想，她以为鸳鸯什么都看见了。于是赶紧从树后跑出来，一下子跪在鸳鸯面前，而且紧张得浑身乱颤，不发一语。真相一下子大白了。

和司棋密会的，是司棋的姑表兄弟、宁国府的小厮潘又安。顺便说一句，潘安是古代有名的美男子。

潘岳（安）妙有姿容，好神情。少时挟弹出洛阳道，妇人遇者，莫不连手共萦之。

——刘义庆《世说新语》

小厮叫作潘又安，应该也是一个美少年。司棋和他青梅竹马，心中一直各自有情。如今大观园中的婆子迷上了赌博，正都在用钱之际，所以潘又安想办法买通了他们，偷偷来园子中和司棋约会。只是没想到，二人才第一次见面就被鸳鸯撞破了。

潘又安不留一语，一径逃走了，剩下司棋一个人在大观园中煎熬。因为担心事情败露，她第二日便病了。

彩霞是王夫人府中的大丫头，她和彩云都与贾环要好。因为到了婚嫁的年龄，王夫人便让她回家择人婚配。彩霞生得很好，旺儿的儿子早看中了她，趁了这机会便来追求。因为他是个不成才的人，再加上彩霞心里早就有贾环，她便托了人，来找赵姨娘说情。

她大约是没有找贾环。

也幸好她没有找贾环。

因为贾环对她其实也并不在意——在贾环看来，彩霞不过是个丫鬟而已。没有了她，横竖以后还会有别的、更好的女人。好在赵姨娘比儿子长情。她便向贾政开口，想收了彩霞给贾环作屋里人。但贾政另有计划，这事儿也就不了了之了。

司棋和彩霞的性格有不小的差异——司棋虽是迎春的丫头，却和自家小姐不同，为人刁蛮而火爆；彩霞呢，又与司棋相反。但两个人也有共同点：司棋在房中很有话语权；彩霞则是一个很认真负责的人，她在王夫人房中的地位，基本也就相当于贾母的鸳鸯、宝玉的袭人、黛玉的紫鹃了。

探春也曾称赞说："凡百一应事都是他（彩霞）提着太太行。连老爷在家出外去的一应大小事，他都知道。太太忘了，他背地里告诉太太。"（第三十九回）

所以说，两个女孩子虽一个外放一个内敛，内里却都是能主事、有主见的人。司棋就不必说了——因为"泼蛋"一事，读者记住她不是难事，咱们单说彩霞。宝玉说她是个"老实人"，只是看见了外表，倒是探春看得深，她说这姑娘"外头老实"，其实"心里有数儿"。这个"心里有数儿"反映在个人感情上，就是有勇气为自己争取。这两个姑娘，一个不管不顾，和情郎私定了终身；一个不甘命运，希望通过光明正大的方式，改变自己的人生——可惜，结果都令人唏嘘。

鸳鸯重情义，不曾出卖司棋。本来这事到这儿也就结束了。可抄检大观园的时候，人们偏偏又从司棋那儿找到了潘又安的物品，司棋也就只好含羞忍恨地离开了大观园；彩霞虽然百般不情愿，却还是被凤姐做主嫁给了旺儿那不成器的儿子。潘又安也好，贾环也罢，没有一个是能承担、愿意争取的。

《红楼梦》写了不同身份的人各种类型的情与爱。它把这两个女孩子的感情故事放在一处，先后展现了她们的情感悲剧，或许是想说，曾经有两个女孩用两种截然不同的方式，试图改变自己的命运，但是都失败了。红楼世界中的其他女孩，很多也如司棋和彩霞一样，都努力过、争取过，结果也大都失败了。

唐传奇的名篇《昆仑奴》讲过这样一个故事。唐朝大历年间，有一个叫崔生的年轻人，品貌气质都是一流。

生少年，容貌如玉，性禀孤介，举止安详，发言清雅。

他的父亲是高官，和当时的一品大官很熟悉。这位大官生病了，崔生奉父亲之命去探视，和一位叫红绡的歌妓一见钟情。崔生离去后，"语减容沮，日不暇食"，总之害了相思病。他身边的"昆仑奴"摩勒知道此事后，决定帮助这对"鸳鸯偶"。

"一品宅有猛犬守歌妓院门，非常人不得辄入，入必噬杀之。其警如神，其猛如虎，即曹州孟海之犬也。世间非老奴不能毙此犬耳。今夕当为郎君挝杀之。"

是夜三更，（昆仑奴）与生衣青衣，遂负而逾十重垣，乃入歌妓院内，止第三门。

昆仑奴锤杀恶犬，背着崔生越过十重高墙，和心上人见了面。红绡见情郎如有神助，喜出望外。既然千辛万苦见了面，于是不如索性就私奔了吧！昆仑奴支持他们的爱情，同时也有超能力，于是背着二人，越过重重高墙——昆仑奴给了爱情一个自由身。

唐传奇里的爱情故事有很多，类似昆仑奴这样，守护别人爱情的豪杰之士也不少。比如，守护李靖和红拂的虬髯客，守护李益和霍小玉的黄衫客。红拂其实不叫红拂，她只是和李靖相见的时候，手里拿着个红色的拂尘罢了。红绡其实也不叫红绡，她只是和崔生相见的时候，身上穿了红绡做的衣裳罢了。

　　巧的是，和潘又安相见的这一天，司棋也穿了一身红衣裳。可惜被鸳鸯撞见后，他们这对一个逃跑了，一个吓病了。

　　读到这里，有时候我会忍不住想：这人世间真的有传奇吗？要是真有的话，昆仑奴背着潘又安来见司棋，那该有多好啊！

○○○○○ ────────────────

　　阅读延伸与写作

　　文学影视作品中，还有哪个女孩的"努力争取"给你留下过深刻的印象？

扫码听音频
与万老师一起学红楼

荣国府的财政危机体现在何处？

第七十二回细写了贾琏向鸳鸯借钱的事。

以前《红楼梦》写贾府的穷，不过是草蛇灰线、适度点染而已，如借冷子兴之口说，"百足之虫，死而不僵"；借刘姥姥之口说，"瘦死的骆驼比马大"。纵然直接写府上的窘迫，写的也多是宁国府的窘迫，如庄头乌进孝向贾珍告艰难。这一次却与众不同，荣国府的"穷"是被赤裸裸地写出来了！

平儿答应着才迎出去，贾琏已找至这间房内来。至门前，忽见鸳鸯坐在炕上，便煞住脚，笑道："鸳鸯姐姐，今儿贵脚踏贱地。"鸳鸯只坐着，笑道："来请爷奶奶的安，偏又不在家的不在家，睡觉的睡觉。"贾琏笑道："姐姐一年到头辛苦服侍老太太，我还没看你去，那里还敢劳动来看我们。正是巧的很，我才要找姐姐去。因为穿着这袍子热，先来换了夹袍子再过去找姐姐，不想天可怜，省我走这一趟，姐姐先在这里等我了。"一面说，一面在椅上坐下。

鸳鸯因问："又有什么说的？"贾琏未语先笑道："因有一件事，我竟忘了，只怕姐姐还记得。上年老太太生日，曾有一个外路和尚来孝敬一个蜡油冻的佛手，因老太太爱，就即刻拿过来摆着了。因前日老太太生日，我看古董帐上还有这一笔，却不知此时这件东西着落何方。古董房里的人也回过我两次，等我问准了好注上一笔。所以我问姐姐，如今还是老太太摆着呢，还是交到谁手里去了呢？"鸳鸯听说，便道："老太太摆了几日厌烦了，就给了你们奶奶。你这会子又问我来。我连日子还记得，还是我打发了老王家的送来的。你忘了，或是问你们奶奶和平儿。"

平儿正拿衣服，听见如此说，忙出来回说："交过来了，现在楼上放着呢。奶奶已经打发过人出去说过给了这屋里，他们发昏，没记上，又来叨登这些没要紧的事。"贾琏听说，笑道："既然给了你奶奶，我怎么不知道，你们就昧下了。"平儿道："奶奶告诉二爷，二爷还要送人，奶奶不肯，好容易留下的。这会子自己忘了，倒说我们昧下。那是什么好东西，什么没有的物儿。比那强十倍的东西也没昧下一遭，这会子爱上那不值钱的！"

贾琏垂头含笑想了一想，拍手道："我如今竟糊涂了！丢三忘四，惹人抱怨，竟大不像先了。"鸳鸯笑道："也怨不得。事情又多，口舌又杂，你再喝上两杯酒，那里清楚的许多。"一面说，一面就起身要去。

贾琏忙也立身说道："好姐姐，再坐一坐，兄弟还有事相求。"说着便骂小丫头："怎么不沏好茶来！快拿干净盖碗，把昨儿进上的新茶沏一碗来。"说着向鸳鸯道："这两日因老太太的千秋，所有的几千两银子都使了。几处房租地税通在九月才得，这会子竟接不上。明儿又要送南安府里的礼，又要预备娘娘的重阳节礼，还有

几家红白大礼，至少还得三二千两银子用，一时难去支借。俗语说
'求人不如求己'。说不得，姐姐担个不是，暂且把老太太查不着
的金银家伙偷着运出一箱子来，暂押千数两银子支腾过去。不上半
年的光景，银子来了，我就赎了交还，断不能叫姐姐落不是。"

鸳鸯听了，笑道："你倒会变法儿，亏你怎么想来。"贾琏笑道：
"不是我扯谎，若论除了姐姐，也还有人手里管的起千数两银子
的，只是他们为人都不如你明白有胆量。我若和他们一说，反吓
住了他们。所以我'宁撞金钟一下，不打破鼓三千'。"一语未了，
忽有贾母那边的小丫头子忙忙走来找鸳鸯，说："老太太找姐姐
半日，我们那里没找到，却在这里。"鸳鸯听说，忙的且去见贾母。
（第七十二回）

这边鸳鸯去了，贾琏回来和凤姐商议。说不了一会儿，旺儿家
的来了。大家便又说起了钱：

凤姐忙道："旺儿家的……说给你男人，外头所有的帐，一
概赶今年年底下收了进来，少一个钱我也不依的。我的名声不好，
再放一年，都要生吃了我呢。"旺儿媳妇笑道："奶奶也太胆小
了，谁敢议论奶奶！若收了时，公道说，我们倒还省些事，不大
得罪人。"

凤姐冷笑道："我也是一场痴心白使了。我真个的还等钱作什
么，不过为的是日用出的多，进的少。这屋里有的没的，我和你姑
爷一月的月钱，再连上四个丫头的月钱，通共一二十两银子，还不

够三五天的使用呢。若不是我千凑万挪的，早不知道到什么破窑里去了。如今倒落了一个放账破落户的名儿。既这样，我就收了回来。我比谁不会花钱？咱们以后就坐着花，到多早晚是多早晚。这不是样儿：前儿老太太生日，太太急了两个月，想不出法儿来，还是我提了一句，后楼上现有些没要紧的大铜锡家伙四五箱子，拿去弄了三百银子，才把太太遮羞礼儿搪过去了。我是你们知道的，那一个金自鸣钟卖了五百六十两银子。没有半个月，大事小事倒有十来件，白填在里头。今儿外头也短住了，不知是谁的主意，搜寻上老太太了。明儿再过一年，各人搜寻到头面衣服，可就好了！"

旺儿媳妇笑道："那一位太太奶奶的头面衣服折变了不够过一辈子的，只是不肯罢了。"凤姐道："不是我说没了能耐的话，要像这样，我竟不能了。昨晚上忽然作了一个梦，说来也可笑，梦见一个人，虽然面善，却又不知名姓，找我。问他作什么，他说娘娘打发他来要一百匹锦。我问他是那一位娘娘，他说的又不是咱们家的娘娘。我就不肯给他，他就上来夺。正夺着，就醒了。"旺儿家的笑道："这是奶奶的日间操心，常应候宫里的事。"

一语未了，人回："夏太府打发了一个小内监来说话。"贾琏听了，忙皱眉道："又是什么话，一年他们也搬够了。"凤姐道："你藏起来，等我见他，若是小事罢了，若是大事，我自有话回他。"贾琏便躲入内套间去。这里凤姐命人带进小太监来，让他椅子上坐了吃茶，因问何事。

那小太监便说："夏爷爷因今儿偶见一所房子，如今竟短二百两银子，打发我来问舅奶奶家里，有现成的银子暂借一二百，过一两日就送过来。"凤姐儿听了，笑道："什么是送过来，有的是银子，只管先兑了去。改日等我们短了，再借去也是一样。"小太监道："夏爷爷还说了，上两回还有一千二百两银子没送来，等今年年底下，自然一齐都送过来。"凤姐笑道："你夏爷爷好小气，这也值得提在心上。我说一句话，不怕他多心，若都这样记清了还我们，不知还了多少了。只怕没有；若有，只管拿去。"因叫旺儿媳妇来，"出去不管那里先支二百两来。"旺儿媳妇会意，因笑道："我才因别处支不动，才来和奶奶支的。"凤姐道："你们只会里头来要钱，叫你们外头弄去就不能了。"说着叫平儿，"把我那两个金项圈拿出去，暂且押四百两银子。"

平儿答应了，去半日，果然拿了一个锦盒子来，里面两个锦袱包着。打开时，一个金累丝攒珠的，那珍珠都有莲子大小；一个点翠嵌宝石的。两个都与宫中之物不离上下。一时拿去，果然拿了四百两银子来。凤姐命与小太监打叠起一半，那一半命人与了旺儿媳妇，命他拿去办八月中秋的节。

那小太监便告辞了，凤姐命人替他拿着银子，送出大门去了。这里贾琏出来笑道："这一起外祟何日是了！"凤姐笑道："刚说着，就来了一股子。"贾琏道："昨儿周太监来，张口一千两。我略应慢了些，他就不自在。将来得罪人之处不少。这会子再发个三二百万的财就好了。"一面说，一面平儿服侍凤姐另洗了面，更衣往贾母处去伺候晚饭。（第七十二回）

这一年的八月初三，是贾母的八十大寿。荣宁二府商定了，在七月二十八日至八月初五日这几天，大摆宴席，给老寿星祝寿。这自然是贾府里的一件大事。一时之间，又是一阵目不暇接的人情往来："皇亲驸马王公诸公主郡主王妃国君太君夫人"要请，"阁下都府督镇及诰命"要请，"诸官长及诰命并远近亲友及堂客"也要请。家宴也是少不了的，初一日是贾赦请的家宴，初二日是贾政请，初三日是贾珍贾琏请，初四日则是贾府中合族长幼大小共凑的家宴。

为了这生日，王夫人竟急了两个月，可还是想不出办法，凑不出礼金。最后还是王熙凤出了主意，当掉了库房里暂时用不着的四五箱大铜锡家伙，得了三百两银子，"才把太太遮羞礼儿搪过去"。王熙凤自己也卖了个金自鸣钟，换了五百六十两银子，用来应付贾母的生日及日常的开销。

"前儿老太太生日，太太急了两个月，想不出法儿来，还是我提了一句，后楼上现有些没要紧的大铜锡家伙四五箱子，拿去弄了三百银子，才把太太遮羞礼儿搪过去了。我是你们知道的，那一个金自鸣钟卖了五百六十两银子。没有半个月，大事小事倒有十来件，白填在里头。今儿外头也短住了，不知是谁的主意，搜寻上老太太了。明儿再过一年，各人搜寻到头面衣服，可就好了！"

旺儿媳妇笑道："那一位太太奶奶的头面衣服折变了不够过一辈子的，只是不肯罢了。"（第七十二回）

几个人正说着呢，就有宫里的太监索要贿赂来了。王熙凤不得已，拿出自己的一对金累丝攒珠的项圈，当了四百两银子。一半应付了夏太监，一半交给旺儿媳妇，准备八月十五过节的费用。同样都是短了银子，此处比几个月之前宁国府中贾敬去世那次，写得更加细致入微。

起承转合之间，很多细节都耐人寻味。以前，总是警钟长鸣，直到这一刻，可怕的现实才终于来到眼前：如今的荣国府真的不是以前的荣国府了。这个曾经的豪门大家族终于陷入了百年未有的危机！

　　"我虽不管事，心里每常闲了，替你们一算计，出的多进的少，如今若不省俭，必致后手不接。"（第六十二回）

你能想到吗？在年轻人中，说这话的人不是宝钗、湘云、探春、李纨，而是潇湘馆里飘然出尘的林妹妹。潇湘馆里竹影参差，苔痕点点，月洞窗下阴阴翠润，几簟生凉。这是个连贾政都羡慕的读书之所，可是你看，令人惊讶的是，黛玉心里每常闲了，竟不单单只是对月长吟、临窗洒泪，她也有为宁荣二府算账的时候。

既然连林妹妹都这样担心了，那么，我们也就这次经济危机，给贾府算算账吧。黛玉说贾府"出的多进的少"，几个字精辟又准确。大体任何一个国家、社会、家庭的财政出了问题，总逃不过"入不敷出"四个字。我们先来看看荣国府的收入。

荣国府的收入主要有这几大项。首先是俸禄。《红楼梦》是一部"架空小说"，没有明确说明主人公生活的时代。在这里，我们就以《户部则例》记载的清朝京官的俸禄，简单估算一下吧。

以贾政为例，起初他是工部员外郎，按官阶来说是从五品，一年的俸禄是八十两银子。后来贾政外放学政，当上了正三品官员，俸禄大约是一百三十两。贾赦是有爵位的人，当然也会有一些收入。贾母、王夫人等诰命也各自有一些俸禄。但无论如何，这些收入都不会太高。因此，贾府整体的薪资收入并不算多，一年下来也就是一千至三千两。

其次是礼金。一部分礼金来自皇帝、皇妃的赏赐。这主要是荣誉的体现，钱上不会很多——贾蓉就曾对乌进孝说："（娘娘）岂有不赏之理，按时到节不过是些彩缎古董顽意儿。纵赏银子，不过一百两金子，才值了一千两银子，够一年的什么？"（第五十三回）

此外还有婚丧嫁娶亲友送的礼金之类。这一项数目并不小，故而两者加在一起，收入应该在万两以上。

最后一项是房租地税。这是荣国府最主要的合法收入。乌进孝进京向贾珍缴纳地租，说年成不好。此时给宁国府的，除鸡鸭鱼肉米炭等物外，也有两千五百两银子，并提及荣国府庄子比宁国府多几倍，今年只比宁国府多收了两三千。可见荣国府收成极差时也有五千至一万两。这样保守估计下来，荣国府一年的大致收入，约有三万两左右。

说完了荣国府的收入，再谈谈荣国府的支出。

荣国府的支出主要分为四部分。一是几百人的工资。从刘姥姥一进大观园时的对话中可知，荣国府上上下下共有三四百人之多，营造大观园后又新添了不少人力。因此在工资——也就是月钱上，荣国府的支出便有万两以上。

二是几百人的伙食费、服装费等。正如王熙凤所说："新鲜菜蔬是有分例的，在总管房支去，或要钱，或要东西。"大观园厨房操办园内主子及贴身丫鬟的伙食，每日就可支"两只鸡，两只鸭子，十来斤肉，一吊钱的菜蔬"。荣国府所需的米肉等主要靠实物地租，不过那时候没有冰箱，新鲜菜蔬恐怕总要就近置办。大观园厨房管四五十人的饭菜，仅购买新鲜菜蔬每日就得花一吊钱。照此粗略推算，荣国府四百来人一年在伙食上的花费，大约得四五千两银子。

三是年节生日、婚丧嫁娶。这就不必说了，每项都是一大笔支出。凤姐就曾经和平儿一起谈论过这个话题：

"宝玉和林妹妹他两个一娶一嫁，可以使不着官中的钱，老太太自有梯己拿出来。二姑娘是大老爷那边的，也不算。剩了三四个，满破着每人花上一万银子。环哥娶亲有限，花上三千两银子，不拘那里省一抿子也就够了。老太太事出来，一应都是全了的，不过零星杂项，便费也满破三五千两。"（第五十五回）

宝玉十五年的秋天，贾琏也说："明儿又要送南安府里的礼，又要预备娘娘的重阳节礼，还有几家红白大礼，至少还得三二千两银子用……"（第七十二回）

婚丧大事、请客送礼、朝廷进贡、人情往来等，一年怎么也得一万两。

四是贵妃省亲。想当初贵妃省亲之日是何等排场，真是想不到，原来日后的衰败竟是当初繁盛种下的果。宝玉十三年的冬天，贾珍忧心忡忡地说："这二年那一年不多赔出几千银子来""再两年再一回省亲，只怕就精穷了"（第五十三回）。可见自贵妃省亲以来，地租连年减少，支出居高不下，荣国府财政下滑的快速通道早在那"烈火烹油、鲜花着锦"的省亲之日、大观园修建之时，便悄然开启了！

接下来，我们来算一算大观园这座园子的花费。大观园初建，贾蔷去姑苏聘请教习，采买小戏子，置办乐器行头，当时贾琏和贾蔷有一番对话：

（贾琏）因问："这一项银子动那一处的？"贾蔷道："才也议到这里。赖爷爷说，不用从京里带下去，江南甄家还收着我们五万银子。明日写一封书信会票我们带去，先支三万，下剩二万存着，等置办花烛彩灯并各色帘栊帐幔的使费。"贾琏点头道："这个主意好。"（第十六回）

故此可知，筹备小戏班统共花费了三万两银子，而大观园的软装、布置则花费了两万两银子，还有楼阁亭轩、开挖河道、山石堆叠等，每一步无不需要大量的金银。贾芸到大观园种树，一次性批走的就是二百两银子。这样杂七杂八加起来，大观园从修建到使用，花费应在百万两以上。

百足之虫，到底死而不僵。若是没有凭空生出的"大事"，荣国府也能够勉强支撑。故从贾珍、贾蓉再到王熙凤，内心所担心的不是别的，而正是再发生一次"元春省亲"！因为元春省亲、修建大观园这样横生出来的巨额支出，足以让荣国府伤筋动骨。

（王熙凤）"你知道，我这几年生了多少省俭的法子，一家子大约也没个不背地里恨我的。我如今也是骑上老虎了。虽然看破些，无奈一时也难宽放；二则家里出去的多，进来的少。凡百大小事仍是照着老祖宗手里的规矩，却一年进的产业又不及先时。多省俭了，外人又笑话，老太太、太太也受委屈，家下人也抱怨刻薄。若不趁早儿料理省俭之计，再几年就都赔尽了。"（第五十五回）

当宝黛等人真的住进大观园后，人工费用便就是大头了。还是在第三十六回里，作者就通过王夫人与凤姐的一问一答，介绍了丫鬟的"薪水"。贾母使唤鸳鸯、琥珀等八个大丫头，她们每月的月钱是一两银子，袭人调到宝玉处，还剩下七个大丫头，而袭人虽已调走了，但月钱仍在贾母名下开支。王夫人使唤金钏儿、玉钏儿等四个大丫头，她们的月钱也是每月一两，金钏儿死后的岗位空缺没有补，薪水是玉钏儿领了双份。宝玉房中除袭人外还有晴雯、麝月等七个二等丫头，每人月钱各一吊。此外，众多的丫鬟是三等，她们的月钱是每月五百钱……

按照荣国府的月钱制度，细算一算，单大观园之中，人工费用一个月也得有上百两银子的支出。丫头晴雯大约是十岁进的贾府，十六岁时不幸去世的。在总共不到六年的时间里，她剩的衣履簪环之类就约有三四百金之数。据此可知，凡是和晴雯资历、等级差不多的丫鬟，除了月钱之外，每年也都还有相当不菲的置装费。

还有，她们的医药费和诊断费也是贾府统一提供的。这还只是生活起居，若论起少年主子们的风花雪月，可就又是一笔不显山露水，却绝算不上俭省的花费。诗社头一期的活动经费是五十两，后来又一人缴纳了一两多的会费。夏天要吃西瓜，秋天要吃螃蟹，冬天一时兴起吃起烧烤。这些哪一样不比柴米油盐更费钱呢？可这不过是大观园巨额花费中最不起眼的一部分而已。

脂批提示我们，"观者记之，不要看这书正面，方是会看"。在这个高门大户里，要供应四十人吃饭，每日购买菜蔬的开销是一吊钱。一两银子是一个大夫的出诊费，是丫头一个月的工资；二两银子是姨太太的工资；有整有零的十五两三钱，可以买些冰片、麝香；八两银子是孩子们上学时购买书本、文具的费用……一样一样看时，其实并不怎么显眼，可是谁又知道，如今竟需要再来二三百万的意外之财才能正常运转呢？但问题是，到底又能去哪里赚到这么多的钱？这个名门望族在短短几年之内，以非常快的速度迅速衰败着。

凤姐道："不是我说没了能耐的话，要像这样，我竟不能了。昨晚上忽然作了一个梦，说来也可笑，梦见一个人，虽然面善，却又不知名姓，找我。问他作什么，他说娘娘打发他来要一百匹锦。我问他是那一位娘娘，他说的又不是咱们家的娘娘。我就不肯给他，他就上来夺。正夺着，就醒了。"（第七十二回）

这一个"夺锦"之梦很耐人寻味。贾府基业，百年兴衰，正如命运给予贾家的绝美锦绣。这个梦好像在暗示着，曾经那个慷慨地给你幸福和荣耀的人，已经起心动念，预备把一切给你的东西都收回了。这结局一开始已经说得清清楚楚、明明白白。可是，当一切真正发生时，我们还是会忍不住替曾经拥有这一切的人感到伤感与悲痛。

在地球生命的进化历史中，曾经出现过很多强大的生物。剑齿虎就是其中的一种。顾名思义，剑齿虎拥有一对长长的剑齿，看上去比任何一种猫科动物都威风凛凛。同时也因为这对剑齿，它们得以超越其他肉食动物，以巨兽猛犸象为食。一时之间，风头无两。然而让剑齿虎猝不及防的是，自然界的变化是如此快——猛犸象越来越少了。当猛犸象灭绝的时候，这一对只为捕杀猛犸象而生的獠牙又有什么用呢？

同样地，当皇帝的恩宠和庄田经济不能再承载未来的时候，那些最让贾家引以为傲的东西又有什么用呢？大观园是一切危机与悲剧的缩影。大观园的美好从此开始慢慢瓦解。这让读者忍不住开始担忧：当大观园这片净土开始变得复杂和混乱的时候，这样的"钟鸣鼎食人家，诗礼簪缨之族"还会一如往常吗？

从此之后，读者可以看到，人与人之间的矛盾变得越来越表面化了。也正是在这样的背景下，大观园中继探春管家之后，贾母抓赌、王夫人二次抄检大观园、贾赦因债务问题把女儿迎春嫁给孙绍祖等事纷至沓来。继仆人群体的乱象之后，属于主人的风波也就随之而来了！

为什么抄检大观园是矛盾的总爆发？

宁荣二府都发生了哪些事？

人们常说，抄检大观园是贾府矛盾的总爆发。这是为什么呢？接下来，就让我们一起梳理下抄检大观园前，大观园和宁荣二府中发生了哪些事。

首先是坐更的下人聚众赌博、吃酒，工作懈怠，门禁不严。贾母这样分析这件事情的危害：一是藏贼引盗，容易丢失东西；二是容易私相授受，导致风气不正。实际上，她担心的第二件事已经发生了，作者在前文已有几处写明（就是司棋和潘又安私相授受的事）。

正因如此，才导致大观园中发生了"一个人从墙上跳下来"这样的事情。巧的是，这一天，宝玉正需要一个不被父亲抓过去考试的借口（其实这是个假消息，赵姨娘和贾政说的是讨彩霞给贾环作"屋里人"的事，没谈学习），这件事才被声张出来的。

宝玉十五年的秋夜，宝玉正在痛赶作业，忽然金星玻璃（金星玻璃是宝玉给丫头芳官改的外国名字）从后房门跑进来说，"不好了，一个人从墙上跳下来了"。宝玉立刻开始装病，晴雯也故意声张起来。这两人起心动念时，为的不过是万一第二天被考试的话，能够蒙混过关。没想到最后动静太大，这才惊动了贾母。

宁荣二府中，主人一共三十多，仆人却有三四百，已经是一个中型公司的人数规模。王熙凤曾经说"大有大的难处"，这难处之一便是：规模大了，管理工作的难度和复杂程度都会大大提高。之前咱们一起梳理过王熙凤管家，对比过探春管家。这次咱们一起看看贾母管家的情景。

被"从墙上跳下来"的那人惊动后，老太太问起大观园里的情况，众人默然无答，独探春有所回应。

贾母闻知宝玉被吓，细问原由，不敢再隐，只得回明。贾母道："我料到必有此事。如今各处上夜都不小心，还是小事，只怕他们就是贼也未可知。"当下邢夫人并尤氏等都过来请安，凤姐、李纨及姊妹等皆陪侍，听贾母如此说，都默无所答。独探春出位笑道："近因凤姐姐身子不好，几日园内的人比先放肆了许多。先前不过是大家偷着一时半刻，或夜里坐更时，三四个人聚在一处，或掷骰或斗牌，小小的顽意，不过为熬困。近来渐次放诞，竟开了赌局，甚至有头家局主，或三十吊五十吊三百吊的大输赢。半月前竟有争斗相打之事。"

贾母听了，忙说："你既知道，为何不早回我们来？"探春道："我因想着太太事多，且连日不自在，所以没回。只告诉了大嫂子和管事的人们，戒饬过几次，近日好些。"

贾母忙道："你姑娘家，如何知道这里头的利害。你自为耍钱常事，不过怕起争端。殊不知夜间既耍钱，就保不住不吃酒；既吃酒，就免不得门户任意开锁。或买东西，寻张觅李，其中夜静人稀，趁便藏贼引奸引盗，何等事作不出来。况且园内的姊妹们起居所伴者皆系丫头媳妇们，贤愚混杂，贼盗事小，再有别事，倘略沾带些，关系不小。这事岂可轻恕。"探春听说，便默然归坐。（第七十三回）

后来果真抄检起大观园时，还是探春的反应最激烈。

"可知这样大族人家，若从外头杀来，一时是杀不死的，这是古人曾说的'百足之虫，死而不僵'，必须先从家里自杀自灭起来，才能一败涂地！"（第七十四回）

探春能说出这样的话，是因为她从始至终对家里的事有太过清醒的认知。

贾母治家采取的是"出首者赏，隐情不告者罚"的方式，然后找到了为首的大头家三人、小头家八人，以及聚赌者一共二十多人。贾母命人将骰子牌一并烧毁，所有的钱入官分散与众人。为首者每人打四十大板，跟随者每人打二十大板，免去三个月工资，都发落去扫厕所——贾母治家，到底还是雷厉风行的。

但读者不得不蓦然一惊，大观园中的下人，是从什么时候开始赌博的？如果不是细究这个问题，似乎很难发现，这个不起眼的开始其实伏在一个美好的秋夜，也就是那个黛玉写《秋窗风雨夕》的晚上。

那天晚上，蘅芜苑的婆子受了宝钗之命，来给黛玉送了燕窝和糖，黛玉请她外头坐了喝茶。那婆子说，"不吃茶了，还有事"。就在这时，黛玉一下子懂了："我也知道你们忙。如今天又凉，夜又长，越发该会个夜局，痛赌两场。"婆子已经淡淡告诉了读者，从那时候起，已经是"横竖每夜各处有几个上夜的人，坐更的时候会夜局"。难得今夜林妹妹如此温和，这婆子却无心吃她的茶，只怕误了牌局，因此接了赏钱，打伞去了：

"今儿又是我的头家，如今园门关了，就该上场了。"（第四十五回）

从此以后，赌博便再也不是什么偶一为之的事情了！

且说宝玉一径来至园中，众婆子见他回房，便不跟去，只坐在园门里茶房里烤火，和管茶的女人偷空饮酒斗牌。宝玉至院中，虽是灯光灿烂，却无人声。麝月道："他们都睡了不成？咱们悄悄的进去唬他们一跳。"于是大家蹑足潜踪的进了镜壁一看，只见袭人和一人对面都歪在地炕上，那一头有两三个老嬷嬷打盹。（第五十四回）

如今且说目今王夫人见他如此，探春与李纨暂难谢事，园中人多，又恐失于照管，因又特请了宝钗来，托他各处小心："老婆子们不中用，得空儿吃酒斗牌，白日里睡觉，夜里斗牌，我都知道的。凤丫头在外头，他们还有个惧怕，如今他们又该取便了。"（第五十五回）

几乎是无可避免的，大观园中终于开始赌博成风。

情节高潮之两次抄检大观园

　　论理，贾母出手后，风气为之整肃，本该息事宁人。潘又安已经畏罪，从此再不上门了，抄检大观园一事可能就不会发生。可叹偏巧傻大姐捡到了山石子上那遗漏的绣春囊，又偏巧碰到了邢夫人[①]。读者可以试想：假如，傻大姐遇到的是袭人、鸳鸯或者其他别的人呢？情况还会是这样吗？这样一想就知道了：抄检大观园一事，之所以能成为矛盾激化的重要表现，不仅和绣春囊有关，更和傻大姐遇到的是"谁"有关。

　　在抄检大观园之前，邢夫人和凤姐这对婆媳就已经有了矛盾。下人们也早已卷入了主子之间的争斗，矛盾早已公开化了。

　　林之孝家的和赵姨娘关系亲厚，王熙凤下令处理两个婆子的时候，是林之孝家的设法让邢夫人出面，在众人面前给了凤姐一个始料未及的难堪。反观王夫人这边呢？抄检大观园时，她直接撇开了林之孝家的（林之孝家的总管大观园事务，抄检一事本该由她负责），反而直接委派了自己与王熙凤的几个配房媳妇。

　　我们一起梳理一下。宝玉十三年的秋天，邢夫人去和凤姐商议，该怎么向贾母讨要鸳鸯。凤姐劝她不要去，反被婆婆说了一顿（第四十六回）。两年后，宝玉十五年的秋天，在贾母的生日宴会上，邢夫人当众给了王熙凤难堪（第七十一回）。待到迎春的奶娘被贾

[①] 邢夫人是王熙凤的婆婆，贾琏、迎春的母亲，却明明白白又说自己无儿无女。因此，有人认为她是贾赦的续弦妻子，有人则认为她是无出的正室夫人。本书暂取第一种假说吧。

母率先开除之后，邢夫人觉得脸上无光，所以忍不住来迎春处说了两句（因路上恰巧遇见傻大姐，这才收下了绣春囊）。她一边训斥迎春，一边想起贾琏和凤姐，因此冷笑着说：

"总是你那好哥哥好嫂子，一对儿赫赫扬扬，琏二爷凤奶奶，两口子遮天盖日，百事周到，竟通共这一个妹子，全不在意。但凡是我身上掉下来的，又有一话说——只好凭他们罢了。况且你又不是我养的，你虽然不是同他一娘所生，到底是同出一父，也该彼此瞻顾些，也免别人笑话。我想，天下的事也难较定，你是大老爷跟前人养的，这里探丫头也是二老爷跟前人养的，出身一样。如今你娘死了，从前看来，你两个的娘，只有你娘比如今赵姨娘强十倍的。你该比探丫头强才是，怎么反不及他一半！谁知竟不然。这可不是异事。倒是我一生无儿无女的，一生干净，也不能惹人笑话。"（第七十三回）

正说着，可巧凤姐来了，邢夫人听见有人报，又是冷笑两声，传话道："请他自去养病，我这里不用他伺候！"邢夫人虽然不肯见凤姐，转头却找人把贾琏叫了过去，横竖要他挪出二百两银子给自己，用以八月十五的节日开支。贾琏知道她手里并不缺这笔钱用，故而对凤姐说：

"好好的又生事！前儿我和鸳鸯借当，那边太太怎么知道了。才刚太太叫过我去，叫我不管那里先迁挪二百银子，做八月十五日节间使用。我回没处迁挪。太太就说：'你没有钱就有地方迁挪。我白和你商量，你就搪塞我。你就说没地方，前儿一千银子的当是那里的？连老太太的东西你都有神通弄出来，这会子二百银子，你就这样。幸亏我没和别人说去。'我想太太分明不短，何苦来要寻事奈何人。"（第七十四回）

　　凤姐无奈，为了平息这件事，只好叫平儿当了自己的金项圈换了钱来使。即便如此，她还很担心鸳鸯因此无辜受过。没想到邢夫人早已命王善保家的把绣春囊交给了王夫人！凤姐这边刚委委屈屈寻着了二百两银子，王夫人已含着泪过来，从袖子里将香囊扔了出来！正是邢夫人的举动，最终惹得王家的这姑侄二人一起又羞又愧，又气又愤。于是，她们才下定决心整顿大观园，并借着查赌之借口，缩减一些人员。是为第一次抄检大观园。

　　那么第一次抄检大观园的人员中主仆关系到底是怎样的呢？我们列个表格就知道了——

表 5-1

主人	仆人
王夫人	周瑞家的
王熙凤	旺儿家的
邢夫人	王善保家的
赵姨娘（未出场）	林之孝家的（未出场）[1]

---

[1] 前文已经说过，大观园的事务平时是由林之孝家的负责。但第一次抄检大观园时，她实际上被架空了。

抄检的工作是由王夫人授意，王熙凤并三位仆人完成的。

王善保家的素日和丫头们关系不睦，第一个不喜欢的就是晴雯。她本是邢夫人的下人，如今又既得了王夫人的委托，更是百般积极，想方设法要来拿人的错处。她上来就撺掇王夫人审问晴雯，还提出了晚间搜查大观园的计策。抄检大观园这段故事很短，却有三次高潮。第一次是晴雯倒箱子。

《红楼梦》增删几次，又流转多年，于是留下各种版本。之前说到尤三姐殉情时，我们已经比较过一次。到抄检大观园这一部分，几个版本之间，也有一些微妙的差别。

现在的通行版本是：

袭人等方欲代晴雯开时，只见晴雯挽着头发闯进来，豁啷一声将箱子掀开，两手捉着底子朝天，往地下尽情一倒，将所有之物尽都倒出。王善保家的也觉没趣，看了一看，也无甚私弊之物。回了凤姐，要往别处去。（第七十四回）

程乙本则多了一段对话：

袭人方欲替晴雯开时，只见晴雯挽着头发闯进来，"豁琅"一声，将箱子掀开，两手提着底子，往地下一倒，将所有之物尽都倒出来。王善保家的也觉没趣儿，便紫胀了脸，说道："姑娘，你别生气。我们并非私自就来的，原是奉太太的命来搜察。你们叫翻呢，我们就翻一翻；不叫翻，我们还许回太太去呢。那用急的这个样子？"

晴雯听了这话，越发火上浇油，便指着他的脸，说道："你说你是太太打发来的，我还是老太太打发来的呢！太太那边的人我也都见过，就只没看见你这么个有头有脸大管事的奶奶！"

凤姐见晴雯说话锋利尖酸，心中甚喜，却碍着邢夫人的脸，忙喝住晴雯。那王善保家的又羞又气，刚要还言，凤姐道："妈妈，你也不必和他们一般见识，你且细细搜你的。咱们还到各处走走呢。再迟了走了风，我可担不起。"王善保家的只得咬咬牙，且忍了这口气，细细的看了一看，也无甚私弊之物，回了凤姐，要别处去。

晴雯是个暴脾气，因白日在王夫人处受了委屈，正一腔的怒火没处去，读者不免对她满怀爱怜，读之不由也像凤姐一样，心中甚喜，感到解气。可若问好不好呢？这却是个仁者见仁，智者见智的问题。

个人觉得，还是此时无声胜有声的妙些。把满腹的话都凝聚在那"尽情一倒"里，却一句话也不屑说的，才是我们认识的晴雯吧。

第二次高潮是探春打人，第三次高潮是搜查司棋。王善保家的来时兴兴头头，先在晴雯处讨了个没趣儿，再到紫鹃处，自以为得意地翻出宝玉小时候的旧物件儿，到了探春那里，还不甘心，越众去拉探春的衣襟，没想到脸上登时招了探春火辣辣的一巴掌。最终还被凤姐、平儿等直言呵斥了一顿，又受了一场侍书的气，才罢了。到了惜春房里时，因又拿了人的错处，故又撺掇凤姐，一时又被凤姐压制了。没想到的是，最后实锤拿住的竟然是自己的外孙女。真是隔着书页，我们这些读者都要替她感到尴尬。这一部分实在精彩，我们还是来细读其中一段吧：

因司棋是王善保的外孙女儿，凤姐倒要看看王家的可藏私不藏，遂留神看他搜检。先从别人箱子搜起，皆无别物。及到了司棋箱子中搜了一回，王善保家的说："也没有什么东西。"

才要盖箱时，周瑞家的道："且住，这是什么？"说着，便伸手掣出一双男子的锦带袜并一双缎鞋来。又有一个小包袱，打开看时，里面有一个同心如意并一个字帖儿。一总递与凤姐。凤姐因当家理事，每每看开帖并帐目，也颇识得几个字了。便看那帖子是大红双喜笺帖，上面写道：

上月你来家后，父母已觉察你我之意。但姑娘未出阁，尚不能完你我之心愿。若园内可以相见，你可托张妈给一信息。若得在园内一见，倒比来家得说话。千万，千万。再所赐香袋二个，今已查收外，特寄香珠一串，略表我心。千万收好。表弟潘又安拜具。

凤姐看罢，不怒而反乐。别人并不识字。王家的素日并不知道他姑表姊弟有这一节风流故事，见了这鞋袜，心内已是有些毛病，又见有一红帖，凤姐又看着笑，他便说道："必是他们胡写的帐目，不成个字，所以奶奶见笑。"凤姐笑道："正是这个帐竟算不过来。你是司棋的老娘，他的表弟也该姓王，怎么又姓潘呢？"王善保家的见问的奇怪，只得勉强告道："司棋的姑妈给了潘家，所以他姑表兄弟姓潘。上次逃走了的潘又安就是他表弟。"凤姐笑道："这就是了。"因道："我念给你听听。"说着从头念了一遍，大家都唬了一跳。

这王家的一心只要拿人的错儿，不想反拿住了他外孙女儿，又气又臊。周瑞家的四人又都问着他："你老可听见了？明明白白，再没的话说了。如今据你老人家，该怎么样？"这王家的只恨没地缝儿钻进去。（第七十四回）

一个和睦的工作团队，不是不出错的团队——就像凤姐说的那样，"谁还能没个错处呢"——而是当某个人出了错的时候，其他人选择"补台"而不是"拆台"的团队。内部愿意"补台"的团队，能将大事化小，而互相拆台的团队，则会把小事闹大。

为什么说抄检大观园是宁荣二府矛盾的总爆发？

现在我们知道了：原来，不过是主仆之间不肯各自补台的缘故。

这一年的春天，宝玉把大观园里七七八八的矛盾都揽在自己身上。平儿向凤姐汇报时，凤姐还想狠狠地治这些人一下子。平儿当时劝她说：

"何苦来操这心！'得放手时须放手。'什么大不了的事，乐得不施恩呢。依我说，纵在这屋里操上一百分的心，终久咱们是那边屋里去的。没的结些小人仇恨，使人含怨。"（第六十一回）

可惜，事情发展到了今天这个地步，凤姐也难再回到那边屋里去了。

邢夫人若和凤姐和睦，捡到了绣春囊，该私下里给凤姐——王夫人不正是这么做的吗？凤姐若是和王善保家的和睦，必不能当众念了潘又安的情书——王善保家的见了自己外孙女私藏的鞋袜，不也一心维护吗？这样看来，该严肃处理的，贾母早已处理过了。此处本可无事，可是大家偏要认认真真，公事公办。故而才说，抄检大观园是宁荣二府积蓄已久的矛盾的总爆发：并不是为这是一件掀起波澜的大事，而恰是因为本来无事，反而因为大家的斤斤计较，才生出这样一场闹剧。

梳理了这些，我们再来看探春说的话，就容易理解了：

"可知这样大族人家，若从外头杀来，一时是杀不死的，这是古人曾说的'百足之虫，死而不僵'，必须先从家里自杀自灭起来，才能一败涂地！"（第七十四回）

真正的悲剧，不是小人挑拨离间等小伎俩，而是无可奈何的人性和社会规律。"百足之虫，死而不僵"是无可奈何的社会规律，"自杀自灭，一败涂地"是无可奈何的人性弱点。宁荣二府百年荣华，纵如今子孙有多少不争气处，也不至于崩坏得如此迅速。可是当人人都为了自己的利益，无事也要生出许多事端的时候，家族的丧钟便已振聋发聩地为每一个人敲响了。

何止贾家？当孩子们的大观园被抄检的时候，也正是故事中的甄府开始被抄家的时候。当秉烛以待的探春流下泪的时候，她的泪正是为这种真正的悲剧而流的。

值得注意的是，第一次抄检大观园后，还有第二次抄检。这一次抄检和上次不同。发起人是王夫人，直接执行人也是王夫人，她抄检的主要目的不是查找违禁之物，而是为了清退对宝玉成长不利的丫头们。

这次抄检发生在第七十七回，赶走了晴雯、四儿、芳官等人。王夫人这次是有备而来的，平日里宝玉和丫头们说的悄悄话，都被王夫人一字不漏地说了出来，故而宝玉事后纳闷得很，字里行间读来多少有疑心袭人的意思。这也是袭人被许多读者认为是"告密者"的原因。

宝玉挨打是《红楼梦》上半部分的高潮。就主要人物而言，矛盾冲突之后最大的"受益者"是袭人：她赢得了王夫人来之不易的认可。两次抄检大观园共同构成了《红楼梦》下半部分最后的高潮，最大的"受害者"是晴雯：她被王夫人当作儿子身边最不安全的因素，被赶出了贾府，最终香消玉殒。至于袭人，在第七十八回里的地位进一步巩固了——王夫人正式把日后想要让她做宝玉小妾的想法告诉了贾母。原本心里属意晴雯的贾母不知真相，最终同意了——很多人觉得袭人有"心机"，而晴雯太无辜，也是有原因的吧！

《红楼梦》是一部结构复杂的书。作者本人将几条线交织在一起，行云流水地编织出诸多情节。他送给读者的，其实是一匹令人赞叹的锦绣。把这样漂亮的锦绣文章一条条分开、拆散，实在是不得已啊。

你听，你听，是谁的灵魂在叹息？

《红楼梦》用很大篇幅讲了少年的故事，而不是成年人的故事。但无论如何，少年们终究都在慢慢长大，开始渐渐懂得成人世界的危机与责任：宝钗小心翼翼，看家护院；黛玉精打细算，计算钱财；探春勤勤恳恳，兴利除弊。眨眼间，女孩子们都慢慢长大了，唯独宝玉仍懵懵懂懂，心智还未成熟。

但问题在于，日渐衰落的贾府亟需一个带领家族重新走上复兴之路的后人，而始终长不大的宝玉还是承载了所有人希望的唯一候选人，贾府的未来正在他的肩膀上。

不知诸位可还记得红楼一梦的缘起？可还记得《西江月》一词？开篇时，贾府已经去世的宁荣二公便闪耀登场。两位大家长为教育宝玉颇费心机，教育方法也十分前卫，他们对警幻仙子说：

"吾家自国朝定鼎以来，功名奕世，富贵传流，虽历百年，奈运终数尽，不可挽回者。故遗之子孙虽多，竟无可以继业。其中惟嫡孙宝玉一人，禀性乖张，性情怪谲，虽聪明灵慧，略可望成，无奈吾家运数合终，恐无人规引入正。幸仙姑偶来，万望先以情欲声色等事警其痴顽，或能使彼跳出迷人圈子，然后入于正路，亦吾兄弟之幸矣。"（第五回）

二位先祖是实在没有办法了，才恳求警幻仙姑施以援手，并想出如此决绝的招数。这段话里有四层意思：第一层，贾家的家运已走到尽头。这是势，不可挽回。第二层，家族需要能够担起重任，可以继业的子孙，但无奈香火寥落。这是命，不可抗拒。第三层，家族中人才不济，只有宝玉一人有望，但家族教育式微，无力扭转局面。这是运。第四层，求警幻仙姑警醒宝玉。如何警醒？以毒攻毒，以情治情。这是术。"于世无用，于情有大用"是宝玉可爱处，也是可叹处。作者以清醒之笔描写了天真之态（或许正是年轻的自己），是其可贵处，也是读者可叹处[1]。这唯一的候选人宝玉，不仅从不肯好好读书，日日和姐姐妹妹们厮混，更是一个始终都对钱没什么概念的小孩。

宝玉如此，那贾府中其他年轻的男孩又如何呢？唉，他们可还不如宝玉呢，此时此刻，一干人等正沉迷赌博。

大小七八个灯笼照的十分真切。尤氏因见两边狮子下放着四五辆大车，便知系来赴赌之人所乘，遂向银蝶众人道："你看，坐车的是这样，骑马的还不知有几个呢。马自然在圈里拴着，咱们看不见。也不知道他娘老子挣下多少钱与他们，这么开心儿。"一面说，一面已到了厅上。

贾蓉之妻带领家下媳妇丫头们，也都秉烛接了出来。尤氏笑道："成日家我要偷着瞧瞧他们，也没得便。今儿倒巧，就顺便打他们窗户跟前走过去。"

---

① 于鸿雁，白楠苗. 细读《红楼梦》：末世里的深情与荒唐 [M]. 北京：教育科学出版社，2019.

众媳妇答应着，提灯引路，又有一个先去悄悄的知会服侍的小厮们不要失惊打怪。于是尤氏一行人悄悄的来至窗下，只听里面称三赞四，耍笑之音虽多，又兼有恨五骂六，忿怨之声亦不少。

原来贾珍近因居丧，每不得游顽旷荡，又不得观优闻乐作遣。无聊之极，便生了个破闷之法。日间以习射为由，请了各世家弟兄及诸富贵亲友来较射。因说："白白的只管乱射，终无裨益，不但不能长进，而且坏了式样，必须立个罚约，赌个利物，大家才有勉力之心。"因此在天香楼下箭道内立了鹄子，皆约定每日早饭后来射鹄子。

贾珍不肯出名，便命贾蓉作局家。这些来的皆系世袭公子，人人家道丰富，且都在少年，正是斗鸡走狗、问柳评花的一干游侠纨裤。因此大家议定，每日轮流作晚饭之主——每日来射，不便独扰贾蓉一人之意。于是天天宰猪割羊，屠鹅戮鸭，好似临潼斗宝一般，都要卖弄自己家的好厨役好烹炮。不到半月工夫，贾赦贾政听见这般，不知就里，反说这才是正理，文既误矣，武事当亦该习，况在武荫之属。两处遂也命贾环、贾琮、宝玉、贾兰等四人于饭后过来，跟着贾珍习射一回，方许回去。

贾珍志不在此，再过一二日便渐次以歇臂养力为由，晚间或抹抹骨牌，赌个酒东而已，至后渐次至钱。如今三四月的光景，竟一日一日赌胜于射了，公然斗叶掷骰，放头开局，夜赌起来。家下人借此各有些进益，巴不得的如此，所以竟成了势了。外人皆不知一字。（第七十五回）

事到如今，我们便可以围绕"抄检大观园"提炼出另外一条情节线索了：大观园中的下人好赌→贾母管家→王夫人抄检大观园→贾府子弟好赌成风。围绕着一个"赌"字，《红楼梦》在一次次贾府不同人管家的过程中，推进着家族未来和子孙现状之间不可调和的矛盾冲突。这下我们就知道了，作者明写的是中秋佳节，实际上暗写的是贾府子弟的堕落。

大观园中花费众多。

怎么解决这个问题？有探春改革。

大观园中聚众赌博。

怎么解决这个问题？有贾母治家。

如今，下一代出了问题，怎么办？这一次，贾府的老一辈却毫无察觉，因此也就再也无所作为。

还记得吗？宝玉十一年，秦可卿去世时托梦给凤姐，语重心长地筹划了保全贾府的方案：

凤姐方觉星眼微朦，恍惚只见秦氏从外走来，含笑说道："婶子好睡！我今日回去，你也不送我一程。因娘儿们素日相好，我舍不得婶子，故来别你一别。还有一件心愿未了，非告诉婶子，别人未必中用。"

凤姐听了，恍惚问道："有何心愿？你只管托我就是了。"

秦氏道："婶婶，你是个脂粉队里的英雄，连那些束带顶冠的男子也不能过你，你如何连两句俗语也不晓得？常言'月满则亏，水满则溢'；又道是'登高必跌重'。如今我们家赫赫扬扬，已将百载，一日倘或乐极悲生，若应了那句'树倒猢狲散'的俗语，岂不虚称了一世的诗书旧族了！"凤姐听了此话，心胸大快，十分敬畏，忙问道："这话虑的极是，但有何法可以永保无虞？"秦氏冷笑道："婶子好痴也。否极泰来，荣辱自古周而复始，岂人力能可保常的。但如今能于荣时筹画下将来衰时的世业，亦可谓常保永全了。即如今日诸事都妥，只有两件未妥，若把此事如此一行，则后日可保永全了。"

凤姐便问何事。秦氏道："目今祖茔虽四时祭祀，只是无一定的钱粮；第二，家塾虽立，无一定的供给。依我想来，如今盛时固不缺祭祀供给，但将来败落之时，此二项有何出处？莫若依我定见，趁今日富贵，将祖茔附近多置田庄房舍地亩，以备祭祀供给之费皆出自此处，将家塾亦设于此。合同族中长幼，大家定了则例，日后按房掌管这一年的地亩、钱粮、祭祀、供给之事。如此周流，又无争竞，亦不有典卖诸弊。便是有了罪，凡物可入官，这祭祀产业连官也不入的。便败落下来，子孙回家读书务农，也有个退步，祭祀又可永继。若目今以为荣华不绝，不思后日，终非长策。眼见不日又有一件非常喜事，真是烈火烹油、鲜花着锦之盛。要知道，也不过是瞬息的繁华，一时的欢乐，万不可忘了那'盛筵必散'的俗语。此时若不早为后虑，临期只恐后悔无益了。"凤姐忙问："有何喜事？"秦氏道："天机不可泄漏。只是我与婶子好了一场，临别赠你两句话，须要记着。"因念道："三春去后诸芳尽，各自须寻各自门。"（第十三回）

秦可卿的魂魄，不能不说是用心良苦。王熙凤的为人，不能不说是聪明能干。但是偌大一个贾府，独有凤姐、探春，又有什么用呢？任她们如何，那毕竟是封建时代，她们也是深受时代限制的年轻女性。况且她们也有她们的问题与局限。

宝玉十年，宁荣二府的老祖宗曾嘱托警幻仙子，希望她可以警示一下宝玉，从而为贾府赢得改变命运的机会。但是偌大一个贾府，只一个宝玉成器，又有什么用呢？况且，二位祖宗用心良苦，采用那般奇绝的"创新"教育，在宝玉身上，也没有发挥什么作用。

有科学家做过一个针对两岁儿童的研究，最后发现，越是社会经济地位高的家庭，基因对孩子的影响越大；越是社会经济地位低的家庭，环境对孩子的影响越大。至于原因，大概越是不差钱，越是更容易让孩子顺应内心的召唤。这样看来，可能正是因为元春、贾母的疼爱，宝玉的天性才得到了令二位祖宗担忧但是却自然而然的发展吧！

发展天性当然是好事。我们的社会和文化也需要能对着太阳和星辰说话的人。可对于贾府来说，培养一个能继承家族百年基业的人，却是眼下最着急上火的任务。也许正是因为这样，宝玉十五年的中秋节前夜，祠堂里不知谁的魂魄，才发出幽幽的一叹：

将一更时分，真是风清月朗，上下如银。贾珍因要行令，尤氏便叫佩凤等四个人也都入席，下面一溜坐下，猜枚划拳，饮了一回。贾珍有了几分酒，益发高兴，便命取了一竿紫竹箫来，命佩凤吹箫，文花唱曲，喉清嗓嫩，真令人魄醉魂飞。唱罢复又行令。

那天将有三更时分，贾珍酒已八分。大家正添衣饮茶，换盏更酌之际，忽听那边墙下有人长叹之声。大家明明听见，都悚然疑畏起来。贾珍忙厉声叱咤，问："谁在那里？"连问几声，没有人答应。尤氏道："必是墙外边家里人也未可知。"贾珍道："胡说。这墙四面皆无下人的房子，况且那边又紧靠着祠堂，焉得有人。"一语未了，只听得一阵风声，竟过墙去了。恍惚闻得祠堂内槅扇开阖之声。（第七十五回）

中秋节这一天，荣国府中月明灯彩，一时锦绣，仍旧不可名状。明月清风，天空地净。众人围着贾母，在山上的凸碧堂听笛子，越听越感到薄薄的凄凉。

黛玉和湘云一起到山下水边的凹晶馆谈心事。此刻，天地之间，如巨幅画卷一般展开在她们眼前的，只一轮皓月，伴着水中的清影。上下争辉，如梦似幻。二人如天地明月中的小小两粒，你一句我一句联着诗。忽然之间，她们看见一个黑影。

爽朗的湘云从不怕鬼，便弯腰拾了一块小石片，向那池中打去。

只听打得水响，一个大圆圈将月影荡散复聚者几次。只听那黑影里嘎然一声，却飞起一个白鹤来，直往藕香榭去了。（第七十六回）

这一仙鹤带来了灵感，二人联出了这一回最美的诗句：

虚盈轮莫定，

晦朔魄空存。

壶漏声将涸，

窗灯焰已昏。

寒塘渡鹤影，

冷月葬诗魂。

那边，凸碧堂的欢宴还没有结束，笛声还在悠扬地飘荡。这边，凹晶馆壶漏声要尽了，灯中的焰火也已经昏黄了。那幽魂的一缕叹息，随着仙鹤戛然飞去。

月亮还在天上挂着，在水中映着倒影。一上一下，一明一暗，一正一反。只是，人们已经不知道，哪一个月亮是真实的，而哪一个是幻影。

这一轮宝玉十五年的月亮，宛如一面巨大的风月宝鉴，照耀着红楼世界中的每一个人。那种种繁华，随着水中月的荡散反复着，最终渐渐变成了我们这些读者白日梦中，一个个暗淡的影子。

灯亮了，散场了，这个漫长又短暂的故事，终于要结束了。

○○○○○ ————————————

阅读延伸与写作

有人说，《红楼梦》这本书本身就是一面"风月宝鉴"，读者要看正面，不要看反面。对此，你是如何理解的？

《红楼梦》前八十回时间情节表

宝玉纪年	季节	时间	章回	
元年－八年			第 一 回	甄士隐梦幻识通灵 贾雨村风尘怀闺秀
			第 二 回	贾夫人仙逝扬州城 冷子兴演说荣国府
			第 三 回	贾雨村夤缘复旧职 林黛玉抛父进京都
十年			第 四 回	薄命女偏逢薄命郎 葫芦僧乱判葫芦案
			第 五 回	游幻境指迷十二钗 饮仙醪曲演红楼梦
			第 六 回	贾宝玉初试云雨情 刘姥姥一进荣国府
			第 七 回	送宫花贾琏戏熙凤 宴宁府宝玉会秦钟
			第 八 回	比通灵金莺微露意 探宝钗黛玉半含酸
			第 九 回	恋风流情友入家塾 起嫌疑顽童闹学堂
			第 十 回	金寡妇贪利权受辱 张太医论病细穷源
			第十一回	庆寿辰宁府排家宴 见熙凤贾瑞起淫心
			第十二回	王熙凤毒设相思局 贾天祥正照风月鉴
十一年			第十三回	秦可卿死封龙禁尉 王熙凤协理宁国府

宝玉纪年	季节	时间	章回	
十一年			第 十 四 回	林如海捐馆扬州城 贾宝玉路谒北静王
			第 十 五 回	王凤姐弄权铁槛寺 秦鲸卿得趣馒头庵
			第 十 六 回	贾元春才选凤藻宫 秦鲸卿夭逝黄泉路
十二年		正月十五	第 十 七 回 — 第 十 八 回	大观园试才题对额 荣国府归省庆元宵
		正月	第 十 九 回	情切切良宵花解语 意绵绵静日玉生香
			第 二 十 回	王熙凤正言弹妒意 林黛玉俏语谑娇音
			第 二 十 一 回	贤袭人娇嗔箴宝玉 俏平儿软语救贾琏
			第 二 十 二 回	听曲文宝玉悟禅机 制灯谜贾政悲谶语
十三年	春	二月－三月	第 二 十 三 回	西厢记妙词通戏语 牡丹亭艳曲警芳心
			第 二 十 四 回	醉金刚轻财尚义侠 痴女儿遗帕惹相思
			第 二 十 五 回	魇魔法姊弟逢五鬼 红楼梦通灵遇双真
		四月二十五	第 二 十 六 回	蜂腰桥设言传心事 潇湘馆春困发幽情
		四月二十六 （芒种节）	第 二 十 七 回	滴翠亭杨妃戏彩蝶 埋香冢飞燕泣残红
	夏	四月二十七－二十八	第 二 十 八 回	蒋玉菡情赠茜香罗 薛宝钗羞笼红麝串

续表

宝玉纪年	季节	时间	章回	
十三年	夏	五月初一－初三	第二十九回	享福人福深还祷福 痴情女情重愈斟情
		五月初四	第 三 十 回	宝钗借扇机带双敲 龄官划蔷痴及局外
		五月初五（端午节）－初六	第三十一回	撕扇子作千金一笑 因麒麟伏白首双星
		五月初六	第三十二回	诉肺腑心迷活宝玉 含耻辱情烈死金钏
			第三十三回	手足眈眈小动唇舌 不肖种种大承笞挞
			第三十四回	情中情因情感妹妹 错里错以错劝哥哥
		五月初七	第三十五回	白玉钏亲尝莲叶羹 黄金莺巧结梅花络
			第三十六回	绣鸳鸯梦兆绛芸轩 识分定情悟梨香院
	秋	八月二十 前后几天	第三十七回	秋爽斋偶结海棠社 蘅芜苑夜拟菊花题
			第三十八回	林潇湘魁夺菊花诗 薛蘅芜讽和螃蟹咏
			第三十九回	村姥姥是信口开河 情哥哥偏寻根究底
		八月二十五 前后几天	第 四 十 回	史太君两宴大观园 金鸳鸯三宣牙牌令
			第四十一回	栊翠庵茶品梅花雪 怡红院劫遇母蝗虫
			第四十二回	蘅芜君兰言解疑癖 潇湘子雅谑补馀香

续表

宝玉纪年	季节	时间	章回	
十三年	秋	九月初二	第四十三回	闲取乐偶攒金庆寿 不了情暂撮土为香
		九月初二－初三	第四十四回	变生不测凤姐泼醋 喜出望外平儿理妆
			第四十五回	金兰契互剖金兰语 风雨夕闷制风雨词
			第四十六回	尴尬人难免尴尬事 鸳鸯女誓绝鸳鸯偶
		九月十四	第四十七回	呆霸王调情遭苦打 冷郎君惧祸走他乡
	冬	十月十四－十五	第四十八回	滥情人情误思游艺 慕雅女雅集苦吟诗
		十月十五－十六	第四十九回	琉璃世界白雪红梅 脂粉香娃割腥啖膻
		十月十六	第五十回	芦雪广争联即景诗 暖香坞雅制春灯谜
		十月十六－十七	第五十一回	薛小妹新编怀古诗 胡庸医乱用虎狼药
		十月十七－十八	第五十二回	俏平儿情掩虾须镯 勇晴雯病补雀金裘
		十二月－除夕－ 正月十五（元宵节）	第五十三回	宁国府除夕祭宗祠 荣国府元宵开夜宴
		正月十五	第五十四回	史太君破陈腐旧套 王熙凤效戏彩斑衣
十四年	春	孟春	第五十五回	辱亲女愚妾争闲气 欺幼主刁奴蓄险心
			第五十六回	敏探春兴利除宿弊 时宝钗小惠全大体

宝玉纪年	季节	时间	章回	
十四年	春	清明	第五十七回	慧紫鹃情辞试忙玉 慈姨妈爱语慰痴颦
			第五十八回	杏子阴假凤泣虚凰 茜纱窗真情揆痴理
		某天 （可能是谷雨）	第五十九回	柳叶渚边嗔莺咤燕 绛云轩里召将飞符
			第 六 十 回	茉莉粉替去蔷薇硝 玫瑰露引来茯苓霜
			第六十一回	投鼠忌器宝玉瞒赃 判冤决狱平儿行权
	夏	宝玉生日 （可能是芒种节）	第六十二回	憨湘云醉眠芍药裀 呆香菱情解石榴裙
			第六十三回	寿怡红群芳开夜宴 死金丹独艳理亲丧
		瓜果节 （可能是七月初七）	第六十四回	幽淑女悲题五美吟 浪荡子情遗九龙珮
	秋冬	八月－十二月	第六十五回	贾二舍偷娶尤二姨 尤三姐思嫁柳二郎
			第六十六回	情小妹耻情归地府 冷二郎一冷入空门
			第六十七回	见土仪颦卿思故里 闻秘事凤姐讯家童
			第六十八回	苦尤娘赚入大观园 酸凤姐大闹宁国府
			第六十九回	弄小巧用借剑杀人 觉大限吞生金自逝
十五年	春	三月初一－暮春	第 七 十 回	林黛玉重建桃花社 史湘云偶填柳絮词

续表

宝玉纪年	季节	时间	章回	
十五年	秋冬	八月	第七十一回	嫌隙人有心生嫌隙 鸳鸯女无意遇鸳鸯
			第七十二回	王熙凤恃强羞说病 来旺妇倚势霸成亲
			第七十三回	痴丫头误拾绣春囊 懦小姐不问累金凤
			第七十四回	惑奸谗抄检大观园 矢孤介杜绝宁国府
		八月十五	第七十五回	开夜宴异兆发悲音 赏中秋新词得佳谶
			第七十六回	凸碧堂品笛感凄清 凹晶馆联诗悲寂寞
		八月－十二月	第七十七回	俏丫鬟抱屈夭风流 美优伶斩情归水月
			第七十八回	老学士闲征姽婳词 痴公子杜撰芙蓉诔
			第七十九回	薛文龙悔娶河东狮 贾迎春误嫁中山狼
			第八十回	美香菱屈受贪夫棒 王道士胡诌妒妇方

注：

1. 林黛玉大约比贾宝玉小一岁，薛宝钗大约比贾宝玉大三岁。

2. 大观园大约在宝玉十一年修建，修了一年左右。

3. 按照"不出正月就是年"的民俗老例，新的一年从出了正月开始算起。

掌握《红楼梦》主要情节，需要一张时间轴

《红楼梦》是一部设计极其精巧、结构特别复杂的小说，书中人物众多，事件纷繁，阅读难度是很大的。因此，对于初读者来说，完全没有准备的初读体验常常是很差的：读过一遍之后，记住的只是一些细碎、零散的精彩片段。对于主体的情节、作品的结构，还是一头雾水，丈二和尚摸不着头脑。这时，一张清晰的时间轴便显得十分重要了：依托这张时间轴，初读者完全可以在纷繁的人、事中保持清醒的头脑，快速建立起红楼世界的大局观。

但要想厘清《红楼梦》中故事的时间，并不是一件容易的事：一是故事内容太复杂，二是作者有意进行了虚化处理，三是书中确实存在着一些明显矛盾、错乱的线索。在这张时间轴中，"宝玉出生"的那一年被命名为"宝玉元年"，是小说"纪年"的开始。情节则限定前八十回。

有了这张时间轴，我们就有了一个清晰的认知：原来，《红

楼梦》的时间跨度并不长，<mark>全书前八十回从宝玉元年的夏天开始，到宝玉十五年的冬天结束，一共只写了现实世界中十五年的故事。</mark>少年人的心事永远是相通的。因此说，《红楼梦》虽然是经典，但和我们并没有隔膜。

<mark>《红楼梦》的重中之重，是极力描绘、展现少年世界的美好。但与此同时，《红楼梦》也没有局限于此，它还向我们展示了一个极其复杂的成人世界</mark>：含着通灵石出生的宝玉无忧无虑成长的十五年，是新贵贾雨村青云直上的十五年，也是贾府百年基业盛极而衰的十五年。"天上人间诸景皆备"的大观园，是少年宝玉的居住地；其中发生的大事小情，既是贾府繁盛的表现，也是贾府迅速衰落和凋零的证明。

掌握《红楼梦》主要情节，需要三个小表格

<mark>《红楼梦》的前二十二回是前大观园时代。</mark>在这段时间里，宝玉经历了出生、童年（八岁）、少年的初期（十一岁左右）阶段。

表1

	宝玉纪年	回目		情节（少年世界）	情节（大人世界）
前大观园时代	元年－八年	第 一 回	甄士隐梦幻识通灵 贾雨村风尘怀闺秀	含玉出生 快乐成长	一升：贾雨村 一降：甄士隐
		第 二 回	贾夫人仙逝扬州城 冷子兴演说荣国府		
		第 三 回	贾雨村夤缘复旧职 林黛玉抛父进京都	黛玉出现（木石前盟）	

续表

	宝玉纪年	回目		情节（少年世界）	情节（大人世界）
前大观园时代	十年－十一年	第四回｜第十六回	薄命女偏逢薄命郎 葫芦僧乱判葫芦案 贾元春才选凤藻宫 秦鲸卿夭逝黄泉路	宝钗出现（金玉良缘）	一悲：秦氏丧事 一喜：贵妃省亲
	十二年	第十七回｜第二十二回	大观园试才题对额 荣国府归省庆元宵 听曲文宝玉悟禅机 制灯谜贾政悲谶语	贾政突击考试	一事：营造大观园

　　宝玉一面无忧无虑地成长着，作者一面不疾不徐地构架着空间，铺陈着时间，和读者一起静静等着主人公长大。因此在这个过程中，我们读到的绝大多数内容，比如宁荣二府的介绍、未来命运的走向、宝黛生活的日常等，基本上都属于对环境的细致铺垫。除此之外，作者还借助宝玉七岁时"黛玉进贾府"，十岁时"宝钗进贾府"两个事件，设置了贯穿宝玉感情线的主要矛盾：

　　是要选木石前盟呢，还是选金玉良缘？

　　这也是读者需要面对的永恒的问题：一个是灵魂伴侣，一个是结婚对象，到底要怎么选择呢？

　　　　　　都道是金玉良缘，
　　　　　　俺只念木石前盟。

　　　　　　　　　　（第五回）

由这句叹息可以知道，宝玉的一生，是选择了后者却不断追忆前者的过程——人这一生，那个曾经深深温暖和震颤过彼此的灵魂伴侣，可能永远比那个客观条件优越的结婚对象更让人念念不忘吧。

从第二十三回开始，大观园里的故事才真正展开：

表2

宝玉纪年	回目	关键词	由盛转衰的转折点	主要情节	高潮
十三年	第二十三回——第五十四回	美好		宝黛爱情	宝玉挨打
十四年	第五十五回——第六十九回	纷争	宝玉生日	探春改革	宝玉生日
十五年	第七十回——第八十回	衰败		抄检大观园	

宝玉十三年（第二十三回——第五十四回）的关键词是"美好"。这一年的大观园处于全盛阶段。暮春时节，宝玉和众姊妹进入大观园（第二十三回），这标志着大观园热热闹闹的时代的来临。

表3

宝玉纪年	季节	回目
十三年	春	第二十三回——第二十七回
	夏	第二十八回——第三十六回
	秋	第三十七回——第四十七回
	冬	第四十八回——第五十四回

"美"是大观园的特质，是"情"之所钟的重要对象，更是《红

楼梦》最重要的主题之一。正因如此，作者用了极大的篇幅描绘了这一年。

"情"是贾宝玉的特质，同时也是《红楼梦》最重要的主题。写"情"的时候，作者使用了反衬的手法。除了浓墨重彩地描绘"宝玉至情"本身，还用各色年轻男孩的"欲望"来反衬这至情的可贵。所以在宝玉十三年中，和宝黛之间的至爱深情形成鲜明反差的，是各种人的欲望。比如：贾瑞对王熙凤的痴念是欲望，秦钟和智能儿的放纵是欲望，贾琏对多姑娘更是彻头彻尾的欲望……这些事情看似细碎无序，但背后大有深意：作者正是在用这样的反差手法提醒着我们爱与欲的差异与境界的高低。

读书的时候明白了作者这样的良苦用心，书中的重点就清楚了，初读者在阅读这一部分时最需要把握的问题也就明确了：从人物上看，宝玉的"至情"体现在何处？从情节上看，宝黛之间的深厚感情是如何一步步展开并且最终实现的？从境界上看，为什么说宝黛之情是情的最高级？再强调一遍吧！第一次读《红楼梦》，你的重点是把这些问题弄明白。

宝玉十四年（第五十五回——第六十九回）的关键词是"纷争"。这一年的大观园于繁华中蛰伏着危机。宝玉十四岁的生日之后，紧接着贾敬去世。这一天是大观园由盛转衰的转折点（第六十三回）。以这一天为界限，在这之前的春夏之际，下人之间琐碎的矛盾频发；这一天之后，从秋到冬半年左右的工夫，宁荣二府主人之间的矛盾慢慢凸显出来。

情节上的反衬在宝玉十四年也同样存在。写"纷争"的时候，作者除了浓墨重彩地描绘"纷争"本身，还写了"纯粹"。所以在宝玉十四年中，和各种纷乱的矛盾冲突形成鲜明反差的，是那些纯净的心灵。比如，清明节在大观园祭祀药官的藕官，被怀疑就以死自证清白的尤三姐……在各种纷乱的算计的对立面，这些心无杂念的人提醒着我们：在人性的复杂和污浊之中，真正洁白的灵魂是什么样的。

宝玉十五年（第七十回——第八十回）的关键词是"衰败"。宝玉十五年的春天匆匆而过（第七十回），大观园中上一年的矛盾则一直绵延到秋天，最终在抄检大观园中彻底爆发。第七十五回，抄检大观园后薛宝钗借口照顾妈妈搬出；第七十七回，晴雯去世了，这可以看作是大观园时代悄无声息、伤感凄凉的落幕；第七十九回开始，贾迎春嫁给了孙绍祖，薛蟠娶了夏金桂。迎春才一过门，便成了委曲求全、忍气吞声的小妇人；混世魔王薛蟠过起了鸡飞狗跳、争吵不断的婚姻生活……

作者除了浓墨重彩地描绘"衰败"本身，还表现了"敏锐觉察"与"茫然无知"的两种状态。所以在宝玉十五年中，于各种衰败的背后，是个人或清醒或无知的表现：宝玉是有所察觉的，所以他写下《芙蓉女儿诔》，借哀叹晴雯之名，对天下一切美好唱出最后的哀歌；黛玉是有所察觉的，所以她在繁华的宴会进行之时，吟诵出"冷月葬诗魂"这样的句子；与此同时，那些放肆赌博、斗鸡走马的贾府子弟，却依旧对此毫不知情、漠不关心……在人们的察与不察之中，作者再次强调了最想表达的创作主题：一切美好终将逝去，而我们应该对此保持警惕。

作者明明白白地告诉读者：少年的世界土崩瓦解，青春一去不复回。从此，大观园中的万般美好，只能由宝玉在伤感中默默回味。纵览了这三年的故事，也就能真正明白，"三春去后诸芳尽，各自须寻各自门"的意味。

有人说，一生中有三大恨，一恨鲥鱼多刺，二恨海棠无香，三恨红楼未完。我的看法则正与之相反。《红楼梦》终结在宝玉的伤感和贾府的败落之前，读者的审美体验才恰到好处：你看见了一片落叶，心中便知道了秋天；你感受到了满楼的风，便明白了那马上就要来临的滂沱山雨。你不必真正看到秋天和山雨，但秋天和山雨却已然在你的心里了。你体会一下，这是什么感觉？

有想象空间的阅读体验，才最有余味。清清楚楚地知道后来宝玉的潦倒、贾府抄家的过程，还有什么古典小说的美感在心头？《红楼梦》的美正在于作品未完带来的缺憾与留白，正在于读者恨恨不已、不停怀念的阅读体验啊！

看清三个世界和两个开头，看清小说的秩序

《红楼梦》一共有三个并行不悖的世界。

表4

红楼世界	对应回目
神仙世界	第一回——第五回
凡人世界	第六回——第八十回

　　第一个世界是"神""仙""灵""精""鬼"组成的世界，我们姑且称之为神仙的世界。

　　这个世界中的生物，都是"高级智慧生物"。其中以警幻仙子为代表的高级智慧生物们建立了一个巨大的"数据库"，用了"十数个大厨"保存了"普天之下所有的女子过去未来的簿册"（第五回），用以记录人类世界中不同人物的遭际、命运。以警幻仙子为代表的高级智慧生物们，对人事发展的趋势、万事万物的本质有非常清晰的把握。比如，已经去世的宁荣二公之"灵"，在宝玉十岁时，就已知道，贾家虽然有定鼎国朝的功勋，但荣华富贵经过百年的流传，已经运终数尽了（第五回）。

　　第五回中，十岁的宝玉之所以能够神游太虚，短暂地进入这个高等世界中，正是源于先祖之灵对警幻仙子的请求。他们嘱托警幻仙子带宝玉到神仙世界游历一番，希望他能想明白，已经享受了百年盛世的贾府到底蕴藏了怎样的危机。知道了未来的家运与命运，或许这个小男孩就会做些什么改变命运的事呢！所以他们才选择了"梦游太虚幻境"这样特别而惊世骇俗的教育方式。

　　总体而言，先知们的世界是一个智慧的世界。《红楼梦》的第一回到第五回集中描绘了这个世界。

　　第二个世界是以贾政、王夫人等为代表的世界，我们称之为大人的世界。与这个世界相关的故事是从"刘姥姥一进荣国府"开始讲述的。

表 5

凡人世界	故事开始
大人世界	刘姥姥一进荣国府
少年世界	贾宝玉初试云雨情

《红楼梦》里大人的世界，首先是无趣的、乏味的、功利的，甚至是残酷的。这个世界中的人们，做着细碎烦琐的事情，有着精细、无奈的算计以及十分务实的人生选择。比如贾府私塾中外姓子弟金荣的母亲胡氏。"多金霸道总裁"薛蟠不学好，视人命如草芥，金荣便也就跟着他胡混。子弟们做了这样的事，父母本该义正词严地批评教育，然而被生活的重担压得喘不过气的胡氏却贪图小利，卑下隐忍，不以之为耻，反以之为荣。她对金荣说：

"好容易我望你姑妈说了，你姑妈千方百计的才向他们西府里的琏二奶奶跟前说了，你才得了这个念书的地方。若不是仗着人家，咱们家里还有力量请的起先生？况且人家学里，茶也是现成的，饭也是现成的。你这二年在那里念书，家里也省好大的嚼用呢。省出来的，你又爱穿件鲜明衣服。再者，不是因你在那里念书，你就认得什么薛大爷了？那薛大爷一年不给不给，这二年也帮了咱们有七八十两银子。你如今要闹出了这个学房，再要找这么个地方，我告诉你说罢，比登天还难呢！……"（第十回）

但大人们的世界也绝不是一无是处，这里有着严格的规矩、繁多的章法，有着传统意义上值得称道的责任与担当。《红楼梦》的作者对这些的态度绝对不是完全的批判与否定——你且看作者对黛玉、刘姥姥等人初进贾府，贾珍大办秦可卿丧礼的铺陈与描写就可以知道了。与之相关的主题常常是各种人情往来、红白喜事、节日生辰、祭祀、宴会等，拿前大观园时代举例子吧，这时发生的大事是秦可卿出丧、修建大观园、贾元春归省。因此，这个世界的故事相当错综纷繁。

第三个世界是以宝玉为中心的少年的世界。孩子们的世界是一个天真的、浪漫的世界。这个世界的故事缠绵深情，从"贾宝玉初试云雨情"开始讲述。

这个世界的主题是细腻的青春之美、丰沛敏感的少年之情。也拿前大观园时代举例子：宁府的丧事、荣府的喜事接踵而来。贾家上上下下忙得人仰马翻的时候，宝玉在干吗呢？他和袭人有了一次秘密的肌肤之亲；遇到了最要好的同性好友秦钟，一起闹了学堂；他看着秦钟谈恋爱却因情殒命；最重要的是，青梅竹马的黛玉、人人夸赞的宝钗先后来到他的生命中……属于少年的世界里，"人间至情"绝对是个关键词。

因为是"小孩"，所以宝玉身上有一种特别可贵的非功利的美好品质。宝玉十三年的夏天，宝玉挨打后，傅秋芳家的两个婆子来做客，笑话他是"呆子"。

那两个婆子见没人了，一行走，一行谈论。这一个笑道："怪道有人说他家宝玉是外像好里头糊涂，中看不中吃的，果然有些呆气。他自己烫了手，倒问人疼不疼，这可不是个呆子？"那一个又笑道："我前一回来，听见他家里许多人抱怨，千真万真的有些呆气。大雨淋的水鸡似的，他反告诉别人'下雨了，快避雨去罢'。你说可笑不可笑？时常没人在跟前，就自哭自笑的；看见燕子，就和燕子说话；河里看见了鱼，就和鱼说话；见了星星月亮，不是长吁短叹，就是咕咕哝哝的。且是连一点刚性也没有，连那些毛丫头的气都受的。爱惜东西，连个线头儿都是好的；糟踏起来，那怕值千值万的都不管了。"（第三十五回）

宝玉的种种呆，正是一种无比珍贵的纯真之气。《红楼梦》中这种孩子和大人之间的不理解，正是纯真与功利之心的隔膜。婆子私下里批评宝玉，不理解他和燕子、小鱼、星星、月亮对话的天真与烂漫。宝玉呢，也全然不懂婆子斤斤计较的市侩心肠，所以也就不客气地批评她们：

"女孩儿未出嫁，是颗无价之宝珠；出了嫁，不知怎么就变出许多的不好的毛病来，虽是颗珠子，却没有光彩宝色，是颗死珠了；再老了，更变的不是珠子，竟是鱼眼睛了。分明一个人，怎么变出三样来？"（第五十九回）

有人说，这体现了宝玉的局限性，认为他并不是真正的尊重女性，而只是偏爱年轻、貌美、未婚的女孩。其实大可以不这么理解。宝玉爱的，是人间一切的真、善、美。只不过在红楼的世界中，这些特质恰好大多集聚在女孩们身上罢了。若宝玉生在今天，看见三四十岁还"乘风破浪的姐姐"，五十岁依然"披荆斩棘的哥哥"，七十岁又开始人生新征程的老爷爷，他也会像守护"宝珠"一样珍爱这些美好生命的。这么一想就知道了，宝玉对女孩的爱，和今日只爱白、幼、瘦的"直男癌"们，并不相同。《红楼梦》里的宝玉，和《小王子》里纯真的孩子，却有相似之处。

你要是对大人说："我看见一幢漂亮的房子，红砖墙，窗前种着天竺葵，屋顶上停着鸽子……"他们想象不出这幢房子是怎样的。你得这么跟他们说："我看见一幢十万法郎的房子。"他们马上会大声嚷嚷："多漂亮的房子！"

——［法］安东尼·德·圣-埃克苏佩里《小王子》

但孩子的世界也不全然是美好的，那些以自我为中心的、不负责任的态度和行为，也常常是被批判的对象——曹雪芹笔下的世界并不是单一的，他的态度也从来不是绝对的。对于以宝玉为代表的天真、多情、感性的灵魂，他的内心始终是复杂的，不然开篇也不会看到这样痛彻心扉的自我评价了：

今风尘碌碌，一事无成，忽念及当日所有之女子，一一细考较去，觉其行止见识，皆出于我之上。何我堂堂须眉，诚不若彼裙钗哉？实愧则有馀，悔又无益之大无可如何之日也！当此，则自欲将已往所赖天恩祖德，锦衣纨袴之时，饫甘餍肥之日，背父兄教育之恩，负师友规训之德，以至今日一技无成、半生潦倒之罪，编述一集，以告天下人：我之罪固不免，然闺阁中本自历历有人，万不可因我之不肖，自护己短，一并使其泯灭也。（第一回）

　　换言之，作者始终没有在大人和少年两个世界中找到一个让心灵安宁的平衡，这是他痛苦的最根本的原因。这两个世界共同组成《红楼梦》中凡人的世界。

　　三个世界之间的交流方式是这样的：

　　先说神仙世界和凡人世界。神仙可以直接下凡救助和点化凡人，前八十回中，神仙下凡救助和点化的人主要有：贾瑞、王熙凤、宝玉、甄士隐、林黛玉……有慧根的凡人可以通过死亡、做梦、顿悟的方式接近或进入神仙世界，前八十回中，通过做梦接近神仙世界的有：甄士隐、贾宝玉、王熙凤、柳湘莲……真正顿悟的有甄士隐、柳湘莲。

　　再说大人的世界和少年的世界。《红楼梦》推进的过程，正是一个个少年或主动、或被动地走近大人的世界的过程。在这个过程中，有时候红楼人物因此而展现出最绚烂的光彩，比如王熙凤、探春；但也有不少人，生命的光彩渐渐消失殆尽，比如迎春、晴雯。

　　在结构安排上，小说从第六回开始，以少年的世界为主，以大人的世界为辅，二线并行，偶尔点染几处神仙的踪迹。

　　一个洞察现实世界中人情世故的中年人，披阅十载，增删五次，极力描摹了一个永不逝去的少年国度。红楼世界中，长不大的贾宝玉很像童话世界中的彼得·潘，但故事中却多了沉痛的人生况味和文学之美。

找准故事发展的节奏，让阅读体验不再疲惫

有了时间轴这一阅读工具，有了三个小表格，我们阅读《红楼梦》这本大部头的方法就有了。

第一，抓住小说中故事的时间线索。事件是在"时间"这一维度之中滚滚前进的。时间的紧凑程度、情节的完整程度正应该是我们把握阅读节奏的依据。因此，与其按照章节制订计划，每天读上十回，或者一天读上一小时之类，不如按照时间轴，以某一条集中的时间线或某一个完整的情节为单元安排阅读。

比如，从第三十一回到第三十五回，作者就一口气从五月初六中午细细写到了次日中午。整整二十四小时中，围绕着"宝玉挨打""宝黛告白""袭人献策"三个主要事件，作者以高密度的矛盾冲突，塑造了十几个生动的人物。既然作者一气呵成，人物也日夜悬心，那么作为读者的我们，最好也能不受干扰地一口气读完，留存在你脑海中的就不是某个片段，而是一个有头有尾、有来龙去脉的情节单元了。在什么时间，哪个人物，因为什么，做了什么事，前前后后桩桩件件，就都能记得清清楚楚了。如此读过之后，你还难以判断故事中的他（她）是一个什么样的人吗？相应地，一个紧凑事件结束了，故事的节奏也会缓慢下来。这时，读者最好也留一段阅读间隔。如第三十七回开篇说道：

这年贾政又点了学差，择于八月二十日起身。是日拜过宗祠及贾母起身，宝玉诸子弟等送至洒泪亭。却说贾政出门去后，外面诸事不能多记。单表宝玉每日在园中任意纵性的逛荡，真把光阴虚度，岁月空添。这日正无聊之际，只见翠墨进来，手里拿着一副花笺送与他……

对照一下前面的时间线就会发现，五月结束，八月开始，正是一个旧故事告一段落，新故事徐徐展开的时间标志。小说中的人物此时无所事事，岁月空添，读者不妨也趁机在这里稍作休息。这样既能很好地和作者设置的"留白"同步，也能够养精蓄锐，更好地进入第三十九至四十二回，跟着刘姥姥在大观园中快乐地秋游。

第二，了解《红楼梦》的主要创作思想和叙事方法。《红楼梦》的主要创作思想是"追忆似水年华"，也就是追忆人间的美好与深情，抒发一切终将逝去的感伤。

从追忆人间美好与深情的角度来说，作者非常善于运用"反复"这一手法来推进情节。比如，黛玉一葬花后，还有黛玉二葬花。有个黛玉葬花，还有个宝玉葬花。有个探春一结海棠社，还有个黛玉二结桃花社。有个宝玉挨打，还有个薛蟠挨打。随着阅读进程的不断推进，我们可以多做这样的发现和比较。这样，不同人物的性格、形象也就清晰可观了。

而从抒发一切终将逝去的感伤来说，作者又特别喜欢用一悲一喜、一俗一雅的"镜像"①手法，两两搭配，一起推进故事的发展。

冷子兴演说荣国府，介绍了一个贾宝玉，贾雨村就介绍了他的一个学生——甄宝玉来配他。连凸碧堂下面也还要有个凹晶馆呢！作者在设计人物、名物时都已经这样用心，推进故事情节发展时，就更是如此了。这边秦可卿夭亡后，贾珍倾其所有，大办了丧事；那边贾元春封为贵妃，贾政就举全家之力大兴土木，预备迎接女儿省亲。这不就是一悲之后有一喜吗？第四十回刚刚有个刘姥姥逗笑大观园，第四十二回就来了个潇湘子雅谑补馀香。这不就是一俗之后有一雅吗？

注意到情节是这样交替进行的，既能帮助我们更好地把握小说的节奏，同时也能够让我们适时地调整阅读期待，克服阅读倦怠。当然，《红楼梦》是一部结构非常精巧的小说，运用的写作技巧绝非两个词语可以概括。脂批曾盛赞《红楼梦》的技法，说它有间架、有曲折、有顺逆、有映带，有隐有见、有正有闰，有草蛇灰线、空谷传声、一击两鸣，有明修栈道、暗度陈仓，有云龙雾雨、两山对峙、烘云托月、背面敷粉、千皴万染……简直让人眼花缭乱，应接不暇。不过这些精彩万千的内容，这里就不多说了，还是留给你自己去发现好啦！

---

① [美]浦安迪.《红楼梦》的原型与寓意 [M].夏薇,译.北京：生活·读书·新知三联书店,2018.

参照回目中的高频词，让阅读过程重点突出

小说的回目是我们阅读的"脚手架"。不过，除此之外，回目还可以给我们提供很多信息。

我们可以从回目中发现《红楼梦》的"主旨"。统计一下目录中出现次数最多的字，不难发现，作者最喜欢用的字是"情"，并且还大方地把这个字赠予了不同的人与不同的关系。这有力地说明，"情"是整本书的主旨，而书中细腻展现的正是各种各样，甚至离经叛道的"情"。

表6

出现"情"字的回目	
第 六 回	贾宝玉初试云雨情 刘姥姥一进荣国府
第 九 回	恋风流情友入家塾 起嫌疑顽童闹学堂
第 十 九 回	情切切良宵花解语 意绵绵静日玉生香
第二十六回	蜂腰桥设言传心事 潇湘馆春困发幽情
第二十八回	蒋玉菡情赠茜香罗 薛宝钗羞笼红麝串
第二十九回	享福人福深还祷福 痴情女情重愈斟情
第三十二回	诉肺腑心迷活宝玉 含耻辱情烈死金钏
第三十四回	情中情因情感妹妹 错里错以错劝哥哥
第三十六回	绣鸳鸯梦兆绛芸轩 识分定情悟梨香院
第三十九回	村姥姥是信口开河 情哥哥偏寻根究底
第四十三回	闲取乐偶攒金庆寿 不了情暂撮土为香
第四十七回	呆霸王调情遭苦打 冷郎君惧祸走他乡
第四十八回	滥情人情误思游艺 慕雅女雅集苦吟诗

续表

出现"情"字的回目	
第五十二回	俏平儿情掩虾须镯 勇晴雯病补雀金裘
第五十七回	慧紫鹃情辞试忙玉 慈姨妈爱语慰痴颦
第五十八回	杏子阴假凤泣虚凰 茜纱窗真情揆痴理
第六十二回	憨湘云醉眠芍药裀 呆香菱情解石榴裙
第六十四回	幽淑女悲题五美吟 浪荡子情遗九龙珮
第六十六回	情小妹耻情归地府 冷二郎一冷入空门
第七十七回	俏丫鬟抱屈夭风流 美优伶斩情归水月

这些情虽有高下之别，却也有很多共同之处。但难能可贵的是，作者始终在用一种平等的目光凝视各色人等之间的情与爱。所以，我们在《红楼梦》的世界里，可以看到那样多"情"的类型。宝玉对黛玉，是用情；对金钏儿、龄官、香菱、平儿，甚至一面之缘的二丫头，也是用情；小红对贾芸是用情；薛蟠对柳湘莲也是用情……

有同学不喜欢《红楼梦》，有的是因为觉得宝玉花心、滥情，有的是觉得男女之间的情情爱爱没什么意思。殊不知，宝玉绝不是一个用爱欲的目光打量女性的人，恰恰相反，他光明、真诚、天真，珍视一切美好。通过他的眼睛，我们可以体会情的丰富与广博。因此，当我们理解《红楼梦》主旨的时候，要注意到回目中就已经存在的提示。

《红楼梦》不是一本言情小说，而是一本世情小说（当然，《红楼梦》远远超越一般的世情小说）。宝玉和黛玉的情与爱，无疑是红楼世界中非常重要的部分，但远不是全部。《红楼梦》"极摹人情世态之歧，备写悲欢离合之致"。我们在阅读的时候，不应该把这本书的境界读"小"，更不应该把这本书的内容读"薄"。换句话说，我们要能看到最美好的爱情，也要能看到人间更丰富、复杂的感情。

　　我们可以从回目中发现人物的"画像"。你从目录中能看出作者对某些人物的评价吗？

　　《红楼梦》曲子的第十三支《好事终》（第五回）后面，有一段脂批，说《红楼梦》"是作者具菩萨之心，秉刀斧之笔，撰成此书。一句不可更，一字不可改"。这一字之功力最经典的体现便是回目中的"一字评"：写袭人用的是"贤"，写平儿用的是"俏"，写小红用的是"痴"，写宝玉用的是"情"；写尤二姐着一"苦"字，说柳湘莲则着一"冷"字；晴雯是"勇"，紫鹃是"慧"，宝钗是"识"，探春是"敏"，湘云是"憨"，香菱是"呆"……

　　作者以一字写人，用语虽短小，却常常能给出恰当、准确的评价。就拿香菱来举例子好了。虽说她只是一个薛家买来的通房丫头，但本人的才貌并不在众小姐之下。为什么她会和呆霸王薛蟠共享一个"呆"字呢？其实，香菱的"呆"不是"呆滞""愚呆"，而是"憨呆"。香菱生性乐观，虽然薛蟠殊非良配，生活多有不如意处，她却总是笑着出现在读者面前，这是她的憨呆处。秋天月色绝美，她跟着黛玉赏月作诗，这份浑然忘我的劲头，岂不也是"呆"吗？故湘云得了"娇憨"的评语，而香菱独得了"憨呆"的赞语。

　　这简短的一字评生动有趣，也给我们以启示：用一个字概括

《红楼梦》中的人物，是一个不错的学习之法。

文学常识不可不知：《红楼梦》的作者是谁？

　　《红楼梦》在国内家喻户晓，在国外享有盛誉。就算一页没读过的人，多半也听说过作者叫曹雪芹。同时多半也听说过，作者的家世背景、个人经历和作品之间有着相当紧密的关联。不过关于曹雪芹其人，关于他和《红楼梦》，目前的学术界还存在着不少争论。《红楼梦》的作者是曹雪芹，固然是主流的看法。不过，写了《圆圆曲》的诗人吴梅村、娶了董小宛的才子冒辟疆、创作了昆曲《长生殿》的戏剧家洪昇，也曾经在不同的时期，获得过来自不同人的提名。但实际上，关于作者是谁的问题，简单来讲，其实一直到现在为止，红学家给出的答案都是：既不能确认曹雪芹一定是《红楼梦》的作者，也不能确定他一定不是。但也没有任何足够的证据，证明其他人比曹雪芹更可能拥有《红楼梦》的著作权。

　　因此，现在大家看到的通行本上，作者一栏仍旧还是曹雪芹。不能百分百地确认《红楼梦》的作者，这当然是一件遗憾的事。不过在大规模印刷出现之前，这样的事在世界文学史上其实都很普遍。关于莎士比亚和他的戏剧，后世的人不是也有很多争论吗？

　　作为初读者的我们，该如何看待这些问题呢？了解了屈原的生平、司马迁的遭际，当然能更好地理解《离骚》《史记》；了解了圣·埃克苏佩里的生平，当然也会对《小王子》多出一层新的理解。

同样地，阅读《红楼梦》时，如果能知道作者生平、心路历程和写作背景，当然再好不过了。但是做不到也没有关系。

经典文学作品的魅力正在于对人性和生活普遍性的深刻展示。要知道，《红楼梦》写的远远不是某一个家庭的兴衰，而是封建社会里钟鸣鼎食之家的共同特点和最终结局，写的是一个天真而自由的灵魂，在自我与社会角色之间两难取舍的永恒困境。

至于作者，是曹雪芹也好，不是也罢。伟大的小说，作品本身自会说话。我们要做的，是认认真真地倾听，真诚用心地和经典对话。

文学常识不可不知：抄本、刻本、批本都是什么？

在阅读之前，我们先简单了解一下《红楼梦》的抄本、刻本、批本。

抄本

大约在公元 1744 年（乾隆九年），作者开始写作《红楼梦》（那时候还叫作《石头记》）。书还没写完呢，第一批红迷就已经通过手抄、传阅、点评的方式"追更"这部小说了。随之诞生的这些版本，就是今天说的抄本。什么甲戌本啦、己卯本啦、庚辰本啦，这些用天干地支命名的版本，就都属于抄本。

刻本

公元 1791 年（乾隆五十六年），书商程伟元和文人高鹗联手推出了用木活字排印的《红楼梦》，且补全了一百二十回。这第一个刻本后来就被称为程甲本。第二年，程伟元和高鹗在程甲本的基础上，又做了一些编辑、修订的工作，发行了第二版，这一版本后来就被称为程乙本。程伟元和高鹗出版的"全本"，对《红楼梦》的传播起到了十分重要的作用。不过，绝大多数人还是认为，这本书的文学价值难以和原著相提并论。这也是我们只涉及前八十回的原因。

批本

今天我们习惯上把正文旁边，或者夹行里朱红墨笔留下的阅读批注（朱批、夹批、眉批等），统称为"脂批"。换句话说，脂批就是古代的"弹幕"。脂批中特别有名的是两个人，一个叫"脂砚斋"，一个叫"畸笏叟"。

砚台一般是用来装墨的，但脂砚却是用来装胭脂的。因为这方小小砚台既名贵又精美，它的主人也就以此为书房之名和本人之号。我们猜想，这位爱以文字的形式发"弹幕"的红楼爱好者，应该是一位非常有文采的女性，同时也是作者的红颜知己吧！

"笏"是古代官员朝堂上专用的备忘录。它是一块手板，多用玉、象牙或竹片制成。朝见时，官员要双手执笏，用以记录君命或自己上奏的话。因为是在非常正式、严肃的场合使用的办公用品，因此有严格的规格。这样，"笏"后来也就成了身份的代称。《红楼梦》中曾三次出现"满床笏"的字眼，用以代表一个家族的富贵与权势。

表 7

满床笏	
第一回	甄士隐在解读《好了歌》时说："陋室空堂，当年笏满床；衰草枯杨，曾为歌舞场。蛛丝儿结满雕梁，绿纱今又糊在蓬窗上。"
第二十九回	过端午节时，贾府在神面前占卜，让神选戏文来听。贾珍一时来回："神前拈了戏，头一本《白蛇记》。"贾母问："《白蛇记》是什么故事？"贾珍道："是汉高祖斩蛇方起首的故事。第二本是《满床笏》。"贾母笑道："这倒是第二本上？也罢了。神佛要这样，也只得罢了。"
第七十一回	贾母八十大寿。甄家更是送来一架豪华大屏，只见"十二扇大红缎子缂丝'满床笏'"。"满床笏"是一个充分体现旧时代价值观的故事，说的是唐朝名将汾阳王郭子仪六十岁生日时发生的事。郭子仪有七个儿子、八个女婿，他们都是朝廷里的高官。正因如此，他们赶来拜寿时，带来的笏板把象牙床都放满了——这个故事，后来又被称作"七子八婿笏满床"。《旧唐书·崔神庆传》有类似的记载："开元中，神庆子琳等皆至大官，群从数十人，趋奏省闼。每岁时家宴，组珮辉映，以一榻置笏，重叠于其上。"

不管这个故事是写在戏文里，还是印在屏风上，它的寓意始终都是不变的。《红楼梦》的作者当然有更深刻、更清醒的体会：那些说不尽的繁华与美好，最终都是过眼云烟。

还是说回畸笏叟。畸笏叟虽然有笏，有的却是个非典型的、畸形的笏。既然如此，那么记录在这块手板上的内容，也多半是一些离经叛道的思想和言论吧。"叟"的意思是老头儿。这老头儿可能是个潦倒半生，却始终坚持自己的人生追求，同时也不忘自嘲一下的人吧。我们猜想，他或许就是作者的多年老友呢。那这样的一个他，可能就是最能理解青埂峰下那块弃石的人吧！

简单了解过脂砚斋和畸笏叟，我们就知道了：原来，无论男女老少，不管年龄性别与身世遭际，凡是热爱文字者，都曾在某一个时刻被《红楼梦》深深地牵动过柔软的心。

文学常识不可不知：《红楼梦》读哪个版本？

最适合初读者阅读的版本，首推人民文学出版社的《红楼梦》。这版《红楼梦》是全本。以冯其庸先生为代表的红学家倾数十年之力，搜罗各种古抄本，一一校勘，最终把各本的精华汇集于此。初读者有这一本就够了。

有人说，开篇不读《红楼梦》，读尽诗书也枉然。即便在书籍大大丰富的今天，这话也绝不过分。《红楼梦》不仅要读，而且要多读。看电视剧、名著梗概都是不行的；希望借助别人的解读"取代"自己的阅读，更是行不通的。因此，需要特别说明的是，我们这本书的目的是激发阅读兴趣，而不是"替代"谁的阅读过程。

当作为读者的你翻开《红楼梦》时，任何人都不能取代的，是你自己无比珍贵的阅读体验。这是最简单的真理，也是最难做到的事，希望不要被你忽略掉。

万 君

2022 年 2 月

万君 ——— 著

试题详解

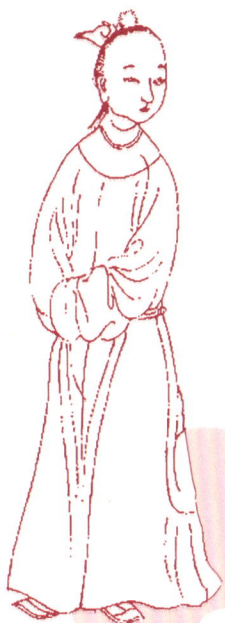

人民东方出版传媒
People's Oriental Publishing & Media

東方出版社
The Oriental Press

按照《北京四中语文课：红楼梦从来没有这样学》提供的阅读方法，本部分精心准备了大观园时代中精彩的回目、学习任务、原文内容和解析。

宝玉十三年

又是一年春好处

（一）

那一日正当三月中浣，早饭后，宝玉携了一套《会真记》，走到沁芳闸桥边桃花底下一块石上坐着，展开《会真记》，从头细玩。正看到"落红成阵"，只见一阵风过，把树头上桃花吹下一大半来，落的满身满书满地皆是。宝玉要抖将下来，恐怕脚步践踏了，只得兜了那花瓣，来至池边，抖在池内。那花瓣浮在水面，飘飘荡荡，竟流出沁芳闸去了。回来只见地下还有许多。

宝玉正踟蹰间，只听背后有人说道："你在这里作什么？"宝玉一回头，却是林黛玉来了，肩上担着花锄，锄上挂着花囊，手内拿着花帚。宝玉笑道："好，好，来把这个花扫起来，撂在那水里。我才撂了好些在那里呢。"林黛玉道："撂在水里不好，你看这里的水干净，只一流出去，有人家的地方脏的臭的混倒，仍旧把花遭塌了。那畸角上我有一个花冢，如今把他扫了，装在这绢袋里，拿土埋上，日久不过随土化了，岂不干净。"

宝玉听了喜不自禁，笑道："待我放下书，帮你来收拾。"黛玉道："什么书？"宝玉见问，慌的藏之不迭，便说道："不过是《中庸》《大学》。"黛玉笑道："你又在我跟前弄鬼。趁早儿给我瞧，好多着呢！"宝玉道："好妹妹，若论你，我是不怕的。你看了，好歹别告诉别人去。真真这是好书！你要看了，连饭也不想吃呢！"一面说，一面递了过去。林黛玉把花具且都放下，接书来瞧，从头看去，越看越爱看，不到一顿饭工夫，将十六出俱已看完，自觉词藻警人，馀香满口。虽看完了书，却只管出神，心内还默默记诵。

宝玉笑道："妹妹，你说好不好？"林黛玉笑道："果然有趣。"宝玉笑道："我就是个'多愁多病身'，你就是那'倾国倾城貌'。"林黛玉听了，不觉带腮连耳通红，登时直竖起两道似蹙非蹙的眉，瞪了两只似睁非睁的眼，微腮带怒，薄面含嗔，指宝玉道："你这该死的胡说！好好的把这淫词艳曲弄了来，还学了这些混话来欺负我。我告诉舅舅舅母去。"说到"欺负"两个字上，早又把眼睛圈儿红了，转身就走。宝玉着了急，向前拦住说道："好妹妹，千万饶我这一遭，原是我说错了。若有心欺负你，明儿我掉在池子里，叫个癞头鼋吞了去，变个大忘八，等你明儿做了'一品夫人'病老归西的时候，我往你坟上替你驮一辈子的碑去。"说的林黛玉嗤的一声笑了，一面揉着眼睛，一面笑道："一般也唬的这个调儿，还只管胡说。'呸！原来是苗而不秀，是个银样镴枪头。'"宝玉听了，笑道："你这个呢？我也告诉去。"林黛玉笑道："你说你会过目成诵，难道我就不能一目十行么？"

宝玉一面收书，一面笑道："正经快把花埋了罢，别提那个了。"二人便收拾落花，正才掩埋妥协，只见袭人走来，说道："那里没找到，摸在这里来。那边大老爷身上不好，姑娘们都过去请安，老太太叫打发你去呢。快回去换衣裳去罢。"宝玉听了，忙拿了书，别了黛玉，同袭人回房换衣不提。

这里林黛玉见宝玉去了，又听见众姊妹也不在房，自己闷闷的。正欲回房，刚走到梨香院墙角上，只听墙内笛韵悠扬，歌声婉转。林黛玉便知是那十二个女孩子演习戏文呢。只因林黛玉素习不大喜看戏文，便不留心，只管往前走。偶然两句吹到耳内，明明白白，一字不落，唱道是："甲，似这般都付与断井颓垣。"林黛玉听了，倒也十分感慨缠绵，便止住步侧耳细听，又听唱道是："乙，赏心乐事谁家院。"听了这两句，不觉点头自叹，心下自思道："原来戏上也有好文章。可惜世人只知看戏，未必能领略这其中的趣味。"想毕，又后悔不该胡想，耽误了听曲子。又侧耳时，只听唱道："则为你如花美眷，丙……"林黛玉听了这两句，不觉心动神摇。又听道"你在幽闺自怜"等句，亦发如醉如痴，站立不住，便一蹲身坐在一块山子石上，细嚼"如花美眷，丙"八个字的滋味。忽又想起前日见古人诗中有"水流花谢两无情"之句，再又有词中有"流水落花春去也，天上人间"之句，又兼方才所见《西厢记》中"花落水流红，闲愁万种"之句，都一时想起来，凑聚在一处。仔细忖度，不觉心痛神痴，眼中落泪。（第23回）

（二）

至次日乃是四月二十六日，原来这日未时交芒种节。尚古风俗：凡交芒种节的这日，都要设摆各色礼物，祭饯花神，言芒种一过，便是夏日了，众花皆卸，花神退位，须要饯行。然闺中更兴这件风俗，所以大观园中之人都早起来了。那些女孩子们，或用花瓣柳枝编成轿马的，或用绫锦纱罗叠成干旄旌幢的，都用彩线系了。每一颗树上，每一枝花上，都系了这些物事。满园里绣带飘飘，花枝招展，更兼这些人打扮得桃羞柳让，燕妒莺惭，一时也道不尽。

且说宝钗、迎春、探春、惜春、李纨、凤姐等并巧姐、大姐、香菱与众丫鬟们在园内玩耍，独不见林黛玉。

……

宝玉因不见了林黛玉，便知他躲了别处去了，想了一想，索性迟两日，等他的气消一消再去也罢了。因低头看见许多凤仙石榴等各色落花，锦重重的落了一地，因叹道："这是他心里生了气，也不收拾这花儿来了。待我送了去，明儿再问着他。"说着，只见宝钗约着他们往外头去。宝玉道："我就来。"说毕，等他二人去远了，便把那花兜了起来，登山渡水，过树穿花，一直奔了那日同林黛玉葬桃花的去处来。

　　将已到了花冢，犹未转过山坡，只听山坡那边有呜咽之声，一行数落着，哭的好不伤感。宝玉心下想道："这不知是那房里的丫头，受了委曲，跑到这个地方来哭。"一面想，一面煞住脚步，听他哭道是：

花谢花飞花满天，红消香断有谁怜？

游丝软系飘春榭，落絮轻沾扑绣帘。

闺中女儿惜春暮，愁绪满怀无释处，

手把花锄出绣闺，忍踏落花来复去。

柳丝榆荚自芳菲，不管桃飘与李飞。

桃李明年能再发，明年闺中知有谁？

三月香巢已垒成，梁间燕子太无情！

明年花发虽可啄，却不道人去梁空巢也倾。

一年三百六十日，风刀霜剑严相逼，

明媚鲜妍能几时，一朝飘泊难寻觅。

花开易见落难寻，阶前闷杀葬花人，

独倚花锄泪暗洒，洒上空枝见血痕。

杜鹃无语正黄昏，荷锄归去掩重门。

青灯照壁人初睡，冷雨敲窗被未温。

怪奴底事倍伤神，半为怜春半恼春：

怜春忽至恼忽去，至又无言去不闻。

昨宵庭外悲歌发，知是花魂与鸟魂？

花魂鸟魂总难留，鸟自无言花自羞。

愿奴协下生双翼，随花飞到天尽头。

天尽头，何处有香丘？

未若锦囊收艳骨，一抔净土掩风流。

质本洁来还洁去，强于污淖陷渠沟。

尔今死去侬收葬，未卜侬身何日丧？

侬今葬花人笑痴，他年葬侬知是谁？

试看春残花渐落，便是红颜老死时。

一朝春尽红颜老，花落人亡两不知！

宝玉听了不觉痴倒。（第 27 回）

话说林黛玉只因昨夜晴雯不开门一事，错疑在宝玉身上。至次日又可巧遇见饯花之期，正是一腔无明正未发泄，又勾起伤春愁思，因把些残花落瓣去掩埋，由不得感花伤己，哭了几声，便随口念了几句。不想宝玉在山坡上听见，先不过点头感叹；次后听到"侬今葬花人笑痴，他年葬侬知是谁"，"一朝春尽红颜老，花落人亡两不知"等句，不觉恸倒山坡之上，怀里兜的落花撒了一地。试想林黛玉的花颜月貌，将来亦到无可寻觅之时，宁不心碎肠断！既黛玉终归无可寻觅之时，推之于他人，如宝钗、香菱、袭人等，亦可到无可寻觅之时矣。宝钗等终归无可寻觅之时，则自己又安在哉？且自身尚不知何在何往，则斯处、斯园、斯花、斯柳，又不知当属谁姓矣！因此一而二，二而三，反复推求了去，真不知此时此际欲为何等蠢物，杳无所知，逃大造，出尘网，始可解释这段悲伤。正是：

花影不离身左右，鸟声只在耳东西。

那林黛玉正自伤感，忽听山坡上也有悲声，心下想道："人人都笑我有痴病，难道还有一个痴子不成？"想着，抬头一看，见是宝玉。林黛玉看见，便道："啐！我道是谁，原来是这个狠心短命的……"刚说到"短命"二字，又把口掩住，长叹了一声，自己抽身便走了。

这里宝玉悲恸了一回，忽然抬头不见了黛玉，便知黛玉看见他躲开了，自己也觉无味，抖抖土起来，下山寻归旧路，往怡红院来。（第28回）

题目（100分）

1. 选文一中甲乙丙三处应填入的句子分别是：（每空2分，共6分）

（甲）_____

（乙）_____

（丙）_____

2. 梳理选文相关信息，给下列表格填空。（每空1分，共6分）

编号	相关内容	第一次	第二次
（1）	葬花时节		
（2）	葬花地点		
（3）	所葬花朵		

3. 分别用四个字概括两次葬花过程中黛玉的内心情感。（4分）

4. 结合原著相关情节，说说黛玉的情感为什么会经历这样的变化。（10分）

5. 第一次葬花后，袭人说"那边大老爷身上不好，姑娘们都过去请安去了"。黛玉听说后没有和宝玉同去请安，而是一个人离开，准备回房。你是如何理解这一情节安排的？（4分）

6. 在这个美好的春天里，黛玉有听《牡丹亭》之悲，宝玉有听《葬花吟》之悲。请比较二者的相同与不同。（6分）

7. 黛玉两次葬花，宝玉也两次葬花。如何理解宝玉两次葬花前后的情感及变化？（10分）

8. 《红楼梦》中常用类似"两次葬花"这样的重复手法安排情节，比如：

_____，_____（4分，每空2分），比较填空处两处情节的相同与不同。（50分）

解析

1.

（甲）原来姹紫嫣红开遍

（乙）良辰美景奈何天

（丙）似水流年

2.

编号	相关内容	第一次	第二次
（1）	葬花时节	三月中浣	芒种节饯花会
（2）	葬花地点	畸角花冢	上次葬花花冢
（3）	所葬花朵	桃花	凤仙、石榴各色落花

3. 惜花爱洁；感花伤己。

4. 变化是：伤春情绪在第一次葬花的基础上进一步深化。原因是：时节、物候的变化带来的感官感受引发感慨；《西厢记》《牡丹亭》对少女之心的唤醒；和宝玉的相互试探中情感的萌动、误会与猜忌带来的情绪波动；暂时离开人群后一个人独处时的孤独、无依无靠的身世之感；爱护美好事物的真挚天性；对美好事物、生命的敏锐感知；自身美丽、高洁的精神追求；对生命个体青春易逝、美好事物普遍多具有悲剧命运的慨叹。

5. 大体而言，可这样理解：情节安排是为塑造人物服务的。从塑造人物的角度看，体现了黛玉自身的敏感和对贾府的疏离感；从情节安排上看，这为下文黛玉听曲制造了独处的机会，此时黛玉的内心感受和第二次葬花时远离众姐妹的孤独感是一脉相承、逐渐深化的关系。小说中，作者一而再、再而三地表现了黛玉的孤独：贾赦生病，宝玉和姐妹们都去探望，黛玉没有去；接下来，王子腾夫人过生日，她也没有去；宝玉挨打，众人络绎不绝地去探望，连含蓄的宝钗也如此，她反远远站着……此处不去探望舅舅的情节，和上述情节相互呼应，共同塑造了黛玉这个“寂寞山中林”的人物形象。（或有其他看法，言之成理即可。）

6. 相同：二人都因“美好的事物终究会消散”这一普遍的悲剧而伤感。不同：黛玉主要是感花伤己，悲痛中有强烈的身世之感；宝玉的悲痛则推及万事万物，已上升为一种具有哲学意味的悲痛。宝黛的同情共感正是二人精神高度契合、互为知己的表现，同时也是《红楼梦》所歌颂“人间至情”的具体表现。

7. 宝玉第一次葬花，是出于对美好事物的怜惜和关爱，他和林妹妹在漫天飞舞的桃花下共读《会真记》，又一起葬花，爱情在此时悄悄生长；宝玉第二次葬花，一开始固然是因为天性中对美好事物的热爱，却也是因为宝玉上一次发现了黛玉的葬花之地后，多了一重对黛玉的了解，因此才想着送花给她去埋葬。《葬花吟》后，他的思想和感情都得以成长：他进一步理解了黛玉，对黛玉的感情也进一步加深了。

8. 刘姥姥一进荣国府、二进大观园；探春一结海棠社、黛玉二结桃花社；宝玉挨打、薛蟠挨打、贾琏挨打。（赏析略）

宝玉十四年

谁都爱那青春欢笑的时辰

（一）

当下又值宝玉生日已到，原来宝琴也是这日，二人相同。因王夫人不在家，也不曾像往年闹热。只有张道士送了四样礼，换的寄名符儿；还有几处僧尼庙的和尚姑子送了供尖儿，并寿星纸马疏头，并本命星官值年太岁周年换的锁儿。家中常走的女先儿来上寿。王子腾那边，仍是一套衣服，一双鞋袜，一百寿桃，一百束上用银丝挂面。薛姨娘处减一等。其馀家中人，尤氏仍是一双鞋袜；凤姐儿是一个宫制四面和合荷包，里面装一个金寿星，一件波斯国所制玩器。各庙中遣人去放堂舍钱。又另有宝琴之礼，不能备述。姐妹中皆随便，或有一扇的，或有一字的，或有一画的，或有一诗的，聊复应景而已。【此处一一叙过，倒不曾提黛玉送了什么礼物。想来宝玉过生日，黛玉送礼不该是"应景"而已吧！】

这日宝玉清晨起来，梳洗已毕，冠带出来。至前厅院中，已有李贵等四五个人在那里设下天地香烛，宝玉炷了香。行毕礼，奠茶焚纸后，便至宁府中宗祠祖先堂两处行毕礼，出至月台上，又朝上遥拜过贾母、贾政、王夫人等。一顺到尤氏上房，行过礼，坐了一回，方回荣府。先至薛姨妈处，薛姨妈再三拉着，然后又遇见薛蝌，让一回，方进园来。晴雯、麝月二人跟随，小丫头夹着毡子，从李氏起，一一挨着比他长的房中到过。复出二门，至李、赵、张、王四个奶妈家让了一回，方进来。虽众人要行礼，也不曾受。回至房中，袭人等只都来说一声就是了。王夫人有言，不令年轻人受礼，恐折了福寿，故皆不磕头。

歇一时，贾环、贾兰等来了，袭人连忙拉住，坐了一坐，便去了。宝玉笑说走乏了，便歪在床上。【礼数纷繁，果是规矩繁多。】方吃了半盏茶，只听外面咭咭呱呱，一群丫头笑进来，原来是翠墨、小螺、翠缕、入画、邢岫烟的丫头篆儿，并奶子抱巧姐儿，彩鸾、绣鸾八九个人，都抱着红毡笑着走来，说："拜寿的挤破了门了，快拿面来我们吃。"刚进来时，探春、湘云、宝琴、岫烟、惜春也都来了。宝玉忙迎出来，笑说："不敢起动，快预备好茶。"进入房中，不免推让一回，大家归坐。袭人等捧过茶来，才吃了一口，平儿也打扮的花枝招展的来了。

宝玉忙迎出来，笑说："我方才到凤姐姐门上，回了进去，不能见，我又打发人进去让姐姐的。"平儿笑道："我正打发你姐姐梳头，不得出来回你。后来听见又说让我，我那里禁当的起，所以特赶来磕头。"宝玉笑道："我也禁当不起。"袭人早在外间安了座，让他坐。平儿便福下去，宝玉作揖不迭。平儿便跪下去，宝玉也忙还跪下，袭人连忙挽起来。又下了一福，宝玉又还了一揖。袭人笑推宝玉："你再作揖。"宝玉道："已经完了，怎么又作揖？"袭人笑道："这是他来给你拜寿。今儿也是他的生日，你也该给他拜寿。"宝玉听了，喜的忙作下揖去，说："原来今儿也是姐姐的芳诞。"平儿还万福不迭。

湘云拉宝琴、岫烟说："你们四个人对拜寿，直拜一天才是。"探春忙问："原来邢妹妹也是今儿？我怎么就忘了。"忙命丫头："去告诉二奶奶，赶着补了一分礼，与琴姑娘的一样，送到二姑娘屋里去。"丫头答应着去了。岫烟见湘云直口说出来，少不得要到各房去让让。

探春笑道："倒有些意思，一年十二个月，月月有几个生日。人多了，便这等巧，也有三个一日、两个一日的。大年初一日也不白过，大姐姐占了去。怨不得他福大，生日比别人就占先。又是太祖太爷的生日。过了灯节，就是姨太太和宝姐姐，他们娘儿两个遇的巧。三月初一日是太太，初九日是琏二哥哥。二月没人。"（甲）道："二月十二是林姑娘，怎么没人？就只不是咱家的人。"探春笑道："我这个记性是怎么了！"宝玉笑指（甲）道："他和林妹妹是一日，所以他记的。"

探春笑道："原来你两个倒是一日。每年连头也不给我们磕一个。平儿的生日我们也不知道，这也是才知道。"平儿笑道："我们是那牌儿名上的人，生日也没拜寿的福，又没受礼职分，可吵闹什么，可不悄悄的过去。今儿他又偏吵出来了，等姑娘们回房，我再行礼去罢。"探春笑道："也不敢惊动。只是今儿倒要替你过个生日，我心才过得去。"宝玉、湘云等一齐都说："很是。"探春便吩咐了丫头："去告诉他奶奶，就说我们大家说了，今儿一日不放平儿出去，我们也大家凑了分子过生日呢。"丫头笑着去了，半日，回来说："二奶奶说了，多谢姑娘们给他脸。不知过生日给他些什么吃，只别忘了二奶奶，就不来絮聒他了。"众人都笑了。【你可记得凤姐的生日是怎么过的？可作一对比。】

探春因说道："可巧今儿里头厨房不预备饭，一应下面弄菜都是外头收拾。咱们就凑了钱叫柳家的来揽了去，只在咱们里头收拾倒好。"众人都说是极。探春一面遣人去问李纨、宝钗、黛玉，一面遣人去传柳家的进来，吩咐他内厨房中快收拾两桌酒席。

柳家的不知何意，因说外厨房都预备了。探春笑道："你原来不知道，今儿是平姑娘的华诞。外头预备的是上头的，这如今我们私下又凑了分子，单为平姑娘预备两桌请他。你只管拣新巧的菜蔬预备了来，开了帐和我那里领钱。"柳家的笑道："原来今日也是平姑娘的千秋，我竟不知道。"说着，便向平儿磕下头去，慌的平儿拉起他来。柳家的忙去预备酒席。

这里探春又邀了宝玉，同到厅上去吃面，等到李纨宝钗一齐来全，又遣人去请薛姨妈与黛玉。因天气和暖，黛玉之疾渐愈，故也来了。花团锦簇，挤了一厅的人。

谁知薛蝌又送了巾扇香帛四色寿礼与宝玉，宝玉于是过去陪他吃面。两家皆治了寿酒，互相酬送，彼此同领。至午间，宝玉又陪薛蝌吃了两杯酒。宝钗带了宝琴过来与薛蝌行礼，把盏毕，宝钗因嘱薛蝌："家里的酒也不用送过那边去，这虚套竟可收了。你只请伙计们吃罢。我们和宝兄弟进去还要待人去呢，也不能陪你了。"薛蝌忙说："姐姐兄弟只管请，只怕伙计们也就好来了。"宝玉忙又告过罪，方同他姊妹回来。

一进角门，（乙）便命婆子将门锁上，把钥匙要了自己拿着。宝玉忙说："这一道门何必关，又没多的人走。况且姨娘、姐姐、妹妹都在里头，倘或家去取什么，岂不费事。"（乙）笑道："小心没过逾的。你瞧你们那边，这几日七事八事，竟没有我们这边的人，可知是这门关的有功效了。若是开着，保不住那起人图顺脚，抄近路从这里走，拦谁的是？不如锁了，连妈和我也禁着些，大家别走。纵有了事，就赖不着这边的人了。"

宝玉笑道："原来姐姐也知道我们那边近日丢了东西？"宝钗笑道："你只知道玫瑰露和茯苓霜两件，乃因人而及物。若非因人，你连这两件还不知道呢。殊不知还有几件比这两件大的呢。若以后叨登不出来，是大家的造化；若叨登出来，不知里头连累多少人呢。你也是不管事的人，我才告诉你。平儿是个明白人，我前儿也告诉了他，皆因他奶奶不在外头，所以使他明白了。若不出来，大家乐得丢开手。若犯出来，他心里已有稿子，自有头绪，就冤屈不着平人了。你只听我说，以后留神小心就是了，这话也不可对第二个人讲。"

说着，来到沁芳亭边，只见袭人、香菱、侍书、素云、晴雯、麝月、芳官、蕊官、藕官等十来个人都在那里看鱼作耍。见他们来了，都说："芍药栏里预备下了，快去上席罢。"宝钗等随携了他们同到了芍药栏中红香圃三间小敞厅内。

连尤氏已请过来了，诸人都在那里，只没平儿。

原来平儿出去，有赖林诸家送了礼来，连三接四，上中下三等家人来拜寿送礼的不少，平儿忙着打发赏钱道谢，一面又色色的回明凤姐儿，不过留下几样，也有不收的，也有收下即刻赏与人的。忙了一回，又直待凤姐儿吃过面，方换了衣裳往园里来。

刚进了园，就有几个丫鬟来找他，一同到了红香圃中。只见筵开玳瑁，褥设芙蓉。众人都笑："寿星全了。"上面四座定要让他四个人坐，四人皆不肯。薛姨妈说："我老天拔地，又不合你们的群儿，我倒觉拘的慌，不如我到厅上随便躺躺去倒好。我又吃不下什么去，又不大吃酒，这里让他们倒便宜。"尤氏等执意不从。宝钗道："这也罢了，倒是让妈在厅上歪着自如些，有爱吃的送些过去，倒自在了。且前头没人在那里，又可照看了。"探春等笑道："既这样，恭敬不如从命。"因大家送了他到议事厅上，眼看着命丫头们铺了一个锦褥并靠背引枕之类，又嘱咐："好生给姨妈捶腿，要茶要水别推三扯四的。回来送了东西来，姨妈吃了就赏你们吃。只别离了这里出去。"小丫头们都答应了。

探春等方回来。终久让宝琴、岫烟二人在上，平儿面西坐，宝玉面东坐。探春又接了鸳鸯来，二人并肩对面相陪。西边一桌，宝钗、黛玉、湘云、迎春、惜春，一面又拉了香菱、玉钏儿二人打横。三桌上，尤氏李纨又拉了袭人、彩云陪坐。四桌上便是紫鹃、莺儿、晴雯、小螺、司棋等人围坐。当下探春等还要把盏，宝琴等四人都说："这一闹，一日都坐不成了。"方才罢了。两个女先儿要弹词上寿，众人都说："我们没人要听那些野话，你厅上去说给姨太太解闷儿去罢。"一面又将各色吃食拣了，命人送与薛姨妈去。

宝玉便说："雅坐无趣，须要行令才好。"众人有的说行这个令好，那个又说行那个令好。黛玉道："依我说，拿了笔砚将各色全都写了，拈成阄儿，咱们抓出那个来，就是那个。"众人都道妙。即拿了一副笔砚花笺。香菱近日学了诗，又天天学写字，见了笔砚便图不得，连忙起座说："我写。"

大家想了一回，共得了十来个，念着，香菱一一的写了，搓成阄儿，掷在一个瓶中间。探春便命平儿拣，平儿向内搅了一搅，用箸拈了一个出来，打开看，上写着"射覆"二字。宝钗笑道："把个酒令的祖宗拈出来。'射覆'从古有的，如今失了传，这是后人纂的，比一切的令都难。这里头倒有一半是不会的，不如毁了，另拈一个雅俗共赏的。"探春笑道："既拈了出来，如何又毁。如今再拈一个，若是雅俗共赏的，便叫他们行去。咱们行这个。"说着又着袭人拈了一个，却是"拇战"。史湘云笑着说："这个简断爽利，合了我的脾气。我不行这个'射覆'，没的垂头丧气闷人，我只划拳去了。"探春道："惟有他乱令，宝姐姐快罚他一钟。"宝钗不容分说，便灌湘云一杯。

探春道："我吃一杯，我是令官，也不用宣，只听我分派。"命取了令骰令盆来，"从琴妹掷起，挨下掷去，对了点的二人射覆。"宝琴一掷，是个三，岫烟宝玉等皆掷的不对，直到香菱方掷了个三。宝琴笑道："只好室内生春，若说到外头去，可太没头绪了。"探春道："自然。三次不中者罚一杯。你覆，他射。"宝琴想了一想，说了个"老"字。香菱原生于这令，一时想不到，满室满席都不见有与"老"字相连的成语。湘云先听了，便也乱看，忽见门斗上贴着"红香圃"三个字，便知宝琴覆的是"吾不如老圃"的"圃"字。见香菱射不着，众人击鼓又催，便悄悄的拉香菱，教他说"药"字。黛玉偏看见了，说"快罚他，又在那里私相传递呢。"哄的众人都知道了，忙又罚了一杯，恨的湘云拿筷子敲黛玉的手。于是罚了香菱一杯。

下则宝钗和探春对了点子。探春便覆了一个"人"字。宝钗笑道："这个'人'字泛的很。"探春笑道："添一字，两覆一射也不泛了。"说着，便又说了一个"窗"字。宝钗一想，因见席上有鸡，便射着他是用"鸡窗""鸡人"二典了，因射了一个"埘"字。探春知他射着，用了"鸡栖于埘"的典，二人一笑，各饮一口门杯。

湘云等不得，早和宝玉"三""五"乱叫，划起拳来。那边尤氏和鸳鸯隔着席也"七""八"乱叫划起来。平儿袭人也作了一对划拳，叮叮当当只听得腕上的镯子响。一时湘云赢了宝玉，袭人赢了平儿，尤氏赢了鸳鸯，三个人限酒底酒面，湘云便说："酒面要一句古文，一句旧诗，一句骨牌名，一句曲牌名，还要一句时宪书上的话，共总凑成一句话。酒底要关人事的果菜名。"众人听了，都笑说："惟有他的令也比人唠叨，倒也有意思。"便催宝玉快说。宝玉笑道："谁说过这个，也等想一想儿。"黛玉便道："你多喝一钟，我替你说。"宝玉真个喝了酒，听黛玉说道：

　　　落霞与孤鹜齐飞，风急江天过雁哀，却是一只折足雁，叫的人九回肠，
这是鸿雁来宾。

说的大家笑了，说："这一串子倒有些意思。"黛玉又拈了一个榛穰，说酒底道：
　　　榛子非关隔院砧，何来万户捣衣声。

令完，鸳鸯、袭人等皆说的是一句俗话，都带一个"寿"字的，不能多赘。

大家轮流乱划了一阵，这上面湘云又和宝琴对了手，李纨和岫烟对了点子。李纨便覆了一个"瓢"字，岫烟便射了一个"绿"字，二人会意，各饮一口。湘云的拳却输了，请酒面酒底。宝琴笑道："请君入瓮。"大家笑起来，说："这个典用的当。"湘云便说道：

　　　奔腾而砰湃，江间波浪兼天涌，须要铁锁缆孤舟，既遇着一江风，不
宜出行。

说的众人都笑了，说："好个诌断了肠子的。怪道他出这个令，故意惹人笑。"又听他说酒底。湘云吃了酒，拣了一块鸭肉呷口，忽见碗内有半个鸭头，遂拣了出来吃脑子。众人催他，"别只顾吃，到底快说了。"湘云便用箸子举着说道：

这鸭头不是那丫头，头上那讨桂花油。

众人越发笑起来，引的晴雯、小螺、莺儿等一干人都走过来说："云姑娘会开心儿，拿着我们取笑儿，快罚一杯才罢。怎见得我们就该擦桂花油的？倒得每人给一瓶子桂花油擦擦。"黛玉笑道："他倒有心给你们一瓶子油，又怕挂误着打盗窃的官司。"众人不理论，宝玉却明白，忙低了头。彩云有心病，不觉的红了脸。宝钗忙暗暗的瞅了黛玉一眼。黛玉自悔失言，原是趣宝玉的，就忘了趣着彩云。自悔不及，忙一顿行令划拳岔开了。

底下宝玉可巧和宝钗对了点子。宝钗覆了一个"宝"字，宝玉想了一想，便知是宝钗作戏指自己所佩通灵玉而言，便笑道："姐姐拿我作雅谑，我却射着了。说出来姐姐别恼，就是姐姐的讳'钗'字就是了。"众人道："怎么解？"宝玉道："他说'宝'，底下自然是'玉'了。我射'钗'字，旧诗曾有'敲断玉钗红烛冷'，岂不射着了。"湘云说道："这用时事却使不得，两个人都该罚。"香菱忙道："不止时事，这也有出处。"湘云道："'宝玉'二字并无出处，不过是春联上或有之，诗书纪载并无，算不得。"香菱道："前日我读岑嘉州五言律，现有一句说'此乡多宝玉'，怎么你倒忘了？后来又读李义山七言绝句，又有一句'宝钗无日不生尘'，我还笑说他两个名字都原来在唐诗上呢。"众人笑说："这可问住了，快罚一杯。"湘云无语，只得饮了。

大家又该对点的对点，划拳的划拳。这些人因贾母王夫人不在家，【读者可记得贾母和王夫人去哪里了？】没了管束，便任意取乐，呼三喝四，喊七叫八。满厅中红飞翠舞，玉动珠摇，真是十分热闹。顽了一回，大家方起席散了一散，倏然不见了湘云，只当他外头自便就来，谁知越等越没了影响，使人各处去找，那里找得着。

接着林之孝家的同着几个老婆子来，生恐有正事呼唤，二者恐丫鬟们年轻，乘王夫人不在家不服探春等约束，恣意痛饮，失了体统，故来请问有事无事。

探春见他们来了，便知其意，忙笑道："你们又不放心，来查我们来了。我们没有多吃酒，不过是大家顽笑，将酒作个引子，妈妈们别耽心。"李纨尤氏都也笑说："你们歇着去罢，我们也不敢叫他们多吃了。"林之孝家的等人笑说："我们知道，连老太太叫姑娘吃酒姑娘们还不肯吃，何况太太们不在家，自然顽罢了。我们怕有事，来打听打听。二则天长了，姑娘们顽一回子还该点补些小食儿。素日又不大吃杂东西，如今吃一两杯酒，若不多吃些东西，怕受伤。"探春笑道："妈妈们说的是，我们也正要吃呢。"因回头命取点心来。

两旁丫鬟们答应了，忙去传点心。探春又笑让："你们歇着去罢，或是姨妈那里说话儿去。我们即刻打发人送酒你们吃去。"林之孝家的等人笑回："不敢领了。"又站了一回，方退了出来。平儿摸着脸笑道："我的脸都热了，也不好意思见他们。依我说竟收了罢，别惹他们再来，倒没意思了。"探春笑道："不相干，横竖咱们不认真喝酒就罢了。"

正说着，只见一个小丫头笑嘻嘻的走来："姑娘们快瞧云姑娘去，吃醉了图凉快，在山子后头一块青板石凳上睡着了。"众人听说，都笑道："快别吵嚷。"说着，都走来看时，果见湘云卧于山石僻处一个石凳子上，业经香梦沉酣，四面芍药花飞了一身，满头脸衣襟上皆是红香散乱，手中的扇子在地下，也半被落花埋了，一群蜂蝶闹穰穰的围着他，又用鲛帕包了一包芍药花瓣枕着。众人看了，又是爱，又是笑，忙上来推唤挽扶。湘云口内犹作睡语说酒令，唧唧嘟嘟说：

　　　　泉香而酒冽，玉碗盛来琥珀光，直饮到梅梢月上，醉扶归，却为宜会亲友。

众人笑推他，说道："快醒醒儿吃饭去，这潮凳上还睡出病来呢。"湘云慢启秋波，见了众人，低头看了一看自己，方知是醉了。原是来纳凉避静的，不觉的因多罚了两杯酒，娇嫩不胜，便睡着了，心中反觉自愧。连忙起身扎挣着同人来至红香圃中，用过水，又吃了两盏酽茶。探春忙命将醒酒石拿来给他衔在口内，一时又命他喝了一些酸汤，方才觉得好了些。

当下又选了几样果菜与凤姐送去，凤姐儿也送了几样来。宝钗等吃过点心，大家也有坐的，也有立的，也有在外观花的，也有扶栏观鱼的，各自取便说笑不一。探春便和宝琴下棋，宝钗岫烟观局。林黛玉和宝玉在一簇花下唧唧哝哝不知说些什么。【"我喜欢《红楼梦》大观园里青春的慵懒、放肆、耽溺与无所事事。常常在三月、四月走过台湾校园，杜鹃或羊蹄甲盛放，也常见青年学生，或坐或卧树下，有四仰八叉、脸上盖一本书呼呼大睡的，也有一脸专注深情、用落花在草地上排成字的。沉溺如此，放肆如此，都让我想到史湘云的'醉眠芍药裀'。青春可以如此沉溺放肆，也才真是青春吧。"蒋勋在《蒋勋说红楼梦》中这样说。】

只见林之孝家的和一群女人带了一个媳妇进来。那媳妇愁眉苦脸，也不敢进厅，只到了阶下，便朝上跪下了，碰头有声。探春因一块棋受了敌，算来算去纵得了两个眼，便折了官着，两眼只瞅着棋枰，一只手却伸在盒内，只管抓弄棋子作想，林之孝家的站了半天，因回头要茶时才看见，问："什么事？"林之孝家的便指那媳妇说："这是四姑娘屋里的小丫头彩儿的娘，现是园内伺候的人。嘴很不好，才是我听见了问着他，他说的话也不敢回姑娘，竟要撵出去才是。"探春道："怎么不回大奶奶？"林之孝家的道："方才大奶奶都往厅上姨太太处去了，顶头看见，我已回明白了，叫回姑娘来。"探春道："怎么不回二奶奶？"平儿道："不回去也罢，我回去说一声就是了。"探春点点头，道："既这么着，就撵出他去，等太太来了，再回定夺。"说毕仍又下棋。这林之孝家的带了那人去。不提。

黛玉和宝玉二人站在花下，遥遥知意。黛玉便说道："你家三丫头倒是个乖人。虽然叫他管些事，倒也一步儿不肯多走。差不多的人就早作起威福来了。"

宝玉道："你不知道呢。你病着时，他干了好几件事。这园子也分了人管，如今多掐一草也不能了。又蠲了几件事，单拿我和凤姐姐作筏子禁别人。最是心里有算计的人，岂只乖而已。"黛玉道："要这样才好，咱们家里也太花费了。我虽不管事，心里每常闲了，替你们一算计，出的多进的少，如今若不省俭，必致后手不接。"【黛玉竟有如此远虑！】宝玉笑道："凭他怎么后手不接，也短不了咱们两个人的。"黛玉听了，转身就往厅上寻宝钗说笑去了。

宝玉正欲走时，只见袭人走来，手内捧着一个小连环洋漆茶盘，里面可式放着两钟新茶，因问："他往那去了？我见你两个半日没吃茶，巴巴的倒了两钟来，他又走了。"宝玉道："那不是他，你给他送去。"说着自拿了一钟。袭人便送了那钟去，偏和宝钗在一处，只得一钟茶，便说："那位渴了那位先接了，我再倒去。"宝钗笑道："我却不渴，只要一口漱一漱就够了。"说着先拿起来喝了一口，剩下半杯递在黛玉手内。袭人笑说："我再倒去。"黛玉笑道："你知道我这病，大夫不许我多吃茶，这半钟尽够了，难为你想的到。"说毕，饮干，将杯放下。【宝钗初到贾府时，黛玉内心多不忿，如今她却拿了宝钗的茶，一饮而尽，不以为意。可见二人的关系和谐、亲密。黛玉和宝钗的关系是如何改善的呢？这一点令人欣喜，也令人好奇。其实不光是读者，就连宝玉也一度措手不及。在第四十九回中，他就曾问道："那《闹简》上有一句说得最好，'是几时孟光接了梁鸿案？''孟光接了梁鸿案'这七个字，不过是现成的典，难为他这'是几时'三个虚字问的有趣。是几时接了？你说说我听听。"】袭人又来接宝玉的。宝玉因问："这半日没见芳官，他在那里呢？"袭人四顾一瞧说："才在这里几个人斗草的，这会子不见了。"

宝玉听说，便忙回至房中，果见芳官面向里睡在床上。宝玉推他说道："快别睡觉，咱们外头顽去，一回儿好吃饭的。"芳官道："你们吃酒不理我，教我闷了半日，可不来睡觉罢了。"宝玉拉了他起来，笑道："咱们晚上家里再吃，回来我叫袭人姐姐带了你桌上吃饭，何如？"芳官道："藕官蕊官都不上去，单我在那里也不好。我也不惯吃那个面条子，早起也没好生吃。才刚饿了，我已告诉了柳嫂子，先给我做一碗汤盛半碗粳米饭送来，我这里吃了就完事。若是晚上吃酒，不许教人管着我，我要尽力吃够了才罢。我先在家里，吃二三斤好惠泉酒呢。如今学了这劳什子，他们说怕坏嗓子，这几年也没闻见。乘今儿我是要开斋了。"宝玉道："这个容易。"

　　说着，只见柳家的果遣了人送了一个盒子来。小燕接着揭开，里面是一碗虾丸鸡皮汤，又是一碗酒酿清蒸鸭子，一碟腌的胭脂鹅脯，还有一碟四个奶油松瓤卷酥，并一大碗热腾腾碧荧荧蒸的绿畦香稻粳米饭。小燕放在案上，走去拿了小菜并碗箸过来，拨了一碗饭。芳官便说："油腻腻的，谁吃这些东西。"只将汤泡饭吃了一碗，拣了两块腌鹅就不吃了。宝玉闻着，倒觉比往常之味又胜些似的，遂吃了一个卷酥，又命小燕也拨了半碗饭，泡汤一吃，十分香甜可口。小燕和芳官都笑了。吃毕，小燕便将剩的要交回。宝玉道："你吃了罢，若不够再要些来。"小燕道："不用要，这就够了。方才麝月姐姐拿了两盘子点心给我们吃了，我再吃了这个，尽不用再吃了。"

　　说着，便站在桌旁一顿吃了，又留下两个卷酥，说："这个留着给我妈吃。晚上要吃酒，给我两碗酒吃就是了。"宝玉笑道："你也爱吃酒？等着咱们晚上痛喝一阵。你袭人姐姐和晴雯姐姐量也好，也要喝，只是每日不好意思。今儿大家开斋。还有一件事，想着嘱咐你，我竟忘了，此刻才想起来。以后芳官全要你照看他，他或有不到的去处，你提他，袭人照顾不过这些人来。"小燕道："我都知道，都不用操心。但只这五儿怎么样？"宝玉道："你和柳家的说去，明儿直叫他进来罢，等我告诉他们一声就完了。"芳官听了，笑道："这倒是正经。"小燕又叫两个小丫头进来，服侍洗手倒茶，自己收了家伙，交与婆子，也洗了手，便去找柳家的。不在话下。

宝玉便出来，仍往红香圃寻众姐妹，芳官在后拿着巾扇。刚出了院门，只见袭人晴雯二人携手回来。宝玉问："你们做什么？"袭人道："摆下饭了，等你吃饭呢。"宝玉便笑着将方才吃的饭一节告诉了他两个。袭人笑道："我说你是猫儿食，闻见了香就好。隔锅饭儿香。虽然如此，也该上去陪他们多少应个景儿。"晴雯用手指戳在芳官额上，说道："你就是个狐媚子，什么空儿跑了去吃饭，两个人怎么就约下了，也不告诉我们一声儿。"袭人笑道："不过是误打误撞的遇见了，说约下了，可是没有的事。"

晴雯道："既这么着，要我们无用。明儿我们都走了，让芳官一个人就够使了。"袭人笑道："我们都去了使得，你却去不得。"晴雯道："惟有我是第一个要去，又懒又笨，性子又不好，又没用。"袭人笑道："倘或那孔雀褂子再烧个窟窿，你去了谁可会补呢。你倒别和我拿三撇四的，我烦你做个什么，把你懒的横针不拈，竖线不动。一般也不是我的私活烦你，横竖都是他的，你就都不肯做。怎么我去了几天，你病的七死八活，一夜连命也不顾给他做了出来，这又是什么原故？你到底说话，别只伴愚，和我笑，也当不了什么。"大家说着，来至厅上。薛姨妈也来了。大家依序坐下吃饭。宝玉只用茶泡了半碗饭，应景而已。一时吃毕，大家吃茶闲话，又随便顽笑。

外面小螺和香菱、芳官、蕊官、藕官、荳官等四五个人，都满园中顽了一回，大家采了些花草来兜着，坐在花草堆中斗草。这一个说："我有观音柳。"那一个说："我有罗汉松。"那一个又说："我有君子竹。"这一个又说："我有美人蕉。"这个又说："我有星星翠。"那个又说："我有月月红。"这个又说："我有《牡丹亭》上的牡丹花。"那个又说："我有《琵琶记》里的枇杷果。"荳官便说："我有姐妹花。"众人没了，香菱便说："我有夫妻蕙。"荳官说："从没听见有个夫妻蕙。"香菱道："一箭一花为兰，一箭数花为蕙。凡蕙有两枝，上下结花者为兄弟蕙，有并头结花者为夫妻蕙。我这枝并头的，怎么不是夫妻蕙。"荳官没的说了，便起身笑道："依你说，若是这两枝一大一小，就是老子儿子蕙了。若两枝背面开的，就是仇人蕙了。你汉子去了大半年，你想夫妻了？便扯上蕙也有夫妻，好不害羞！"香菱听了，红了脸，忙要起身拧他，笑骂道："我把你这个烂了嘴的小蹄子！满嘴里汗燺的胡说了。等我起来打不死你这小蹄子！"

荳官见他要勾来，怎容他起来，便忙连身将他压倒。回头笑着央告蕊官等："你们来，帮着我拧他这诌嘴。"两个人滚在草地下。众人拍手笑说："了不得了，那是一洼子水，可惜污了他的新裙子了。"荳官回头看了一看，果见旁边有一汪积雨，香菱的半扇裙子都污湿了，自己不好意思，忙夺了手跑了。众人笑个不住，怕香菱拿他们出气，笑着一哄而散。

香菱起身低头一瞧，那裙上犹滴滴点点流下绿水来。正恨骂不绝，可巧宝玉见他们斗草，也寻了些花草来凑戏，忽见众人跑了，只剩了香菱一个低头弄裙，因问："怎么散了？"香菱便说："我有一枝夫妻蕙，他们不知道，反说我诌，因此闹起来，把我的新裙子也脏了。"宝玉笑道："你有夫妻蕙，我这里倒有一枝并蒂菱。"口内说，手内却真个拈着一枝并蒂菱花，又拈了那枝夫妻蕙在手内。香菱道："什么夫妻不夫妻，并蒂不并蒂，你瞧瞧这裙子。"

宝玉方低头一瞧，便嗳呀了一声，说："怎么就拖在泥里了？可惜这石榴红绫最不经染。"香菱道："这是前儿琴姑娘带了来的。姑娘做了一条，我做了一条，今儿才上身。"宝玉跌脚叹道："若你们家，一日遭踏这一百件也不值什么。只是头一件既系琴姑娘带来的，你和宝姐姐每人才一件，他的尚好，你的先脏了，岂不辜负他的心。二则姨妈老人家嘴碎，饶这么样，我还听见常说你们不知过日子，只会遭踏东西，不知惜福呢。这叫姨妈看见了，又说一个不清。"

香菱听了这话，却碰在心坎儿上，反倒喜欢起来了，因笑道："就是这话了。

我虽有几条新裙子，都不和这一样，若有一样的，赶着换了，也就好了。过后再说。"宝玉道："你快休动，只站着方好，不然连小衣儿膝裤鞋面都要拖脏。我有个主意：袭人上月做了一条和这个一模一样的，他因有孝，如今也不穿。竟送了你换下这个来，如何？"香菱笑着摇头说："不好。他们倘或听见了倒不好。"宝玉道："这怕什么。等他们孝满了，他爱什么难道不许你送他别的不成。你若这样，还是你素日为人了！况且不是瞒人的事，只管告诉宝姐姐也可，只不过怕姨妈老人家生气罢了。"香菱想了一想有理，便点头笑道："就是这样罢了，别辜负了你的心。我等着，你千万叫他亲自送来才好。"

宝玉听了，喜欢非常，答应了忙忙的回来。一壁里低头心下暗算："可惜这么一个人，没父母，连自己本姓都忘了，被人拐出来，偏又卖与这个霸王。"因又想起上日平儿也是意外想不到的，今日更是意外之意外的事了。一壁胡思乱想，来至房中，拉了袭人，细细告诉了他原故。

香菱之为人，无人不怜爱的。袭人又本是个手中撒漫的，况与香菱素相交好，一闻此信，忙就开箱取了出来折好，随了宝玉来寻着香菱，他还站在那里等呢。袭人笑道："我说你太淘气了，足的淘出个故事来才罢。"香菱红了脸，笑说："多谢姐姐了，谁知那起促狭鬼使黑心。"说着，接了裙子，展开一看，果然同自己的一样。又命宝玉背过脸去，自己叉手向内解下来，将这条系上。袭人道："把这脏了的交与我拿回去，收拾了再给你送来。你若拿回去，看见了也是要问的。"香菱道："好姐姐，你拿去不拘给那个妹妹罢。我有了这个，不要他了。"袭人道："你倒大方的好。"香菱忙又万福道谢，袭人拿了脏裙便走。

香菱见宝玉蹲在地下，将方才的夫妻蕙与并蒂菱用树枝儿抠了一个坑，先抓些落花来铺垫了，将这菱蕙安放好，又将些落花来掩了，方撮土掩埋平服。香菱拉他的手，笑道："这又叫做什么？怪道人人说你惯会鬼鬼祟祟使人肉麻的事。你瞧瞧，你这手弄的泥乌苔滑的，还不快洗去。"宝玉笑着，方起身走了去洗手，香菱也自走开。【此处宝玉又葬一花。不知此二人的默契程度，比宝黛何如呢？】二人已走远了数步，香菱复转身回来叫住宝玉。宝玉不知有何话，扎着两只泥手，笑嘻嘻的转来问："什么？"香菱只顾笑。因那边他的小丫头臻儿走来说："二姑娘等你说话呢。"香菱方向宝玉道："裙子的事可别向你哥哥说才好。"说毕，即转身走了。宝玉笑道："可不我疯了，往虎口里探头儿去呢。"说着，也回去洗手去了。（第62回）

（二）

话说宝玉回至房中洗手，因与袭人商议："晚间吃酒，大家取乐，不可拘泥。如今吃什么，好早说给他们备办去。"袭人笑道："你放心，我和晴雯、麝月、秋纹四个人，每人五钱银子，共是二两。芳官、碧痕、小燕、四儿四个人，每人三钱银子，他们有假的不算，共是三两二钱银子，早已交给了柳嫂子，预备四十碟果子。我和平儿说了，已经抬了一坛好绍兴酒藏在那边了。我们八个人单替你过生日。"宝玉听了，喜的忙说："他们是那里的钱，不该叫他们出才是。"【想来开头那么多人送了那么多礼物，都不如这些下人的心意让宝玉欢喜。】晴雯道："他们没钱，难道我们是有钱的！这原是各人的心。那怕他偷的呢，只管领他们的情就是。"宝玉听了，笑说："你说的是。"袭人笑道："你一天不挨他两句硬话村你，你再过不去。"晴雯笑道："你如今也学坏了，专会架桥拨火儿。"说着，大家都笑了。

宝玉说："关院门罢。"袭人笑道："怪不得人说你是'无事忙'，这会子关了门，人倒疑惑，越性再等一等。"宝玉点头，因说："我出去走走，四儿舀水去，小燕一个跟我来罢。"说着，走至外边，因见无人，便问五儿之事。小燕道："我才告诉了柳嫂子，他倒喜欢的很。只是五儿那夜受了委屈烦恼，回家去又气病了，那里来得。只等好了罢。"宝玉听了，不免后悔长叹，因又问："这事袭人知道不知道？"小燕道："我没告诉，不知芳官可说了不曾。"宝玉道："我却没告诉过他，也罢，等我告诉他就是了。"说毕，复走进来，故意洗手。

已是掌灯时分，听得院门前有一群人进来。大家隔窗悄视，果见林之孝家的和几个管事的女人走来，前头一人提着大灯笼。晴雯悄笑道："他们查上夜的人来了。这一出去，咱们好关门了。"只见怡红院凡上夜的人都迎了出去，林之孝家的看了不少。林之孝家的吩咐："别耍钱吃酒，放倒头睡到大天亮。我听见是不依的。"众人都笑说："那里有那样大胆子的人。"林之孝家的又问："宝二爷睡下了没有？"众人都回不知道。

袭人忙推宝玉。宝玉趿了鞋，便迎出来，笑道："我还没睡呢。妈妈进来歇歇。"又叫："袭人倒茶来。"林之孝家的忙进来，笑说："还没睡？如今天长夜短了，该早些睡，明儿起的方早。不然到了明日起迟了，人笑话说不是个读书上学的公子了，倒像那起挑脚汉了。"说毕，又笑。宝玉忙笑道："妈妈说的是。我每日都睡的早，妈妈每日进来可都是我不知道的，已经睡了。今儿因吃了面，怕停住食，所以多顽一会子。"林之孝家的又向袭人等笑说："该沏些个普洱茶吃。"袭人晴雯二人忙笑说："沏了一盉子女儿茶，已经吃过两碗了。大娘也尝一碗，都是现成的。"说着，晴雯便倒了一碗来。

林之孝家的又笑道："这些时我听见二爷嘴里都换了字眼，赶着这几位大姑娘们竟叫起名字来。虽然在这屋里，到底是老太太，太太的人，还该嘴里尊重些才是。若一时半刻偶然叫一声使得，若只管叫起来，怕以后兄弟侄儿照样，便惹人笑话，说这家子的人眼里没有长辈。"宝玉笑道："妈妈说的是。我原不过是一时半刻的。"袭人晴雯都笑说："这可别委屈了他。直到如今，他可姐姐没离了口。不过顽的时候叫一声半声名字，若当着人却是和先一样。"

林之孝家的笑道：“这才好呢，这才是读书知礼的。越自己谦越尊重，别说是三五代的陈人，现从老太太、太太屋里拨过来的，便是老太太、太太屋里的猫儿狗儿，轻易也伤他不的。这才是受过调教的公子行事。”说毕，吃了茶，便说：“请安歇罢，我们走了。”宝玉还说：“再歇歇。”那林之孝家的已带了众人，又查别处去了。【大人们查寝结束，少年人终于可以疯玩一把啦！】

这里晴雯等忙命关了门，进来笑说：“这位奶奶那里吃了一杯来了，唠三叨四的，又排场了我们一顿去了。”麝月笑道：“他也不是好意的，少不得也要常提着些儿。也堤防着怕走了大褶儿的意思。”说着，一面摆上酒果。

袭人道：“不用高桌，咱们把那张花梨圆炕桌子放在炕上坐，又宽绰，又便宜。”说着，大家果然抬来。麝月和四儿那边去搬果子，用两个大茶盘做四五次方搬运了来。两个老婆子蹲在外面火盆上筛酒。宝玉说：“天热，咱们都脱了大衣裳才好。”众人笑道：“你要脱你脱，我们还要轮流安席呢。”宝玉笑道：“这一安就安到五更天了。知道我最怕这些俗套子，在外人跟前不得已的，这会子还怄我就不好了。”众人听了，都说：“依你。”于是先不上坐，且忙着卸妆宽衣。【热！】

一时将正装卸去，头上只随便挽着纂儿，身上皆是长裙短袄。宝玉只穿着大红棉纱小袄子，下面绿绫弹墨袷裤，散着裤脚，倚着一个各色玫瑰芍药花瓣装的玉色夹纱新枕头，和芳官两个先划拳。当时芳官满口嚷热，只穿着一件玉色红青酡绒三色缎子斗的水田小夹袄，束着一条柳绿汗巾，底下水红撒花夹裤，也散着裤腿。头上眉额编着一圈小辫，总归至顶心，结一根鹅卵粗细的总辫，拖在脑后。右耳眼内只塞着米粒大小的一个小玉塞子，左耳上单带着一个白果大小的硬红镶金大坠子，【耳饰不对称正是如今的流行时尚，想不到芳官早在多少年前就已如此打扮自己了！】越显的面如满月犹白，眼如秋水还清。引的众人笑说：“他两个倒像是双生的弟兄两个。”

　　袭人等一一的斟了酒来，说："且等等再划拳，虽不安席，每人在手里吃我们一口罢了。"于是袭人为先，端在唇上吃了一口，馀依次下去，一一吃过，大家方团圆坐定。小燕四儿因炕沿坐不下，便端了两张椅子，近炕放下。那四十个碟子，皆是一色白粉定窑的，不过只有小茶碟大，里面不过是山南海北，中原外国，或干或鲜，或水或陆，天下所有的酒馔果菜。

　　宝玉因说："咱们也该行个令才好。"袭人道："斯文些的才好，别大呼小叫，惹人听见。二则我们不识字，可不要那些文的。"麝月笑道："拿骰子咱们抢红罢。"宝玉道："没趣，不好。咱们占花名儿好。"晴雯笑道："正是早已想弄这个顽意儿。"袭人道："这个顽意虽好，人少了没趣。"小燕笑道："依我说，咱们竟悄悄的把宝姑娘林姑娘请了来顽一回子，到二更天再睡不迟。"袭人道："又开门喝户的闹，倘或遇见巡夜的问呢？"宝玉道："怕什么，咱们三姑娘也吃酒，再请他一声才好。还有琴姑娘。"众人都道："琴姑娘罢了，他在大奶奶屋里，叨登的大发了。"宝玉道："怕什么，你们就快请去。"小燕四儿都得不得一声，二人忙命开了门，分头去请。

　　晴雯、麝月、袭人三人又说："他两个去请，只怕宝林两个不肯来，须得我们请去，死活拉他来。"于是袭人晴雯忙又命老婆子打个灯笼，二人又去。果然宝钗说夜深了，黛玉说身上不好，他二人再三央求说："好歹给我们一点体面，略坐坐再来。"探春听了却也欢喜。因想："不请李纨，倘或被他知道了倒不好。"便命翠墨同了小燕也再三的请了李纨和宝琴二人，会齐，先后都到了怡红院中。袭人又死活拉了香菱来。炕上又并了一张桌子，方坐开了。

　　宝玉忙说："林妹妹怕冷，过这边靠板壁坐。"【宝玉的关心总是这样细致。】又拿个靠背垫着些。袭人等都端了椅子在炕沿下一陪。黛玉却离桌远远的靠着靠背，因笑向宝钗、李纨、探春等道："你们日日说人夜聚饮博，今儿我们自己也如此，以后怎么说人。"李纨笑道："这有何妨。一年之中不过生日节间如此，并无夜夜如此，这倒也不怕。"

说着，晴雯拿了一个竹雕的签筒来，里面装着象牙花名签子，摇了一摇，放在当中。又取过骰子来，盛在盒内，摇了一摇，揭开一看，里面是五点，数至宝钗。宝钗便笑道："我先抓，不知抓出个什么来。"说着，将筒摇了一摇，伸手掣出一根。大家一看，只见签上画着一支牡丹，题着"艳冠群芳"四字，下面又有镌的小字一句唐诗，道是：

　　　　任是无情也动人。

又注着："在席共贺一杯，此为群芳之冠，随意命人，不拘诗词雅谑，道一则以侑酒。"众人看了，都笑说："巧的很，你也原配牡丹花。"说着，大家共贺了一杯。宝钗吃过，便笑说："芳官唱一支我们听罢。"芳官道："既这样，大家吃门杯好听的。"于是大家吃酒。芳官便唱：

　　　　寿筵开处风光好。

众人都道："快打回去。这会子很不用你来上寿，拣你极好的唱来。"芳官只得细细的唱了一支《赏花时》：

　　　　翠凤毛翎扎帚叉，闲踏天门扫落花。您看那风起玉尘沙。猛可的那一
　　　层云下，抵多少门外即天涯。您再休要剑斩黄龙一线儿差，再休向东老贫
　　　穷卖酒家。您与俺高眼向云霞。洞宾呵，您得了人可便早些儿回话；若迟呵，
　　　错教人留恨碧桃花。

才罢。宝玉却只管拿着那签，口内颠来倒去念"任是无情也动人"，听了这曲子，眼看着芳官不语。湘云忙一手夺了，掷与宝钗。宝钗又掷了一个十六点，数到探春。

探春笑道："我还不知得个什么呢。"伸手掣了一根出来，自己一瞧，便掷在地下，红了脸，笑道："这东西不好，不该行这令。这原是外头男人们行的令，许多混话在上头。"众人不解，袭人等忙拾了起来，众人看上面是一

枝杏花，那红字写着"瑶池仙品"四字，诗云：

> 日边红杏倚云栽。

注云："得此签者，必得贵婿，大家恭贺一杯，共同饮一杯。"众人笑道："我说是什么呢。这签原是闺阁中取戏的，除了这两三根有这话的，并无杂话，这有何妨。我们家已有了个王妃，难道你也是王妃不成。大喜，大喜。"说着，大家来敬。探春那里肯饮，却被史湘云、香菱、李纨等三四个人强死强活灌了下去。探春只命蠲了这个，再行别的，众人断不肯依。湘云拿着他的手强掷了个十九点出来，便该李氏掣。

李氏摇了一摇，掣出一根来一看，笑道："好极。你们瞧瞧，这劳什子竟有些意思。"众人瞧那签上，画着一枝老梅，是写着"霜晓寒姿"四字，那一面旧诗是：

> 竹篱茅舍自甘心。

注云："自饮一杯，下家掷骰。"李纨笑道："真有趣，你们掷去罢。我只自吃一杯，不问你们的废与兴。"说着，便吃酒，将骰过与黛玉。黛玉一掷，是个十八点，便该湘云掣。

湘云笑着，揎拳掳袖的伸手掣了一根出来。大家看时，一面画着一枝海棠，题着"香梦沉酣"四字，那面诗道是：

> 只恐夜深花睡去。

黛玉笑道："'夜深'两个字，改'石凉'两个字。"众人便知他趣白日间湘云醉卧的事，都笑了。湘云笑指那自行船与黛玉看，又说"快坐上那船家去罢，别多话了。"众人都笑了。因看注云："既云'香梦沉酣'，掣此签者不便饮酒，只令上下二家各饮一杯。"湘云拍手笑道："阿弥陀佛，真真好签！"恰好黛玉是上家，宝玉是下家。二人斟了两杯只得要饮。宝玉先饮了半杯，瞅人不见，递与芳官，端起来便一扬脖。黛玉只管和人说话，将酒全折在漱盂内了。湘云便绰起骰子来一掷个九点，数去该麝月。

麝月便掣了一根出来。大家看时，这面上一枝荼蘼花，题着"韶华胜极"四字，那边写着一句旧诗，道是：

开到荼蘼花事了。

注云："在席各饮三杯送春。"麝月问怎么讲，宝玉愁眉，忙将签藏了，说："咱们且喝酒。"说着，大家吃了三口，以充三杯之数。麝月一掷个十九点，该香菱。

香菱便掣了一根并蒂花，题着"联春绕瑞"，那面写着一句诗，道是：

连理枝头花正开。

注云："共贺掣者三杯，大家陪饮一杯。"香菱便又掷了个六点，该黛玉掣。

黛玉默默的想道："不知还有什么好的被我掣着方好。"一面伸手取了一根，只见上面画着一枝芙蓉，题着"风露清愁"四字，那面一句旧诗，道是：

莫怨东风当自嗟。

注云："自饮一杯，牡丹陪饮一杯。"众人笑说："这个好极。除了他，别人不配作芙蓉。"黛玉也自笑了。于是饮了酒，便掷了个二十点，该着袭人。

袭人便伸手取了一支出来，却是一枝桃花，题着"武陵别景"四字，那一面旧诗写着道是：

桃红又是一年春。

注云："杏花陪一盏，坐中同庚者陪一盏，同辰者陪一盏，同姓者陪一盏。"众人笑道："这一回热闹有趣。"大家算来，香菱、晴雯、宝钗三人皆与他同庚，黛玉与他同辰，只无同姓者。芳官忙道："我也姓花，我也陪他一钟。"于是大家斟了酒，黛玉因向探春笑道："命中该着招贵婿的，你是杏花，快喝了，我们好喝。"探春笑道："这是个什么，大嫂子顺手给他一下子。"李纨笑道："人家不得贵婿反挨打，我也不忍的。"说的众人都笑了。

袭人才要掷，只听有人叫门。老婆子忙出去问时，原来是薛姨妈打发人来接黛玉的。众人因问几更了，人回："二更以后了，钟打过十一下了。"宝玉犹不信，要过表来瞧了一瞧，已是子初初刻十分了。黛玉便起身说："我可撑不住了，回去还要吃药呢。"众人说："也都该散了。"袭人宝玉等还要留着众人。李纨宝钗等都说："夜太深了不像，这已是破格了。"袭人道："既如此，每位再吃一杯再走。"说着，晴雯等已都斟满了酒，每人吃了，都命点灯。袭人等直送过沁芳亭河那边方回来。

关了门，大家复又行起令来。袭人等又用大钟斟了几钟，用盘攒了各样果菜与地下的老嬷嬷们吃。彼此有了三分酒，便猜拳赢唱小曲儿。那天已四更时分，老嬷嬷们一面明吃，一面暗偷，酒坛已罄，众人听了纳罕，方收拾盥漱睡觉。

芳官吃的两腮胭脂一般，眉梢眼角越添了许多丰韵，身子图不得，便睡在袭人身上，"好姐姐，心跳的很。"袭人笑道："谁许你尽力灌起来。"小燕四儿也图不得，早睡了。晴雯还只管叫。宝玉道："不用叫了，咱们且胡乱歇一歇罢。"自己便枕了那红香枕，身子一歪，便也睡着了。袭人见芳官醉的很，恐闹他唾酒，只得轻轻起来，就将芳官扶在宝玉之侧，由他睡了。自己却在对面榻上倒下。

大家黑甜一觉，不知所之。【聚会后胡乱卧在一处，是青春岁月中最欢乐的时候。】及至天明，袭人睁眼一看，只见天色晶明，忙说："可迟了。"向对面床上瞧了一瞧，只见芳官头枕着炕沿上，睡犹未醒，连忙起来叫他。宝玉已翻身醒了，笑道："可迟了！"因又推芳官起身。那芳官坐起来，犹发怔揉眼睛。袭人笑道："不害羞，你吃醉了，怎么也不拣地方儿乱挺下了。"芳官听了，瞧了一瞧，方知道和宝玉同榻，忙笑的下地来，说："我怎么吃的不知道了。"宝玉笑道："我竟也不知道了。若知道，给你脸上抹些黑墨。"说着，丫头进来伺候梳洗。

宝玉笑道："昨儿有扰，今儿晚上我还席。"袭人笑道："罢罢罢，今儿可别闹了，再闹就有人说话了。"宝玉道："怕什么，不过才两次罢了。咱们也算是会吃酒了，那一坛子酒，怎么就吃光了。正是有趣，偏又没了。"袭人笑道："原要这样才有趣。必至兴尽了，反无后味了。昨儿都好上来了，晴雯连臊也忘了，我记得他还唱了一个。"四儿笑道："姐姐忘了，连姐姐还唱了一个呢。在席的谁没唱过！"众人听了，俱红了脸，用两手握着笑个不住。

忽见平儿笑嘻嘻的走来，说亲自来请昨日在席的人："今儿我还东，短一个也使不得。"众人忙让坐吃茶。晴雯笑道："可惜昨夜没他。"平儿忙问："你们夜里做什么来？"袭人便说："告诉不得你。昨儿夜里热闹非常，连往日老太太、太太带着众人顽也不及昨儿这一顽。一坛酒我们都鼓捣光了，一个个吃的把臊都丢了，三不知的又都唱起来。四更多天才横三竖四的打了一个盹儿。"平儿笑道："好，白和我要了酒来，也不请我，还说着给我听，气我。"晴雯道："今儿他还席，必来请你的，等着罢。"

平儿笑问道："他是谁，谁是他？"晴雯听了，赶着笑打，说道："偏你这耳朵尖，听得真。"平儿笑道："这会子有事不和你说，我干事去了。一回再打发人来请，一个不到，我是打上门来的。"宝玉等忙留，他已经去了。

这里宝玉梳洗了正吃茶，忽然一眼看见砚台底下压着一张纸，因说道："你们这随便混压东西也不好。"袭人晴雯等忙问："又怎么了，谁又有了不是了？"宝玉指道："砚台下是什么？一定又是那位的样子忘记了收的。"晴雯忙启砚拿了出来，却是一张字帖儿，递与宝玉看时，原来是一张粉笺子，上面写着"槛外人妙玉恭肃遥叩芳辰"。

宝玉看毕，直跳了起来，忙问："这是谁接了来的？也不告诉。"袭人晴雯等见了这般，不知当是那个要紧的人来的帖子，忙一齐问："昨儿谁接下了一个帖子？"四儿忙飞跑进来，笑说："昨儿妙玉并没亲来，只打发个妈妈送来。我就搁在那里，谁知一顿酒就忘了。"众人听了，道："我当谁的，这样大惊小怪。

这也不值的。"宝玉忙命:"快拿纸来。"当时拿了纸,研了墨,看他下着"槛外人"三字,自己竟不知回帖上回个什么字样才相敌。只管提笔出神,半天仍没主意。【想来开头那么多人送了那么多礼物,都不如妙玉这一行字令宝玉印象深刻。】因又想:"若问宝钗去,他必又批评怪诞,不如问黛玉去。"

想罢,袖了帖儿,径来寻黛玉。刚过了沁芳亭,忽见岫烟颤颤巍巍的迎面走来。宝玉忙问:"姐姐那里去?"岫烟笑道:"我找妙玉说话。"宝玉听了诧异,说道:"他为人孤僻,不合时宜,万人不入他目。原来他推重姐姐,竟知姐姐不是我们一流的俗人。"岫烟笑道:"他也未必真心重我,但我和他做过十年的邻居,只一墙之隔。他在蟠香寺修炼,我家原寒素,赁房居住,就赁的是他庙里的房子,住了十年,无事到他庙里去作伴。我所认的字都是承他所授。我和他又是贫贱之交,又有半师之分。因我们投亲去了,闻得他因不合时宜,权势不容,竟投到这里来。如今又天缘凑合,我们得遇,旧情竟未易。承他青目,更胜当日。"

宝玉听了,恍如听了焦雷一般,喜的笑道:"怪道姐姐举止言谈,超然如野鹤闲云,原来有本而来。正因他的一件事我为难,要请教别人去。如今遇见姐姐,真是天缘巧合,求姐姐指教。"说着,便将拜帖取与岫烟看。岫烟笑道:"他这脾气竟不能改,竟是生成这等放诞诡僻了。从来没见拜帖上下别号的,这可是俗语说的'僧不僧,俗不俗,女不女,男不男',成个什么道理。"宝玉听说,忙笑道:"姐姐不知道,他原不在这些人中,算他原是世人意外之人。因取我是个些微有知识的,方给我这帖子。我因不知回什么字样才好,竟没了主意,正要去问林妹妹,可巧遇见了姐姐。"

岫烟听了宝玉这话,且只顾用眼上下细细打量了半日,方笑道:"怪道俗语说的'闻名不如见面',又怪不得妙玉竟下这帖子给你,又怪不得上年竟给你那些梅花。既连他这样,少不得我告诉你原故。他常说:'古人中自汉晋五代唐宋以来皆无好诗，只有两句好，说道：纵有千年铁门槛，终须一个土馒头。'所以他自称'槛外之人'。又常赞文是庄子的好，故又或称为'畸人'。他若帖子上是自称'畸人'的，你就还他个'世人'。畸人者，他自称是畸零之人；你谦自己乃世中扰扰之人，他便喜了。如今他自称'槛外之人'，是自谓蹈于铁槛之外了；故你如今只下'槛内人'，便合了他的心了。"宝玉听了，如醍醐灌顶，嗳哟了一声，方笑道："怪道我们家庙说是'铁槛寺'呢，原来有这一说。姐姐就请，让我去写回帖。"岫烟听了，便自往栊翠庵来。宝玉回房写了帖子，上面只写"槛内人宝玉熏沐谨拜"几字，亲自拿了到栊翠庵，只隔门缝儿投进去便回来了。

因又见芳官梳了头，挽起纂来，带了些花翠，忙命他改妆，又命将周围的短发剃了去，露出碧青头皮来，当中分大顶，又说："冬天作大貂鼠卧兔儿带，脚上穿虎头盘云五彩小战靴，或散着裤腿，只用净袜厚底镶鞋。"又说："芳官之名不好，竟改了男名才别致。"因又改作"雄奴"。芳官十分称心，又说："既如此，你出门也带我出去。有人问，只说我和茗烟一样的小厮就是了。"宝玉笑道："到底人看的出来。"芳官笑道："我说你是无才的。咱家现有几家土番，你就说我是个小土番儿。况且人人说我打联垂好看，你想这话可妙？"

宝玉听了，喜出意外，忙笑道："这却很好。我亦常见官员人等多有跟从外国献俘之种，图其不畏风霜，鞍马便捷。既这等，再起个番名，叫作'耶律雄奴'。'雄奴'二音，又与匈奴相通，都是犬戎名姓。况且这两种人自尧舜时便为中华之患，晋唐诸朝，深受其害。幸得咱们有福，生在当今之世，大舜之正裔，圣虞之功德仁孝，赫赫格天，同天地日月亿兆不朽，所以凡历朝中跳梁猖獗之小丑，到了如今竟不用一干一戈，皆天使其拱手俛头缘远来降。我们正该作践他们，为君父生色。"芳官笑道："既这样着，你该去操习弓马，学些武艺，挺身出去拿几个反叛来，岂不尽忠效力了。何必借我们，你鼓唇摇舌的，自己开心作戏，却说是称功颂德呢。"宝玉笑道："所以你不明白。如今四海宾服，八方宁静，千载百载不用武备。咱们虽一戏一笑，也该称颂，方不负坐享升平了。"芳官听了有理，二人自为妥贴甚宜。宝玉便叫他"耶律雄奴"。

究竟贾府二宅皆有先人当年所获之囚赐为奴隶，只不过令其饲养马匹，皆不堪大用。湘云素习憨戏异常，他也最喜武扮的，每每自己束銮带，穿折袖。近见宝玉将芳官扮成男子，他便将葵官也扮了个小子。那葵官本是常刮剔短发，好便于面上粉墨油彩，手脚又伶便，打扮了又省一层手。李纨探春见了也爱，便将宝琴的荳官也就命他打扮了一个小童，头上两个丫髻，短袄红鞋，只差了涂脸，便俨是戏上的一个琴童。湘云将葵官改了，换作"大英"。因他姓韦，便叫他作韦大英，方合自己的意思，暗有"惟大英雄能本色"之语，何必涂朱抹粉，才是男子。荳官身量年纪皆极小，又极鬼灵，故曰荳官。园中人也有唤他作"阿荳"的，也有唤作"炒豆子"的。宝琴反说琴童书童等名太熟了，竟是荳字别致，便换作"荳童"。

因饭后平儿还席，说红香圃太热，便在榆荫堂中摆了几席新酒佳肴。可喜尤氏又带了佩凤偕鸳二妾过来游顽。这二妾亦是青年姣憨女子，不常过来的，今既入了这园，再遇见湘云、香菱、芳蕊一干女子，所谓"方以类聚，物以群分"二语不错，只见他们说笑不了，也不管尤氏在那里，只凭丫鬟们去服侍，且同众人一一的游玩。一时到了怡红院，忽听宝玉叫"耶律雄奴"，把佩凤、偕鸳、香菱三个人笑在一处，问是什么话，大家也学着叫这名字，又叫错了音韵，或忘了字眼，甚至于叫出"野驴子"来，引的合园中人凡听见者无不笑倒。宝玉又见人人取笑，恐作践了他，忙又说："海西福朗思牙，闻有金星玻璃宝石，他本国番语以金星玻璃名为'温都里纳'。如今将你比作他，就改名唤叫'温都里纳'可好？"芳官听了更喜，说："就是这样罢。"因此又唤了这名。

众人嫌拗口，仍翻汉名，就唤"玻璃"。

闲言少述，且说当下众人都在榆荫堂中以酒为名，大家顽笑，命女先儿击鼓。平儿采了一枝芍药，大家约二十来人传花为令，热闹了一回。因人回说："甄家有两个女人送东西来了。"探春和李纨尤氏三人出去议事厅相见，这里众人且出来散一散。佩凤偕鸳两个去打秋千顽耍，宝玉便说："你两个上去，让我送。"慌的佩凤说："罢了，别替我们闹乱子，倒是叫'野驴子'来送送使得。"宝玉忙笑说："好姐姐们别顽了，没的叫人跟着你们学着骂他。"偕鸳又说："笑软了，怎么打呢。掉下来栽出你的黄子来。"佩凤便赶着他打。

正玩笑不绝，忽见东府中几个人慌慌张张跑来说："老爷宾天了。"（第63回）

题目（100分）

一、评点题（10分，每处2分）

小说评点是中国古典小说批评的一种形式。通过评点，读者可以跨越时空与作者进行互动和交流。我们以测试的形式阅读了宝玉十三年的春天，这次就让我们用评点的方式来细读宝玉十四年的"生日宴会"吧！

具体任务：从选文中寻找你感兴趣的五处细节，进行评点。

如：……姐妹中皆随便，或有一扇的，或有一字的，或有一画的，或有一诗的，聊复应景而已。【此处一一叙过，倒不曾提黛玉送了什么礼物。想来宝玉过生日，黛玉送礼不该是"应景"而已吧！】

二、填空题（12分，每空3分）

某年高考语文题中有一道微作文题目：请从《红楼梦》中的林黛玉、薛宝钗、史湘云、香菱之中选择一人，用一种花比喻她，并简要陈述这样比喻的理由。

要求：依据原著，自圆其说。不超过180字。

依据选文，在横线上填出花名。

林黛玉被比作＿＿＿＿＿＿＿＿　薛宝钗被比作＿＿＿＿＿＿＿＿

史湘云被比作＿＿＿＿＿＿＿＿　甄香菱被比作＿＿＿＿＿＿＿＿

三、填空题（24分，每空3分）

1. 选文中甲处应填的人名是：＿＿＿＿＿＿＿＿＿＿＿＿＿＿＿＿＿＿＿

2. 选文中乙处应填的人名是：＿＿＿＿＿＿＿＿＿＿＿＿＿＿＿＿＿＿＿

3. 除了宝玉的生日宴，《红楼梦》还描绘了一系列的生日宴。第11回：（＿＿＿＿）过生日，虽然这一天他本人仍旧在道观修炼，但儿孙们在家中备办了生日宴；第22回：（＿＿＿＿）过生日，贾母提议，王熙凤筹划操办了她十五岁的生日宴；第44回：（＿＿＿＿）过生日，贾母提议用凑份子的方式庆祝，得到了大家的热烈响应；第71回：（＿＿＿＿）过八十大寿，宁荣二府大摆宴席，招待宾朋，足足热闹了七八天。

4. 王熙凤生日那天，宝玉出去祭奠的人是＿＿＿＿＿＿＿＿＿＿。

5. 贾宝玉生日之前，柳家的和＿＿＿＿＿＿＿＿＿＿＿因炖鸡蛋羹的事大闹了一场。

四、简答题（24分，每题6分）

1. 宝钗对宝玉说，"你只知道玫瑰露和茯苓霜两件事……"。请简述《红楼梦》中与"玫瑰露"和"茯苓霜"有关的故事情节。

2. 宝玉和黛玉聊天提到探春时赞道："你病着时，他干了好几件事。"宝玉过生日前，探春在大观园中都做了哪些事？请概述。

3. 湘云开黛玉玩笑时说，"快坐上那船家去罢，别多话了"，请简述这一句玩笑话的来由。

4. 宝钗抽到的花签是"任是无情也动人"。宝玉拿着那签，"颠来倒去的念，听曲子后，看着芳官不语"。宝玉这时候的内心活动可能是怎样的？

五、分析题（30分，每题10分）

1. 除了宝玉这个众星捧月的"寿星一号"外，选文中给你留下印象最深刻的人物是谁？请结合其中的具体情节，简述原因。

2. 黛玉说道，"我虽不管事，心里每常闲了，替你们一算计，出的多进的少"。请你也梳理一下贾府的收支情况，并谈一谈你对贾府财政危机的看法。

3. 作者尽情描写了宝玉生日时的繁华与热闹，同时也不忘暗暗透露贾府的衰败和危机。请你选择选文中透露衰败与危机的一处细节，进行分析。

解析

一、见原文中附的评点样例。

二、芙蓉　牡丹　海棠　并蒂　理由略

三、1. 袭人

　　2. 宝钗

　　3. 贾敬　薛宝钗　王熙凤　贾母

　　4. 白金钏

　　5. 司棋

四、1. 相关情节在书中第60回"玫瑰露引来茯苓霜"。宝玉把王夫人给的玫瑰露送给丫鬟芳官，芳官私相转送给柳家的女儿柳五儿，柳家娘家兄弟在门上得了些许茯苓霜，柳家的把剩下的玫瑰露送与他时，他便把得到的茯苓霜分赠给了前者。柳家的带回家后，令五儿把茯苓霜送一些给芳官。恰巧王夫人处丢了玫瑰露，五儿去见芳官后，便被当贼拿住。后来，宝玉把过错都揽在了自己身上，暂时和平解决了此事。

2．相关情节在书中第55、56回。凤姐生病，探春协助李纨管家。她主要经手的事有：打发赵姨娘兄弟赵国基的丧事赏银；免除宝玉、贾环等上学所领的八两月银，以及大观园中姑娘们每月二两的头油脂粉钱；还同李纨、宝钗一起商议，将园内之花草、园圃、河池等承包给会侍弄的婆子。

3．相关情节在书中第57回"慧紫鹃情辞试忙玉"。紫鹃因和黛玉情深，不免为黛玉日后的终身大事打算，因此用语言试探宝玉，说林家会有人来接林黛玉回苏州，要看宝玉如何反应。不想宝玉信以为真，如病似狂。贾母为安慰他，故顺着他说出"凡姓林的我都打走了"之语，并命人拿走家具上陈设的金西洋自行船。

4．花签诗句的下句是"芍药与君为近侍，芙蓉何处避芳尘"。宝玉此时或许是对宝钗和自己未来关联有所预感，不语是因为不喜欢冥冥中"宝钗举案齐眉，心念黛玉"的命运安排。他听到的曲子《赏花时》出自汤显祖的《邯郸记》，讲述的是一个和"梦"有关的故事。宝玉此时或许是被其中"人生如梦"的哲思打动，不语是因为内心有所顿悟。

五、1．提示：探春、香菱、妙玉、芳官、湘云等都大有可说之处。可见作者借宝玉一人写众人的巧妙安排。

2．略

3．宝玉和芳官吃饭可算一处：里面是一碗虾丸鸡皮汤，又是一碗酒酿清蒸鸭子，一碟腌的胭脂鹅脯，还有一碟四个奶油松瓤卷酥，并一大碗热腾腾碧荧荧蒸的绿畦香稻粳米饭。小燕放在案上，走去拿了小菜并碗箸过来，拨了一碗饭。芳官便说："油腻腻的，谁吃这些东西。"只将汤泡饭吃了一碗，拣了两块腌鹅就不吃了。

对比第 61 回"司棋大闹小厨房"一节中柳家的话更可见繁华背后的危机："你们深宅大院，水来伸手，饭来张口，只知鸡蛋是平常物件，那里知道外头买卖的行市呢。别说这个，有一年连草根子都没了的日子还有呢。"【时代危机】"我倒别伺候头层主子，只预备你们二层主子了。"【管理危机】 "算起帐来，惹人恶心：连姑娘带姐儿们四五十人，一日也只管要两只鸡，两只鸭子，十来斤肉，一吊钱的菜蔬。你们算算，够作什么的？连本项两顿饭还撑持不住……"【财政危机】

喝酒的时候婆子们偷酒也可算作一处：那天已四更时分，老嬷嬷们一面明吃，一面暗偷，酒坛已罄。（具体分析言之成理即可）

生日之后的情节可算一处：正玩笑不绝，忽见东府中几个人慌慌张张跑来说："老爷宾天了。"《红楼梦》中欢喜和悲伤、繁华和寂寞常常交织在一起，形成极其鲜明的对比。大观园里的人刚刚因为宝玉过生日而欢喜，立马又转入了家人去世的悲痛之中。实际上，其他几次过生日的描写也不例外。

宝玉十五年

三春芳菲尽

这日清晨方醒，只听外间房内咭咭呱呱笑声不断。袭人因笑说："你快出去解救，晴雯和麝月两个人按住温都里那膈肢呢。"宝玉听了，忙披上灰鼠袄子出来一瞧，只见他三人被褥尚未叠起，大衣也未穿。那晴雯只穿着葱绿院绸小袄，红小衣红睡鞋，披着头发，骑在雄奴身上。麝月是红绫抹胸，披着一身旧衣，在那里抓雄奴的肋肢。雄奴却仰在炕上，穿着撒花紧身儿，红裤绿袜，两脚乱蹬，笑的喘不过气来。宝玉忙上前笑说："两个大的欺负一个小的，等我助力。"说着，也上床来膈肢晴雯。晴雯触痒，笑的忙丢下雄奴，和宝玉对抓。雄奴趁势又将晴雯按倒，向他肋下抓动。袭人笑说："仔细冻着了。"看他四人裹在一处倒好笑。

忽有李纨打发碧月来说："昨儿晚上奶奶在这里把块手帕子忘了，不知可在这里？"小燕说："有，有，有，我在地下拾了起来，不知是那一位的，才洗了出来晾着，还未干呢。"碧月见他四人乱滚，因笑道："倒是这里热闹，大清早起就咭咭呱呱的顽到一处。"宝玉笑道："你们那里人也不少，怎么不顽？"碧月道："我们奶奶不顽，把两个姨娘和琴姑娘也宾住了。如今琴姑娘又跟了老太太前头去了，更寂寞了。两个姨娘今年过了，到明年冬天都去了，又更寂寞呢。你瞧宝姑娘那里，出去了一个香菱，就冷清了多少，把个云姑娘落了单。"

正说着，只见湘云又打发了翠缕来说："请二爷快出去瞧好诗。"宝玉听了，忙问："那里的好诗？"翠缕笑道："姑娘们都在沁芳亭上，你去了便知。"宝玉听了，忙梳洗了出来，果见黛玉、宝钗、湘云、宝琴、探春都在那里，手里拿着一篇诗看。见他来时，都笑说："这会子还不起来，咱们的诗社散了一年，也没有人作兴。如今正是初春时节，万物更新，正该鼓舞另立起来才好。"湘云笑道："一起诗社时是秋天，就不应发达。如今恰好万物逢春，皆主生盛。况这首桃花诗又好，就把海棠社改作桃花社。"宝玉听着，点头说："很好。"且忙着要诗看。众人都又说："咱们此时就访稻香老农去，大家议定好起的。"说着，一齐起来，都往稻香村来。

宝玉一壁走，一壁看那纸上写着《桃花行》一篇，曰：

> 桃花帘外东风软，桃花帘内晨妆懒。
>
> 帘外桃花帘内人，人与桃花隔不远。
>
> 东风有意揭帘栊，花欲窥人帘不卷。
>
> 桃花帘外开仍旧，帘中人比桃花瘦。
>
> 花解怜人花也愁，隔帘消息风吹透。
>
> 风透湘帘花满庭，庭前春色倍伤情。
>
> 闲苔院落门空掩，斜日栏杆人自凭。
>
> 凭栏人向东风泣，茜裙偷傍桃花立。
>
> 桃花桃叶乱纷纷，花绽新红叶凝碧。
>
> 雾裹烟封一万株，烘楼照壁红模糊。
>
> 天机烧破鸳鸯锦，春酣欲醒移珊枕。
>
> 侍女金盆进水来，香泉影蘸胭脂冷。
>
> 胭脂鲜艳何相类，花之颜色人之泪；
>
> 若将人泪比桃花，泪自长流花自媚。
>
> 泪眼观花泪易干，泪干春尽花憔悴。

憔悴花遮憔悴人，花飞人倦易黄昏。

一声杜宇春归尽，寂寞帘栊空月痕！

宝玉看了并不称赞，却滚下泪来。便知出自黛玉，因此落下泪来，又怕众人看见，又忙自己擦了。因问："你们怎么得来？"宝琴笑道："你猜是谁作的？"宝玉笑道："自然是潇湘子稿。"宝琴笑道："现是我作的呢。"宝玉笑道："我不信。这声调口气，迥乎不像蘅芜之体，所以不信。"宝钗笑道："所以你不通。难道杜工部首首只作'丛菊两开他日泪'之句不成！一般的也有'红绽雨肥梅''水荇牵风翠带长'之媚语。"宝玉笑道："固然如此说。但我知道姐姐断不许妹妹有此伤悼语句，妹妹虽有此才，是断不肯作的。比不得林妹妹曾经离丧，作此哀音。"众人听说，都笑了。

已至稻香村中，将诗与李纨看了，自不必说称赏不已。说起诗社，大家议定：明日乃三月初二日，就起社，便改"海棠社"为"桃花社"，林黛玉就为社主。明日饭后，齐集潇湘馆。因又大家拟题。黛玉便说："大家就作桃花诗一百韵。"宝钗道："使不得。从来桃花诗最多，纵作了必落套，比不得你这一首古风。须得再拟。"正说着，人回："舅太太来了。姑娘出去请安。"因此大家都往前头来见王子腾的夫人，陪着说话。吃饭毕，又陪入园中来，各处游玩一遍。至晚饭后掌灯方去。

次日乃是探春的寿日，元春早打发了两个小太监送了几件玩器。合家皆有寿仪，自不必说。饭后，探春换了礼服，各处去行礼。黛玉笑向众人道："我这一社开的又不巧了，偏忘了这两日是他的生日。虽不摆酒唱戏的，少不得都要陪他在老太太、太太跟前玩笑一日，如何能得闲空儿。"因此改至初五。

这日众姊妹皆在房中侍早膳毕，便有贾政书信到了。宝玉请安，将请贾母的安禀拆开念与贾母听，上面不过是请安的话，说六月中准进京等语。其馀家信事务之帖，自有贾琏和王夫人开读。众人听说六七月回京，都喜之不尽。偏生近日王子腾之女许与保宁侯之子为妻，择于五月初十日过门，凤姐儿又忙着张罗，常三五日不在家。这日王子腾的夫人又来接凤姐儿，一并请众甥男甥女闲乐一日。贾母和王夫人命宝玉、探春、林黛玉、宝钗四人同凤姐去。众人不敢违拗，只得回房去另妆饰了起来。五人作辞，去了一日，掌灯方回。

宝玉进入怡红院，歇了半刻，袭人便乘机见景劝他收一收心，闲时把书理一理预备着。宝玉屈指算一算说："还早呢。"袭人道："书是第一件，字是第二件。到那时你纵有了书，你的字写的在那里呢？"宝玉笑道："我时常也有写了的好些，难道都没收着？"袭人道："何曾没收着。你昨儿不在家，我就拿出来，共总数了一数，才有五六十篇。这三四年的工夫，难道只有这几张字不成。依我说，从明日起，把别的心全收了起来，天天快临几张字补上。虽不能按日都有，也要大概看得过去。"宝玉听了，忙的自己又亲检了一遍，实在搪塞不去，便说："明日为始，一天写一百字才好。"说话时大家安息。

至次日起来梳洗了，便在窗下研墨，恭楷临帖。贾母因不见他，只当病了，忙使人来问。宝玉方去请安，便说写字之故，先将早起清晨的工夫尽了出来，再作别的，因此出来迟了。贾母听了，便十分欢喜，吩咐他："以后只管写字念书，不用出来也使得。你去回你太太知道。"宝玉听说，便往王夫人房中来说明。王夫人便说："临阵磨枪，也不中用。有这会子着急，天天写写念念，有多少完不了的。这一赶，又赶出病来才罢。"宝玉回说不妨事。这里贾母也说怕急出病来。探春宝钗等都笑说："老太太不用急。书虽替他不得，字却替得的。我们每人每日临一篇给他，搪塞过这一步就完了。一则老爷到家不生气，二则他也急不出病来。"贾母听说，喜之不尽。

原来林黛玉闻得贾政回家，必问宝玉的功课，宝玉肯分心，恐临期吃了亏。因此自己只装作不耐烦，把诗社便不起，也不以外事去勾引他。探春宝钗二人每日也临一篇楷书字与宝玉，宝玉自己每日也加工，或写二百三百不拘。至三月下旬，便将字又集凑出许多来。这日正算，再得五十篇，也就混的过了。谁知紫鹃走来，送了一卷东西与宝玉，拆开看时，却是一色老油竹纸上临的钟王蝇头小楷，字迹且与自己十分相似。喜的宝玉和紫鹃作了一个揖，又亲自来道谢。接着，史湘云、宝琴二人亦皆临了几篇相送。凑成虽不足功课，亦足搪塞了。

宝玉放了心，于是将所应读之书，又温理过几遍。正是天天用功，可巧近海一带海啸，又遭踏了几处生民。地方官题本奏闻，奉旨就着贾政顺路查看赈济回来。如此算去，至冬底方回。宝玉听了，便把书字又搁过一边，仍是照旧游荡。

时值暮春之际，史湘云无聊，因见柳花飘舞，便偶成一小令，调寄《如梦令》，其词曰：

岂是绣绒残吐，卷起半帘香雾，纤手自拈来，空使鹃啼燕妒。且住，且住！莫使春光别去。

自己作了，心中得意，便用一条纸儿写好，与宝钗看了，又来找黛玉。黛玉看毕，笑道："好，也新鲜有趣。我却不能。"湘云笑道："咱们这几社总没有填词。你明日何不起社填词，改个样儿，岂不新鲜些。"黛玉听了，偶然兴动，便说："这话说的极是。我如今便请他们去。"说着，一面吩咐预备了几色果点之类，一面就打发人分头去请众人。这里他二人便拟了柳絮之题，又限出几个调来，写了绾在壁上。

众人来看时，以柳絮为题，限各色小调。又都看了史湘云的，称赏了一回。宝玉笑道："这词上我们倒平常，少不得也要胡诌起来。"于是大家拈阄，宝钗便拈得了《临江仙》，宝琴拈得《西江月》，探春拈得了《南柯子》，黛玉拈得了《唐多令》，宝玉拈得了《蝶恋花》。紫鹃炷了一支梦甜香，大家思索起来。

一时黛玉有了，写完。接着宝琴宝钗都有了。他三人写完，互相看时，宝钗便笑道："我先瞧完了你们的，再看我的。"探春笑道："嗳呀，今儿这香怎么这样快，已剩了三分了。我才有了半首。"因又问宝玉可有了。宝玉虽作了些，只是自己嫌不好，又都抹了，要另作，回头看香，已将烬了。李纨笑道：

"这算输了。蕉丫头的半首且写出来。"探春听说,忙写了出来。众人看时,上面却只半首《南柯子》,写道是:

空挂纤纤缕,徒垂络络丝,也难绾系也难羁,一任东西南北各分离。

李纨笑道:"这也却好作,何不续上?"宝玉见香没了,情愿认负,不肯勉强塞责,将笔搁下,来瞧这半首。见没完时,反倒动了兴开了机,乃提笔续道是:

落去君休惜,飞来我自知。莺愁蝶倦晚芳时,纵是明春再见隔年期!

众人笑道:"正经你分内的又不能,这却偏有了。纵然好,也不算得。"说着,看黛玉的《唐多令》:

粉堕百花洲,香残燕子楼。一团团逐对成毬。飘泊亦如人命薄,空缱绻,说风流。草木也知愁,韶华竟白头!叹今生谁舍谁收?嫁与东风春不管,凭尔去,忍淹留。

众人看了,俱点头感叹,说:"太作悲了,好是固然好的。"因又看宝琴的是《西江月》:

汉苑零星有限,隋堤点缀无穷。三春事业付东风,明月梅花一梦。几处落红庭院,谁家香雪帘栊?江南江北一般同,偏是离人恨重!

众人都笑说:"到底是他的声调壮。'几处''谁家'两句最妙。"宝钗笑道:"终不免过于丧败。我想,柳絮原是一件轻薄无根无绊的东西,然依我的主意,偏要把他说好了,才不落套。所以我诌了一首来,未必合你们的意思。"众人笑道:"不要太谦。我们且赏鉴,自然是好的。"因看这一首《临江仙》道是:

白玉堂前春解舞,东风卷得均匀。

湘云先笑道:"好一个'东风卷得均匀'!这一句就出人之上了。"又看底下道:

蜂团蝶阵乱纷纷。几曾随逝水,岂必委芳尘。万缕千丝终不改,任他随聚随分。韶华休笑本无根,好风频借力,送我上青云!

众人拍案叫绝,都说:"果然翻得好气力,自然是这首为尊。缠绵悲戚,让潇湘妃子;情致妩媚,却是枕霞;小薛与蕉客今日落第,要受罚的。"宝琴笑道:"我们自然受罚，但不知付白卷子的又怎么罚？"李纨道："不要忙，这定要重重罚他。下次为例。"

一语未了，只听窗外竹子上一声响，恰似窗屉子倒了一般，众人唬了一跳。丫鬟们出去瞧时，帘外丫鬟嚷道："一个大蝴蝶风筝挂在竹梢上了。"众丫鬟笑道："好一个齐整风筝！不知是谁家放断了绳，拿下他来。"宝玉等听了，也都出来看时，宝玉笑道："我认得这风筝。这是大老爷那院里娇红姑娘放的，拿下来给他送过去罢。"紫鹃笑道："难道天下没有一样的风筝，单他有这个不成？我不管，我且拿起来。"探春道："紫鹃也学小气了。你们一般的也有，这会子拾人走了的，也不怕忌讳。"黛玉笑道："可是呢，知道是谁放晦气的，快掉出去罢。把咱们的拿出来，咱们也放晦气。"紫鹃听了，赶忙命小丫头们将这风筝送出与园门上值日的婆子去了，倘有人来找，好与他们去的。

这里小丫头们听见放风筝，巴不得一声儿，七手八脚都忙着拿出个美人风筝来。也有搬高凳去的，也有捆剪子股的，也有拨籰的。宝钗等都立在院门前，命丫头们在院外敞地下放去。宝琴笑道："你这个不大好看，不如三姐姐的那一个软翅子大凤凰好。"宝钗笑道："果然。"因回头向翠墨笑道："你把你们的拿来也放放。"翠墨笑嘻嘻的果然也取去了。

宝玉又兴头起来，也打发个小丫头子家去，说："把昨儿赖大娘送我的那个大鱼取来。"小丫头子去了半天，空手回来，笑道："晴姑娘昨儿放走了。"宝玉道："我还没放一遭儿呢。"探春笑道："横竖是给你放晦气罢了。"宝玉道："也罢。再把那个大螃蟹拿来罢。"丫头去了，同了几个人扛了一个美人并籰子来，说道："袭姑娘说，昨儿把螃蟹给了三爷了。这一个是林大娘才送来的，放这一个罢。"宝玉细看了一回，只见这美人做的十分精致。心中欢喜，便叫放起来。

此时探春的也取了来，翠墨带着几个小丫头子们在那边山坡上已放了起来。

宝琴也命人将自己的一个大红蝙蝠也取来。宝钗也高兴，也取了一个来，却是一连七个大雁的，都放起来。独有宝玉的美人放不起来。宝玉说丫头们不会放，自己放了半天，只起房高便落下来了。急的宝玉头上出汗，众人又笑。宝玉恨的掷在地下，指着风筝道："若不是个美人，我一顿脚跺个稀烂。"黛玉笑道："那是顶线不好，拿出去另使人打了顶线就好了。"宝玉一面使人拿去打顶线，一面又取一个来放。大家都仰面而看，天上这几个风筝都起在半空中去了。

一时丫鬟们又拿了许多各式各样的送饭的来，顽了一回。紫鹃笑道："这一回的劲大，姑娘来放罢。"黛玉听说，用手帕垫着手，顿了一顿，果然风紧力大，接过籰子来，随着风筝的势将籰子一松，只听一阵豁剌剌响，登时籰子线尽。黛玉因让众人来放。众人都笑道："各人都有，你先请罢。"黛玉笑道："这一放虽有趣，只是不忍。"李纨道："放风筝图的是这一乐，所以又说放晦气，你更该多放些，把你这病根儿都带了去就好了。"紫鹃笑道："我们姑娘越发小气了。那一年不放几个子，今儿忽然又心疼了。姑娘不放，等我放。"说着便向雪雁手中接过一把西洋小银剪子来，齐籰子根下寸丝不留，咯登一声铰断，笑道："这一去把病根儿可都带了去了。"那风筝飘飘摇摇，只管往后退了去，一时只有鸡蛋大小，展眼只剩了一点黑星，再展眼便不见了。

众人皆仰面睃眼说："有趣，有趣。"宝玉道："可惜不知落在那里去了。若落在有人烟处，被小孩子得了还好；若落在荒郊野外无人烟处，我替他寂寞。想起来把我这个放去，教他两个作伴儿罢。"于是也用剪子剪断，照先放去。探春正要剪自己的凤凰，见天上也有一个凤凰，因道："这也不知是谁家的。"众人皆笑说："且别剪你的，看他倒像要来绞的样儿。"说着，只见那凤凰渐逼近来，遂与这凤凰绞在一处。众人方要往下收线，那一家也要收线，正不开交，又见一个门扇大的玲珑喜字带响鞭，在半天如钟鸣一般，也逼近来。众人笑道："这一个也来绞了。且别收，让他三个绞在一处倒有趣呢。"说着，那喜字果然与这两个凤凰绞在一处。三下齐收乱顿，谁知线都断了，那三个风筝飘飘摇摇都去了。

众人拍手哄然一笑，说："倒有趣，可不知那喜字是谁家的，忒促狭了些。"黛玉说："我的风筝也放去了，我也乏了，我也要歇歇去了。"宝钗说："且等我们放了去，大家好散。"说着，看姊妹都放去了，大家方散。（第70回）

题目（100分）

一、填空题（20分，每空2分）

1. 选段所在的回目是"林黛玉重建桃花社，史湘云偶填柳絮词"，从概括主要情节的角度出发，请试着改拟一个回目。

_____   _____

2. 大观园中，春天第一次到来发生在原著中的第____回—第____回，重点写了____（从下列选项中选：初春、仲春、暮春）。

3. 大观园中，春天第二次到来发生在原著中的第____回—第____回，重点写了____（从下列选项中选：初春、仲春、暮春）。

4. 大观园中，春天第三次到来发生在原著中的第____回，重点写了____（从下列选项中选：初春、仲春、暮春）。

二、简答题（20分）

从第62、63回"宝玉生日"到第70回春天到来之间，小说中都写了哪些事？请简要概括：

_____

_____

三、论述题（60分）

结合选文及原著，谈谈你对"大观园之春"的理解，不少于500字。

一、1. 略

2. 23　27　初春、暮春

对应原文：第23回：那一日正当三月中浣……（此回细写宝黛共同读《西厢记》、二人第一次葬花、黛玉独自听《牡丹亭》曲）第27回：言芒种一过，便是夏日了……（此回细写芒种节饯花会与宝黛第二次葬花）

3. 55　61　初春、暮春

对应原文：第55回：时届孟春……（此回细写探春管家）第58回中，老太妃去世，家中女性都去祭祀，薛姨妈搬入园中照看。尤氏等遣散了十二个女孩子。这些事情过去后，细写了清明节藕官祭奠菂官、春燕因摘花被骂、宝玉生日等事件（贾敬去世后天气已用"炎热"形容之）。

4. 70　初春、暮春

对应原文：第70回：明日乃三月初二日……（此回细写黛玉重建桃花社）第71回开始细写的已经是七八月间的事。

二、尤二姐嫁给贾琏被凤姐折磨后死去，尤三姐议亲柳湘莲不成后自刎，柳五儿想进大观园却遭夜禁导致大病一场三件事。

三、写作提示：

1. 三次春天各自所占的篇幅。 2. 三次春天的重点都是春天的开始和结束。3. 从整体上来说，三次春天的相同点都是：在美好、繁华中包含着衰败与危机；不同的是各自所占的比例：第一次春天美好与繁华占主导，接着衰败和危机的部分就一年比一年浓重了。 4. 既然是论述题，就需要以"观点＋论述＋结论"的结构组织文章。

抄检大观园

至晚饭后，待贾母安寝了，宝钗等入园时，王善保家的便请了凤姐一并入园，喝命将角门皆上锁，便从上夜的婆子处抄检起，不过抄检出些多馀攒下蜡烛灯油等物。王善保家的道："这也是赃，不许动，等明儿回过太太再动。"

于是先就到怡红院中，喝命关门。当下宝玉正因晴雯不自在，忽见这一干人来，不知为何直扑了丫头们的房内去，因迎出凤姐来，问是何故。凤姐道："丢了一件要紧的东西，因大家混赖，恐怕有丫头们偷了，所以大家都查一查去疑。"一面说，一面坐下吃茶。

王善保家的等搜了一回，又细问这几个箱子是谁的，都叫本人来亲自打开。袭人因见晴雯这样，知道必有异事，又见这番抄检，只得自己先出来打开了箱子并匣子，任其搜检一番，不过是平常动用之物。随放下又搜别人的，挨次都一一搜过。

到了晴雯的箱子，因问："是谁的，怎不开了让搜？"袭人等方欲代晴雯开时，只见晴雯挽着头发闯进来，豁啷一声将箱子掀开，两手捉着底子朝天，往地下尽情一倒，将所有之物尽都倒出。王善保家的也觉没趣，看了一看，也无甚私弊之物。回了凤姐，要往别处去。

凤姐儿道："你们可细细的查，若这一番查不出来，难回话的。"众人都道："都细翻看了，没什么差错东西。虽有几样男人物件，都是小孩子的东西，想是宝玉的旧物件，没甚关系的。"凤姐听了，笑道："既如此咱们就走，再瞧别处去。"

说着，一径出来，因向王善保家的道："我有一句话，不知是不是。要抄检只抄检咱们家的人，薛大姑娘屋里，断乎检抄不得的。"王善保家的笑道："这个自然。岂有抄起亲戚家来的。"凤姐点头道："我也这样说呢。"一头说，一头到了潇湘馆内。

黛玉已睡了，忽报这些人来，也不知为甚事。才要起来，只见凤姐已走进来，忙按住他不许起来，只说："睡罢，我们就走。"这边且说些闲话。那个王善保家的带了众人到丫鬟房中，也一一开箱倒笼抄检了一番。因从紫鹃房中抄出两副宝玉常换下来的寄名符儿，一副束带上的披带，两个荷包并扇套，套内有扇子。打开看时皆是宝玉往年往日手内曾拿过的。王善保家的自为得了意，遂忙请凤姐过来验视，又说："这些东西从那里来的？"凤姐笑道："宝玉和他们从小儿在一处混了几年，这自然是宝玉的旧东西。这也不算什么罕事，撂下再往别处去是正经。"紫鹃笑道："直到如今，我们两下里的东西也算不清。要问这一个，连我也忘了是那年月日有的了。"王善保家的听凤姐如此说，也只得罢了。

又到探春院内，谁知早有人报与探春了。探春也就猜着必有原故，所以引出这等丑态来，遂命众丫鬟秉烛开门而待。

一时众人来了。探春故问何事。凤姐笑道："因丢了一件东西，连日访察不出人来，恐怕旁人赖这些女孩子们，所以越性大家搜一搜，使人去疑，倒是洗净他们的好法子。"探春冷笑道："我们的丫头，自然都是些贼，我就是头一个窝主。既如此，先来搜我的箱柜，他们所有偷了来的都交给我藏着呢。"说着，便命丫头们把箱柜一齐打开，将镜奁、妆盒、衾袱、衣包若大若小之物一齐打开，请凤姐去抄阅。凤姐陪笑道："我不过是奉太太的命来，妹妹别错怪我。何必生气。"因命丫鬟们快快关上。

平儿丰儿等忙着替侍书等关的关，收的收。探春道："我的东西倒许你们搜阅；要想搜我的丫头，这却不能。我原比众人歼毒，凡丫头所有的东西我都知道，都在我这里间收着，一针一线他们也没的收藏，要搜所以只来搜我。你们不依，只管去回太太，只说我违背了太太，该怎么处治，我去自领。你们别忙，自然连你们抄的日子有呢！你们今日早起不曾议论甄家，自己家里好好的抄家，果然今日真抄了。咱们也渐渐的来了。可知这样大族人家，若从外头杀来，一时是杀不死的，这是古人曾说的'百足之虫，死而不僵'，必须先从家里自杀自灭起来，才能一败涂地！"说着，不觉流下泪来。凤姐只看着众媳妇们。

周瑞家的便道："既是女孩子的东西全在这里，奶奶且请到别处去罢，也让姑娘好安寝。"凤姐便起身告辞。探春道："可细细的搜明白了？若明日再来，我就不依了。"凤姐笑道："既然丫头们的东西都在这里，就不必搜了。"探春冷笑道："你果然倒乖。连我的包袱都打开了，还说没翻。明日敢说我护着丫头们，不许你们翻了。你趁早说明，若还要翻，不妨再翻一遍。"凤姐知道探春素日与众不同的，只得陪笑道："我已经连你的东西都搜查明白了。"探春又问众人："你们也都搜明白了不曾？"周瑞家的等都陪笑说："都翻明白了。"

那王善保家的本是个心内没成算的人，素日虽闻探春的名，他自为众人没眼力没胆量罢了，那里一个姑娘家就这样起来；况且又是庶出，他敢怎么。他自恃是邢夫人陪房，连王夫人尚另眼相看，何况别个。今见探春如此，他只当是探春认真单恼凤姐，与他们无干。他便要趁势作脸献好，因越众向前拉起探春的衣襟，故意一掀，嘻嘻笑道："连姑娘身上我都翻了，果然没有什么。"凤姐见他这样，忙说："妈妈走罢，别疯疯颠颠的。"一语未了，只听"拍"的一声，王家的脸上早着了探春一掌。

探春登时大怒，指着王家的问道："你是什么东西，敢来拉扯我的衣裳！我不过看着太太的面上，你又有年纪，叫你一声妈妈，你就狗仗人势，天天作耗，专管生事。如今越性了不得了。你打谅我是同你们姑娘那样好性儿，由着你们欺负他，就错了主意！你搜检东西我不恼，你不该拿我取笑。"说着，便亲自解衣卸裙，拉着凤姐儿细细的翻。又说："省得叫奴才来翻我身上。"

凤姐平儿等忙与探春束裙整袂，口内喝着王善保家的说："妈妈吃两口酒就疯疯颠颠起来。前儿把太太也冲撞了。快出去，不要提起了。"又劝探春休得生气。探春冷笑道："我但凡有气性，早一头碰死了！不然，岂许奴才来我身上翻贼赃了。明儿一早，我先回过老太太、太太，然后过去给大娘陪礼，该怎么，我就领。"

那王善保家的讨了个没意思，在窗外只说："罢了，罢了，这也是头一遭挨打。我明儿回了太太，仍回老娘家去罢。这个老命还要他做什么！"探春喝命丫鬟道："你们没听他说的这话，还等我和他对嘴去不成。"侍书等听说，便出去说道："你果然回老娘家去，倒是我们的造化了。只怕舍不得去。"凤姐笑道："好丫头，真是有其主必有其仆。"探春冷笑道："我们作贼的人，嘴里都有三言两语的。这还算笨的，背地里就只不会调唆主子。"平儿忙也陪笑解劝，一面又拉了侍书进来。周瑞家的等人劝了一番。凤姐直待服侍探春睡下，方带着人往对过暖香坞来。

彼时李纨犹病在床上，他与惜春是紧邻，又与探春相近，故顺路先到这两处。因李纨才吃了药睡着，不好惊动，只到丫鬟们房中一一的搜了一遍，也没有什么东西，遂到惜春房中来。

因惜春年少，尚未识事，吓的不知当有什么事故，凤姐也少不得安慰他。谁知竟在入画箱中寻出一大包金银锞子来，约共三四十个，又有一副玉带板子并一包男人的靴袜等物。入画也黄了脸。

因问是那里来的，入画只得跪下哭诉真情，说："这是珍大爷赏我哥哥的。因我们老子娘都在南方，如今只跟着叔叔过日子。我叔叔婶子只要吃酒赌钱，我哥哥怕交给他们又花了，所以每常得了，悄悄的烦了老妈妈带进来叫我收着的。"惜春胆小，见了这个也害怕，说："我竟不知道。这还了得！二嫂子，你要打他，好歹带他出去打罢，我听不惯的。"凤姐笑道："这话若果真呢，也倒可恕，只是不该私自传送进来。这个可以传递，什么不可以传递。这倒是传递人的不是了。若这话不真，倘是偷来的，你可就别想活了。"入画跪着哭道："我不敢扯谎。奶奶只管明日问我们奶奶和大爷去，若说不是赏的，就拿我和我哥哥一同打死无怨。"

凤姐道："这个自然要问的，只是真赏的也有不是。谁许你私自传送东西的！你且说是谁作接应，我便饶你。下次万万不可。"惜春道："嫂子别饶他这次方可。这里人多，若不拿一个人作法，那些大的听见了，又不知怎样呢。嫂子若饶他，我也不依。"凤姐道："素日我看他还好。谁没一个错，只这一次。二次犯下，二罪俱罚。但不知传递是谁。"惜春道："若说传递，再无别个，必是后门上的张妈。他常肯和这些丫头们鬼鬼祟祟的，这些丫头们也都肯照顾他。"凤姐听说，便命人记下，将东西且交给周瑞家的暂拿着，等明日对明再议。于是别了惜春，方往迎春房内来。

迎春已经睡着了，丫鬟们也才要睡，众人叩门半日才开。凤姐吩咐："不必惊动小姐。"遂往丫鬟们房里来。因司棋是王善保的外孙女儿，凤姐倒要看看王家的可藏私不藏，遂留神看他搜检。先从别人箱子搜起，皆无别物。及到了司棋箱子中搜了一回，王善保家的说："也没有什么东西。"

才要盖箱时，周瑞家的道："且住，这是什么？"说着，便伸手掣出一双男子的锦带袜并一双缎鞋来。又有一个小包袱，打开看时，里面有一个同心如意并一个字帖儿。一总递与凤姐。凤姐因当家理事，每每看开帖并帐目，也颇识得几个字了。便看那帖子是大红双喜笺帖，上面写道：

上月你来家后，父母已觉察你我之意。但姑娘未出阁，尚不能完你我之心愿。若园内可以相见，你可托张妈给一信息。若得在园内一见，倒比来家得说话。千万，千万。再所赐香袋二个，今已查收外，特寄香珠一串，略表我心。千万收好。表弟潘又安拜具。

凤姐看罢，不怒而反乐。别人并不识字。王家的素日并不知道他姑表姊弟有这一节风流故事，见了这鞋袜，心内已是有些毛病，又见有一红帖，凤姐又看着笑，他便说道："必是他们胡写的帐目，不成个字，所以奶奶见笑。"凤姐笑道："正是这个帐竟算不过来。你是司棋的老娘，他的表弟也该姓王，怎么又姓潘呢？"王善保家的见问的奇怪，只得勉强告道："司棋的姑妈给了潘家，所以他姑表兄弟姓潘。上次逃走了的潘又安就是他表弟。"凤姐笑道："这就是了。"因道："我念给你听听。"说着从头念了一遍，大家都唬了一跳。

这王家的一心只要拿人的错儿，不想反拿住了他外孙女儿，又气又臊。周瑞家的四人又都问着他："你老可听见了？明明白白，再没的话说了。如今据你老人家，该怎么样？"这王家的只恨没地缝儿钻进去。凤姐只睖着他嘻嘻的笑，向周瑞家的笑道："这倒也好。不用你们作老娘的操一点儿心，他鸦雀不闻的给你们弄了一个好女婿来，大家倒省心。"周瑞家的也笑着凑趣儿。

王家的气无处泄，便自己回手打着自己的脸，骂道："老不死的娼妇，怎么造下孽了！说嘴打嘴，现世现报在人眼里。"众人见这般，俱笑个不住，又半劝半讽的。凤姐见司棋低头不语，也并无畏惧惭愧之意，倒觉可异。料此时夜深，且不必盘问，只怕他夜间自愧去寻拙志，遂唤两个婆子监守起他来。带了人，拿了赃证回来，且自安歇，等待明日料理。谁知到夜里又连起来几次，下面淋血不止。

至次日，便觉身体十分软弱，起来发晕，遂撑不住。请太医来，诊脉毕，遂立药案云："看得少奶奶系心气不足，虚火乘脾，皆由忧劳所伤，以致嗜卧好眠，胃虚土弱，不思饮食。今聊用升阳养荣之剂。"写毕，遂开了几样药名，不过是人参、当归、黄芪等类之剂。一时退去，有老嬷嬷们拿了方子回过王夫人，不免又添一番愁闷，遂将司棋等事暂未理。

可巧这日尤氏来看凤姐，坐了一回，到园中去又看过李纨。才要望候众姊妹们去，忽见惜春遣人来请，尤氏遂到了他房中来。惜春便将昨晚之事细细告诉与尤氏，又命将入画的东西一概要来与尤氏过目。

尤氏道："实是你哥哥赏他哥哥的，只不该私自传送，如今官盐竟成了私盐了。"因骂入画"糊涂脂油蒙了心的"。惜春道："你们管教不严，反骂丫头。这些姐妹，独我的丫头这样没脸，我如何去见人。昨儿我立逼着凤姐姐带了他去，他只不肯。我想，他原是那边的人，凤姐姐不带他去，也原有理。我今日正要送过去，嫂子来的恰好，快带了他去。或打，或杀，或卖，我一概不管。"

入画听说，又跪下哭求，说："再不敢了。只求姑娘看从小儿的情常，好歹生死在一处罢。"尤氏和奶娘等人也都十分了解，说他"不过一时糊涂了，下次再不敢的。他从小儿服侍你一场，到底留着他为是"。谁知惜春虽然年幼，却天生地一种百折不回的廉介孤独僻性，任人怎说，他只以为丢了他的体面，咬定牙断乎不肯。更又说的好："不但不要入画，如今我也大了，连我也不便往你们那边去了。况且近日我每每风闻得有人背地里议论什么多少不堪的闲话，我若再去，连我也编派上了。"

尤氏道："谁议论什么？又有什么可议论的！姑娘是谁，我们是谁。姑娘既听见人议论我们，就该问着他才是。"惜春冷笑道："你这话问着我倒好。我一个姑娘家，只有躲是非的，我反去寻是非，成个什么人了！还有一句话：我不怕你恼，好歹自有公论，又何必去问人。古人说得好'善恶生死，父子不能有所勖助'，何况你我二人之间。我只知道保得住我就够了，不管你们。从此以后，你们有事别累我。"

尤氏听了，又气又好笑，因向地下众人道："怪道人人都说这四丫头年轻糊涂，我只不信。你们听才一篇话，无原无故，又不知好歹，又没个轻重。虽然是小孩子的话，却又能寒人的心。"众嬷嬷笑道："姑娘年轻，奶奶自然要吃些亏的。"惜春冷笑道："我虽年轻，这话却不年轻。你们不看书不识几个字，所以都是些呆子，看着明白人，倒说我年轻糊涂。"

尤氏道："你是状元榜眼探花，古今第一个才子。我们是糊涂人，不如你明白，何如？"惜春道："状元榜眼难道就没有糊涂的不成。可知他们也有不能了悟的。"尤氏笑道："你倒好。才是才子，这会子又作大和尚了，又讲起了悟来了。"惜春道："我不了悟，我也舍不得入画了。"尤氏道："可知你是个心冷口冷心狠意狠的人。"惜春道："古人曾也说的'不作狠心人，难得自了汉'。我清清白白的一个人，为什么教你们带累坏了我！"

尤氏心内原有病，怕说这些话。听说有人议论，已是心中羞恼激射，只是在惜春分上不好发作，忍耐了大半。今见惜春又说这句，因按捺不住，因问惜春道："怎么就带累了你了？你的丫头的不是，无故说我，我倒忍了这半日，你倒越发得了意，只管说这些话。你是千金万金的小姐，我们以后就不亲近，仔细带累了小姐的美名。即刻就叫人将入画带了过去！"说着，便赌气起身去了。惜春道："若果然不来，倒也省了口舌是非，大家倒还清净。"尤氏也不答话，一径往前边去了。（第74回）

题目（100分）

一、选择题（10分，每题2分）

1. "抄检大观园"的导火索是（ ）在园内捡了绣春囊。

A．金鸳鸯　　　　　　　　B．花袭人

C．白玉钏　　　　　　　　D．傻大姐

2. "抄检大观园"的主意是（ ）给王夫人出的。

A．周瑞家的　　　　　　　B．王善保家的

C．柳家的　　　　　　　　D．迎春的乳母

3．"抄检大观园"时，（　　）的住处未被搜检。

A．贾宝玉　　　　　　　　B．林黛玉

C．薛宝钗　　　　　　　　D．贾迎春

4．抄检时查出司棋的传情之物，（　　）特别尴尬。

A．王善保家的　　　　　　B．周瑞家的

C．柳家的　　　　　　　　D．赖二媳妇儿

5．"可知这样大族人家，若从外头杀来，一时是杀不死的，这是古人曾说的'百足之虫，死而不僵'，必须先从家里自杀自灭起来，才能一败涂地！"这话是（　　）说的。

A．贾探春　　　　　　　　B．贾迎春

C．贾惜春　　　　　　　　D．林黛玉

二、填空、简答题（20分）

1．根据抄检大观园的路线及文中主要描写的抄检处所、抄检对象填空。（每空3分，共15分）

上夜老婆子处→怡红院（　　）→（　　）紫鹃→探春院（　　）→暖香坞丫鬟们→（　　）入画→迎春房（　　）

2．请概述"抄检大观园"的前因后果。（5分）

三、论述题（70分）

从下列十个问题中任选70分的题目作答。

1．抄检大观园过程中，给你留下深刻印象的丫鬟是谁，请简述。（30分）

2．请从探春、迎春、惜春三姊妹中，任选一个人物进行赏析。（30分）

3．抄检大观园复杂而微妙，请点评凤姐在抄检大观园中的表现。（30分）

4. "可知这样大族人家，若从外头杀来，一时是杀不死的，这是古人曾说的'百足之虫，死而不僵'，必须先从家里自杀自灭起来，才能一败涂地！"结合第73、74两回，谈一谈贾府的"自杀自灭"有哪些表现？（20分）

5. 贾母出面整治了好赌之风（第73回），王夫人主持抄检了大观园（第74回）。请比较分析这两次管理行为。（20分）

6. 有人说，"抄检大观园"是荣国府长久以来各种矛盾的一次集中爆发。请你结合第73、74这两回的内容，梳理其中体现的主要矛盾。（15分）

7. "抄检大观园"是《红楼梦》中经典的场面描写。这种手法在《红楼梦》中多次运用，请再举一例并进行说明。（30分）

8. 如何理解"抄检大观园"这一情节在全书中的地位及作用？（30分）

9. 有人认为，"《红楼梦》中有两个高潮：一个是宝玉挨打，另一个是抄检大观园"。你对这句话是如何理解和评价的？（20分）

10. 蒋勋说，"抄检大观园整个粉碎了大观园这个青春王国最美好的梦"，对此你有怎样的认识？（30分）

解析

一、1. D

第73回写道，"（邢夫人）刚至园门前，只见贾母房内的小丫头子名唤傻大姐的笑嘻嘻走来，手内拿着个花红柳绿的东西，低头一壁瞧着，一壁只管走，不防迎头撞见邢夫人。"邢夫人一看是个绣春囊，忙问她是哪里得的。傻大姐说，是掏促织儿在山石上捡的。邢夫人让她不告诉别人，自己悄悄塞在袖内。

2. B

第74回写道，邢夫人把绣春囊送到王夫人处后，陪房王善保家的又来打听。

王夫人便叫她也"进园内照管照管"。王善保家的因素日进园时"那些丫鬟们不大趋奉他",正想寻事,于是就向王夫人出主意:"等到晚上园门关了的时节,内外不通风,我们竟给他们个猛不防,带着人到各处丫头们房里搜寻。"

3.C

第74回写道,"待贾母安寝了,宝钗等入园时,王善保家的便请了凤姐一并入园,喝命将角门皆上锁",开始抄检大观园。"先就到怡红院中,喝命关门",将宝玉的丫鬟都搜了一遍。出了怡红院后,凤姐向王善保家的说道:"要抄检只抄检咱们家的人,薛大姑娘屋里,断乎检抄不得的。"王善保家的笑道:"这个自然。岂有抄起亲戚家来的。"

4.A

第74回写道,以王善保家的为首的若干人趁夜抄检大观园。王善保家的从外孙女司棋处,搜检出一双男子的锦带袜和一双缎鞋。又有一个小包袱,里面有一个同心如意并一个字帖。帖子是司棋的情人、表弟潘又安给她写的"情书"。王善保家的一心只要拿别人的错,不想反拿住了他外孙女儿,因此,又气又臊。气无处泄时,她还回手打了自己的脸,骂自己说:"老不死的娼妇,怎么造下孽了!说嘴打嘴,现世现报在人眼里。"

5.A

第74回写道,在搜到探春屋时,王善保家的遇到探春的愤怒斥责。她不仅不许他们随便搜丫鬟的箱子,还打了王善保家的耳光,后来还深刻地指出:"你们别忙,自然连你们抄的日子有呢!你们今日早起不曾议论甄家(第75回写有'甄家犯了罪,现今抄没家私,调取进京治罪'等语),自己家里好好的抄家,果然今日真抄了。咱们也渐渐的来了。……(大族人家)必须先从家里自杀自灭起来,才能一败涂地!"

二、1.晴雯 潇湘馆 探春 惜春房(蓼风轩) 司棋

2．前因：（1）邢夫人上交了傻大姐发现的绣春囊。（2）王善保家的挑唆王夫人抄捡。（3）晴雯打扮举止令王夫人大为生气。后果：（1）王善保家的出丑。（2）薛宝钗搬出大观园。

三、略